"985工程"国家哲学社会科学创新基地
教育部人文社会科学重点研究基地　　　　　　　资助
中国海洋大学海洋发展研究院
中澳海岸带管理研究中心

海洋法律、社会与管理

第5卷

Ocean Law, Society and

Management （Vol. 5）

Chief Editor: Xu Xiangmin

徐祥民◎主编

社会科学文献出版社
SOCIAL SCIENCES ACADEMIC PRESS (CHINA)

ACADEMIC COMMITTEE

学术委员会名单

编辑部成员

目 录 Contents

卷首语 ……………………………………………………………… 徐祥民 / 1

海洋法律

栏目主编：刘惠荣

《海岛法》建立了无居民海岛使用制度吗？ ………………… 徐祥民 / 3
西北航道航行的法律环境研究
　　——相关问题的国内外研究述评 ………………… 刘惠荣　李浩梅 / 17
论构建山东半岛蓝色经济区区域立法协调机制 ……… 梅　宏　林奕宏 / 33
中国防治海洋外来物种入侵立法模式探析 …………… 白佳玉　丁　鹏 / 46

海洋社会

栏目主编：崔凤

流入与流出：关于海岛渔村人口的社会流动研究的
　　一个分析框架 ………………………………… 崔　凤　刘　洁 / 59
浅析渔文化与海洋渔民转型的相互影响 ……………… 同春芬　刘　悦 / 71
航海社会角色与航海组织目标关系分析
　　——以英国"奋进"号远航队伍为例 ………… 赵宗金　林超群 / 85
海洋渔村民俗：概念、分类与功能 …………………… 宋宁而　李云洁 / 93

基于"国家—市场—社会"视角下的海洋渔业转型研究 ………… 吴 丽 / 108

日本年轻海员离职与教育问题研究 … 松尾俊彦（著） 孔令彩（译）/ 122

海洋管理

栏目主编：王琪

海洋资源及其转化：对海洋软实力的新解读 ……… 王 琪 毕亚林 / 137

我国增强在北极区域实质性存在的必要性与

可行性 …………………………………… 杨振姣 朱 烨 / 149

海洋战略下我国海洋国土的开发利用 ……………………… 杨 洋 / 162

海洋政治

栏目主编：曹文振

国家繁荣与制海权

——读《海权对历史的影响》 ……………… 王书明 张晓宇 / 175

新国家安全观视阈中的中国国家安全问题

——兼论中国国家安全委员会的设置与职能 … 王晨光 孙 凯 / 187

海洋相关会议综述

中澳海岸带管理研究中心董事会暨新南威尔士大学—

中国海洋大学合作研究研讨会"胶州湾

项目启动会"综述 ………… 乔璐璐 王小华 梁生康 马英杰 / 205

海洋社会变迁与海洋强国建设研讨会暨第四届中国海洋

社会学论坛综述 ………………………… 韩兴勇 陈 晔 / 211

日本国土交通省"确保和培养船员及海事技术人员"研讨会综述及

相关考察 ……………… 高岛恭子（著） 宋宁而 张彦（译）/ 225

涉海相关调查

青岛世园会海洋生态都市新区居民环境意识调查 …………… 张曦分 / 239

附录一 约稿函 ……………………………………………… / 246

附录二 《海洋法律、社会与管理》投稿须知 ……………………… / 249

CONTENTS

Foreword   Xu Xiangmin / 1

OCEAN LAW

Was the Institutions for Using Uninhabited Islands Set Up in the Island Law?
                                                           Xu Xiangmin / 3
Legal Environment of Shipping through the Northwest Passage: A Research
    Review about Certain Issues   Liu Huirong, Li Haomei / 17
On Establishing the Regional Legislative Coordination Mechanism for
    Shandong Peninsula Blue Economic Zone   Mei Hong, Lin Yihong / 33
An Analysis of Legislative Mode about Prevention of Marine Invasive
    Species in China   Bai Jiayu, Ding Peng / 46

OCEAN SOCIETY

Flow in and out: A Study Framework of the Social Mobility of the Island
    Fishing Village Population   Cui Feng, Liu Jie / 59
A Simple Analysis of Interaction between Fishery Culture and
    the Transformation of Fishermen   Tong Chunfen, Liu Yue / 71

The Relationship between the Social Roles of Sailors and the Goals of

    Their Maritime Organization

    —*Taking the British " Endeavor" Sailing Team for*

      an Example   *Zhao Zongjin*, *Lin Chaoqun* / 85

Marine Fishing Village Folk: The Concept, Classification and Function

                                     Song Ning'er, *Li Yunjie* / 93

Sociology Study of Marine Fishery Transition

    —*An Analysis of Trinity of State*, *Market and Society*   *Wu Li* / 108

A Study on the Problem of Young Seaman's Retirement and Education in Japan

                                    Matsuo Toshihiko / 122

OCEAN GOVERNANCE

New Understanding of Ocean Soft Power

    —*Based on Marine Resource and Its Transformation*   *Wang Qi*, *Bi Yalin* / 137

The Feasibility and Necessity of Strengthening China's Substantial

    Participation in Arctic Regions   *Yang Zhenjiao*, *Zhu Ye* / 149

The Development and Utilization of Marine Territory in China under the

    Oceanic Strategy   *Yang Yang* / 162

OCEAN POLITICS

The Prosperity of a Country and Its Sea Power

    —*The Review on " The Influence of Sea Power upon History"*

                           Wang Shuming, *Zhang Xiaoyu* / 175

Issues of Chinese National Security Based on the New National Security Views

    —*Also on Construction and Functions of the Chinese State Security Council*

                           Wang Chenguang, *Sun Kai* / 187

REVIEWS OF MARINE RELATED FORUMS

The Summary of Advisory/ Management Committee Meeting and UNSW-OUC

Collaborative Research Workshop (Jiaozhou Bay Project Kick-off Meeting)

Qiao Lulu, *Wang Xiaohua*, *Liang Shengkang and Ma Yingjie* / 205

Review on the Fourth China Ocean Sociology Forum and the Seminar

on Ocean Social Change and Marine Power Constructions

Han Xingyong, *Chen Ye* / 211

A Review and Study of the Forum of "The Securing and Fostering of

Seafarers and Maritime Technicians" by Ministry of Land, Infrastructure,

Transport and Tourism of Japan   *Kyoko Takashima* / 225

MARINE RELATED INVESTIGATION

Residents' Environmental Awareness Research in Marine Ecological Communities

of Qingdao International Horticultural Exposition   *Zhang Xixi* / 239

Appendix A   / 246

Appendix B   / 249

卷首语

　　写在《海洋法律、社会与管理》第5卷卷首的这段文字本应在2013年年末的某个时间完成，由于难以归责的原因推延至今。不过，时间总是能给价值或大或小的劳动和创造带来机会。2014年7月10日至12日，"生态文明贵阳国际论坛2014年年会"召开，我作为演讲嘉宾参加了"可持续海洋资源利用"分论坛，这让我得以把参加论坛的体会记录在这里。

　　不管是论坛的总主题——"生态文明"，还是我主要参加的分论坛的主题——"可持续海洋资源利用"，都让我这个以建造环境法学理论体系为己任的研究者产生了"此会为我开"的豪迈感。在一个大型的以生态文明为主题的国际论坛上，海洋资源相关问题被设为分论坛之一，这至少说明在论坛主办者看来海洋资源问题是生态文明话语中的一个议题。论坛主办者的这一认识，让我——一名以国字号命名的海洋大学的教师，对生态文明理论和建设情有独钟的研究者，内心增添了"我不下地狱谁下地狱"的责任感。

　　分论坛的主题为"可持续海洋资源利用"，我在论坛上将其改为"海洋资源可持续利用"，这是一个对论坛参加者有方向引导的论题。它引导论坛参加者论可持续、谈可持续、研究可持续、设计可持续，总之，描绘可持续的蓝图，为实现海洋资源利用的可持续出谋划策。这一主题也是一个目标预设的论题。不管资源的利用（具体到我们的分论坛就是海洋资源的利用）现状如何、前景怎样、是否存在问题或风险等，论坛主办者都把未来预设为"可持续"的，并且希望论坛参加者也相信这个目标是可达到的。

　　这是积极的引导、善良的预设，人们也都希望海洋资源和其他所有有用的资源能够可持续地为人类利用，资源的可持续利用也符合大众的共同愿望，这是社会的，甚至是国际社会的普遍要求。然而，这样的引导和预设并不因其积极和善良便让人们自然而然地收获喜悦，"共同愿望"中愿望的一致和"普遍要求"中要求者的众多并不意味着愿望易于实现、要求易于满足。以下是我随手拈来的一些资料。

（1）美国学者比尔·布莱森谈到："据估计，到1960年，在北大西洋产卵的鳕鱼数量减少到了160万吨。到1990年，这个数量又降至22,000吨。从商业的角度来看，鳕鱼已经灭绝。"虽然自1992年起，一些区域采取了禁止捕捞鳕鱼的措施，大概那时"可持续"的口号已经被应用到渔业管理之中，但《自然》杂志的一篇文章指出："直到2002年，（鳕鱼的）贮量仍然没有回升的迹象"①。

（2）《2011年中国海洋环境状况公报》指出："渤海滨海平原地区依然是海水入侵和土壤盐渍化严重地区，黄海、东海和南海局部滨海地区海水入侵和土壤盐渍化程度呈加重趋势。我国砂质海岸和粉砂淤泥质海岸侵蚀严重，侵蚀范围逐步扩大，局部地区侵蚀速度加快。"②

（3）《2013年中国海洋环境状况公报》指出："实施监测的河口、海湾、滩涂湿地、珊瑚礁、红树林和海草床等海洋生态系统中，处于健康、亚健康和不健康状态的海洋生态系统分别占23%、67%和10%。"③

这些信息既是争取"可持续"的种种努力所取得的"收获"，也是朝向"可持续"进一步努力的出发点。这"收获"不够丰硕，这"起点"也不够高。

从1987年世界环境与发展委员会关于人类未来的报告——《我们共同的未来》提出可持续发展观点到今天，时间已经过去了27年，从1992年里约热内卢联合国环境与发展大会全面接受可持续发展理念到今天④，可持续发展政策已经在国际社会实施了22年，可是今天的发展仍无法用"可持续"来形容，而且在当下的发展中也未见可持续发展的势头，至少这种势头仍不明显。

---

① 〔美〕比尔·布莱森著《万物简史》，南宁：接力出版社2005年版，第253～254页。
② 《2011年中国海洋环境状况公报》概述。
③ 《2013年中国海洋环境状况公报》第二章第二节。
④ 关于可持续发展从思想到制度的发展过程，可参阅徐祥民、任庆、孟庆垒《可持续发展：从发展观到法律制度》，载徐祥民主编《中国环境资源法学评论》（2006年卷），北京：中国政法大学出版社2006年版，第85～134页。

为什么可持续发展思想没有将世界引上可持续的发展道路？为什么接受可持续发展思想的政府迟迟不能让自己的国家进入可持续发展的轨道？不少人已经提出这样的疑问。我带着这样的疑问，怀着为"生态文明"的论坛议题做作业的心情参加了"可持续海洋资源利用"分论坛，并履行了演讲嘉宾的义务。

海洋资源的可持续利用是一个不容易实现的目标，是一条不太容易走通的发展道路。

海洋是一个整体，是在空间上具有广延性、广泛连通性的整体，具有复杂的物理、化学等不同特征和品质的整体，表现为食物链的多种多样的生物群构成的生命网络世界，这是海洋的自然规定性，也是环境的自然规定性。与海洋的整体性相反，人们开发利用海洋的活动都是局部的、单质的和"网结"式的，从根本上来说都是对海洋整体性进行割裂的活动。上述海洋动物灭绝、海洋生态系统不健康、海洋自然形态被破坏①等，从根本上来说都是人类割裂海洋整体性活动的结果。海洋利用者局部地利用海洋，海洋开发者只开发海洋的某种功能、资源，只在海洋的某个角落、局部实施开发，这是具有经济理性的人们自然做出的选择。海洋不能改变其整体性，具体的海洋利用者、开发者只会对海洋做局部的开发。海洋开发的局部性与海洋整体性是一对天然的矛盾。正是这一天然矛盾决定了海洋资源可持续利用这一目标难以实现。

海洋资源可持续利用的目标之所以难以实现，还有着不可忽视的制度原因。如果说海洋资源枯竭是由局部性的海洋开发活动造成的，那么，为解决海洋资源枯竭问题的海洋管理制度就应当是防止割裂海洋整体性活动的制度。这种制度应当是按照海洋的整体性来设计的，这种制度对具体的海洋利用者、开发者，对海洋的割裂活动应当有所抑制，应当按照海洋整体性的要求安排具体海洋利用者、开发者对海洋的开发、利用。然而，长久以来的行政权运行模式、在实践中早已定型化的海洋管理模式显然不是按照抑制割裂活动的需要来设计的，即使是专门为管理海洋而建立的管理制度，其对海洋整体性的顺应也不足以克服海洋开发活动的局部性缺陷。

---

① 环境损害的重要类型是环境退化，其重要表现形式是自然形态被破坏。参见徐祥民《环境与资源保护法学》（第二版）第十章，北京：科学出版社 2013 年版。

《渔业法》第六条规定："县级以上地方人民政府渔业行政主管部门主管本行政区域内的渔业工作。县级以上人民政府渔业行政主管部门可以在重要渔业水域、渔港设渔政监督管理机构。县级以上人民政府渔业行政主管部门及其所属的渔政监督管理机构可以设渔政检查人员。渔政检查人员执行渔业行政主管部门及其所属的渔政监督管理机构交付的任务。"依照该法的规定，海洋和海洋里"不可管理的"①鱼等生物资源，是被分为大小不等的区块的，有省级区块、市级区块、县级区块，还有由渔政监督管理机构、渔政检查人员管理的低于县级的区块。这样的管理和具体的海洋渔业资源开发利用活动一样割裂了海洋的整体性。

《渔业法》的重要章节是第三章"捕捞业"。海洋是由多样的生物组成的生命网络世界。非常明显，依照《渔业法》对海洋实施的管理只截取了这个网络世界中的鱼等生物。这样的管理无法对渔民只割取生命网络中对他们有用的鱼等活动形成有效的控制。

在我国现行的法律中，渔业由农业部门管理（《农业法》第九条第二款），生态由林业部门管理（《森林法》第十条②），矿产资源归矿产资源部门管理（《矿产资源法》第十一条），海域由海洋行政主管部门管理（《海域使用管理法》第七条）。只看这些法律的规定我们就能发现所谓"多龙闹海"的法律渊源。法律做如此安排的缺陷不只是"闹"，而是对海洋整体性的割裂——按品质实施的"化学分析"式的割裂。这样的管理与海洋利用者只关心海洋的某种品质、功能一样包含对海洋整体性的割裂。

具体海洋开发行为必然割裂整体的海洋，而实际上，我们已法律化的海洋管理在很大程度上是按照开发利用海洋活动的分工来设计的。这样的管理，即使十分有效，也无法让海洋资源在整体的海洋里充分生长、旺盛再生。

怎样让海洋管理成为海洋资源可持续利用的制度保障是海洋法学（我

---

① 雅恩·彼得·约翰森先生等认为鱼和历史上的渔民都曾处于"不可管理"状态。在他们笔下，鱼是"不可管理者"。见〔挪威〕雅恩·彼得·约翰森等著《鱼与人的关系：如何管理"不可管理者"》，载〔法〕皮埃尔·雅克等主编《海洋的新边界（看地球Ⅱ）》，北京：社会科学文献出版社2013年版，第67~75页。

② 该条只是规定"国务院林业主管部门主管全国林业工作"，并未直接表达生态保护职权也归林业部门，但实践中凡与生态有关的事项似乎都必须交给林业部门。

说的不是作为国际法分支，常常加"国际"之限定的海洋法学）、海洋社会学、海洋管理学（这种提法不多见，但这门学问并非没有成立的学术空间）共同的学术使命，也是本书的任务。希望本卷和以后的卷册能对完成这一任务发挥重要的作用。

徐祥民
2014 年 7 月 13 日于青岛海滨寓所

海洋法律

OCEAN LAW

《海岛法》建立了无居民海岛使用制度吗?[*]

徐祥民^{**}

摘要:《无居民海岛使用权登记办法》等法律文件以《海岛法》作为无居民海岛使用制度的立法根据,后者的有关规定对无居民海岛使用真正有规范价值的内容只有以下几点:(1)一个管理体系;(2)一条路径——按"规划"使用;(3)一个重要条件——缴纳海岛使用金;(4)提倡的和禁止或限制的使用无居民海岛的一些情况;(5)对使用无居民海岛的一些具体要求。这些内容无法为无居民海岛的使用提供充分的行为规范。该法没有规定建立无居民海岛使用制度所必需的内容,如:(1)谁可以使用无居民海岛;(2)可以怎样使用无居民海岛;(3)可以在怎样的时间范围内使用无居民海岛;(4)怎样才可以获得使用无居民海岛的权利;等等。

关键词:无居民海岛 海岛法 无居民海岛使用制度

在我国现行的海岛管理法律体系中,主要有《无居民海岛使用权登记办法》(以下简称《使用权登记办法》)、《无居民海岛使用金征收使用管理办法》(以下简称《使用金办法》)等法律文件。这些文件中的使用无居民

---

  * 本文系徐祥民主持的国家海洋局项目"无居民海岛使用管理条例立法研究项目"的阶段性成果。

 ** 作者简介:徐祥民,又名徐进(1958~),男,山东汶上人,历史学博士、法学博士、泰山学者,中国海洋大学教授、博士生导师、法政学院院长,教育部人文社会科学重点研究基地中国海洋大学海洋发展研究院研究员、学术委员会副主任委员,中澳海岸带管理研究中心共同主任(中方),山东省新成环境法与可持续发展研究中心主任,研究方向为环境与资源保护法学、海洋管理与海洋法。

海岛需要缴纳使用金①、提交《无居民海岛开发利用具体方案》② 等要求构成了无居民海岛使用的制度内容。我国一些地方也发生了依据这些法律文件取得无居民海岛"使用权"的事例。这些都说明我国已经建立了无居民海岛使用制度，无居民海岛使用制度已经"合法"地存在。

说它"合法"地存在，依据是《使用权登记办法》《使用金办法》等法律文件。这些法律文件不仅为无居民海岛使用提供了"合法"的身份，而且也为自己作了合法性宣示——宣布它们的制定以《中华人民共和国海岛保护法》（以下简称《海岛法》）为依据。比如，《使用金办法》宣布根据《海岛法》等"制定"③。《使用权登记办法》也把《海岛法》作为其自身合法性的来源④。这些文件的规定让人们确信《海岛法》为无居民海岛使用提供了充分的法律依据。然而，《海岛法》真的建立了完整的无居民海岛使用制度，从而为无居民海岛使用、为用以规范无居民海岛使用的《使用权登记办法》等法律文件提供了充分的法律依据吗？

《海岛法》一共58条，其中26条涉及无居民海岛使用或与无居民海岛使用有关，但如果要用这26条或其中的部分条款作为行为的必要规范来做一个模拟实验，人们会发现，对无居民海岛的使用在现实生活中无法发生。

这26条，确切地说是这26条中的部分条款对无居民海岛的使用或与无居民海岛使用有关的事项作了如下明确的或者说基本明确的规定。

第一，宣布以实现"合理开发利用"不排除无居民海岛的"海岛自然资源"为立法目的。《海岛法》第一条规定"为了保护海岛及其周边海域生态系统，合理开发利用海岛自然资源，维护国家海洋权益，促进经济社会可持续发展，制定本法"。

第二，宣布适用于包括无居民海岛在内的"海岛的保护、开发利用及

---

① 《使用金办法》第二条。
② 国家海洋局还为指导欲开发利用无居民海岛的"单位和个人"编制使用方案而颁发了《无居民海岛开发利用具体方案编制办法》。该《办法》要求"开发利用无居民海岛的单位和个人，在向海洋主管部门提出用岛申请的同时，必须一并提交《无居民海岛开发利用具体方案》"。
③ 《使用金办法》第一条。
④ 《使用权登记办法》第一条规定："为了加强无居民海岛使用权管理，规范无居民海岛使用权登记工作，维护国家无居民海岛所有权和无居民海岛使用权人的合法权益，根据《中华人民共和国物权法》、《中华人民共和国海岛保护法》，制定本办法。"

相关管理活动"。《海岛法》第二条第一款规定："从事中华人民共和国所属海岛的保护、开发利用及相关管理活动，适用本法。"

第三，提供与无居民海岛使用及对使用的管理有关的一条原则——"合理开发、永续利用"。《海岛法》第三条第一款规定："国家对海岛实行科学规划、保护优先、合理开发、永续利用的原则。"

第四，确定无居民海岛"开发利用管理的相关工作"的"负责部门"——"国务院海洋主管部门"和"沿海县级以上地方人民政府海洋主管部门"。《海岛法》第五条第二款规定："国务院海洋主管部门负责全国无居民海岛保护和开发利用的管理工作。沿海县级以上地方人民政府海洋主管部门负责本行政区域内无居民海岛保护和开发利用管理的有关工作。"第三十条第二款规定："开发利用前款规定的可利用无居民海岛（指全国海岛保护规划确定的可利用无居民海岛），应当向省、自治区、直辖市人民政府海洋主管部门提出申请，并提交项目论证报告、开发利用具体方案等申请文件，由海洋主管部门组织有关部门和专家审查，提出审查意见，报省、自治区、直辖市人民政府审批。"实际上审批单位还有国务院。第三十条第三款规定："无居民海岛的开发利用涉及利用特殊用途海岛，或者确需填海连岛以及其他严重改变海岛自然地形、地貌的，由国务院审批。"第三十条第四款规定："无居民海岛开发利用审查批准的具体办法，由国务院规定。"完整的表达应当是：国务院、"国务院海洋主管部门"和"沿海县级以上地方人民政府海洋主管部门"负责无居民海岛"开发利用管理的相关工作"。负责无居民海岛使用管理的机关还有监督检查的权力。第四十一条第一款规定："海洋主管部门应当依法对无居民海岛保护和合理利用情况进行监督检查。"第四十二条第一款规定："海洋主管部门依法履行监督检查职责，有权要求被检查单位和个人就海岛利用的有关问题作出说明，提供海岛利用的有关文件和资料；有权进入被检查单位和个人所利用的海岛实施现场检查。"①

第五，无居民海岛的"利用活动"应当以"海岛保护规划"为"依据"。《海岛法》第八条第一款规定："国家实行海岛保护规划制度。海岛保

---

① 对无居民海岛的使用进行管理或许是必要的，但由谁管理、如何管理并非无居民海岛的使用本身，这类规定即使十分全面，也无法成为无居民海岛使用制度的依据。

护规划是从事海岛保护、利用活动的依据。"而具体的依据是有关规划确定的"可利用的无居民海岛"。第九条第二款规定:"全国海岛保护规划应当按照海岛的区位、自然资源、环境等自然属性及保护、利用状况,确定海岛分类保护的原则和可利用的无居民海岛,以及需要重点修复的海岛等。"第十二条规定:"沿海县级人民政府可以组织编制全国海岛保护规划确定的可利用无居民海岛的保护和利用规划。"第三十条第一款规定:"从事全国海岛保护规划确定的可利用无居民海岛的开发利用活动,应当遵守可利用无居民海岛保护和利用规划,采取严格的生态保护措施,避免造成海岛及其周边海域生态系统破坏。"这规划还有更大的靠山——《国民经济和社会发展规划》。《海岛法》第三条第二款规定:"国务院和沿海地方各级人民政府应当将海岛保护和合理开发利用纳入国民经济和社会发展规划,采取有效措施,加强对海岛的保护和管理,防止海岛及其周边海域生态系统遭受破坏。"①

第六,使用无居民海岛须缴纳海岛使用金。《海岛法》第三十一条第一款规定:"经批准开发利用无居民海岛的,应当依法缴纳使用金。但是,因国防、公务、教学、防灾减灾、非经营性公用基础设施建设和基础测绘、气象观测等公益事业使用无居民海岛的除外。"②

第七,对无居民海岛提倡的和禁止或限制的使用活动。《海岛法》提倡的使用活动有"利用海岛开展科学研究活动"。第十八条规定:"国家支持利用海岛开展科学研究活动。在海岛从事科学研究活动不得造成海岛及其周边海域生态系统破坏。"

《海岛法》限制和禁止的使用活动有:(1)"在无居民海岛采集生物和非生物样本"。第二十九条规定:"严格限制在无居民海岛采集生物和非生物样本;因教学、科学研究确需采集的,应当报经海岛所在县级以上地方人民政府海洋主管部门批准。"(2)按海域功能使用海岛。第三十五条规定:"在依法确定为开展旅游活动的可利用无居民海岛及其周边海域,不得建造居民定居场所,不得从事生产性养殖活动;已经存在生产性养殖活动的,应当在编制可利用无居民海岛保护和利用规划中确定相应的污染防治措施。"

---

① 这些规定对实现无居民海岛的科学使用是必要的,也可以成为按照科学使用的要求建立无居民海岛使用制度的内容,但仅仅有这些规定依然不能让真实的使用发生。

② 这是现行无居民海岛使用制度的重要内容之一。

第八，对使用无居民海岛的一些具体要求。包括：（1）建筑物的建设规范。《海岛法》第三十二条规定："经批准在可利用无居民海岛建造建筑物或者设施，应当按照可利用无居民海岛保护和利用规划限制建筑物、设施的建设总量、高度以及与海岸线的距离，使其与周围植被和景观相协调。"第三十四条规定："临时性利用无居民海岛的，不得在所利用的海岛建造永久性建筑物或者设施。"（2）废物处理规范。第三十三条规定："无居民海岛利用过程中产生的废水，应当按照规定进行处理和排放。""无居民海岛利用过程中产生的固体废物，应当按照规定进行无害化处理、处置，禁止在无居民海岛弃置或者向其周边海域倾倒。"

第九，界定何谓"临时性利用无居民海岛"。《海岛法》第五十七条第五款规定："临时性利用无居民海岛，是指因公务、教学、科学调查、救灾、避险等需要而短期登临、停靠无居民海岛的行为。"

第十，违反规定后的处罚。《海岛法》第四十五条、第四十七条第二款、第四十八条、第四十九条、第五十条、第五十三条、第五十四条、第五十五条规定了相关主体的法律责任。其中第五十三条的规定适用于管理机关，该条规定："无权批准开发利用无居民海岛而批准，超越批准权限批准开发利用无居民海岛，或者违反海岛保护规划批准开发利用无居民海岛的，批准文件无效；对直接负责的主管人员和其他直接责任人员依法给予处分。"第五十五条适用于海岛使用者、管理者和其他侵犯者，该条规定："违反本法规定，构成犯罪的，依法追究刑事责任"，"造成海岛及其周边海域生态系统破坏的，依法承担民事责任"。其他相关条款适用于管理部门批准的海岛使用者和其他海岛使用者。第四十五条规定："违反本法规定，改变自然保护区内海岛的海岸线，填海、围海改变海岛海岸线，或者进行填海连岛的，依照《中华人民共和国海域使用管理法》的规定处罚。"第四十七条第二款规定："违反本法规定，在无居民海岛进行生产、建设活动或者组织开展旅游活动的，由县级以上人民政府海洋主管部门责令停止违法行为，没收违法所得，并处二万元以上二十万元以下的罚款。"第四十八条规定："违反本法规定，进行严重改变无居民海岛自然地形、地貌的活动的，由县级以上人民政府海洋主管部门责令停止违法行为，处以五万元以上五十万元以下的罚款。"第四十九条规定："在海岛及其周边海域违法排放污染物的，依照有关环境保护法律的规定处罚。"第五十条规定："违反本法规定，在领海基点保护范围内进行工程建设或者其他可能改变该区域地形、地貌活动，在临时性利用的无居民海岛建造永久性建筑物或者设施，或者在依法确定为开展旅游活动的可利用无居民海岛建造居民定居场所的，由县级以上人民政府海洋主管部门责令停止违法行为，处以二万元以上二十万元以下的罚款。"第五十四条规定："违反本法规定，拒绝海洋主管部门监督检查，在接受监督检查时弄虚作假，或者不提供有关文件和资料的，由县级以上人民政府海洋主管部门责令改正，可以处二万元以下的罚款。"

关于无居民海岛的使用，已经有十个方面的内容，应该说已经很丰富了。但是，丰富不等于充分。在上述十个方面中，第一个方面，宣布以实现"合理开发利用"不排除无居民海岛的"海岛自然资源"为立法目的。这一内容与无居民海岛使用活动无关，也不能为无居民海岛使用活动提供任何行为规范。第二个方面，宣布《海岛法》适用于包括无居民海岛在内的"海岛的保护、开发利用及相关管理活动"。它除了告知有关主体，在遇到与海岛使用及对使用的管理有关的事项时可以在《海岛法》中找依据之外，没有为海岛使用及对使用的管理提供任何具体的行为规范。它的意义在于说明《海岛法》的价值，而不在于为海岛使用提供行为规范。第十个方面是违反规定后的处罚，它是在使用制度成立的前提下为维护这种制度而安排的保障措施，也就是说，它并不是无居民海岛使用制度的本体。

在排除了以上三个方面的规定之后，我们会发现，《海岛法》为无居民海岛的使用主要提供了以下七个方面的信息。

（1）一条原则——"合理开发、永续利用"。这是前述第三个方面的内容。

（2）一个管理体系。这是前述第四个方面的内容。

（3）一条路径——按"规划"使用。这是前述第五个方面的内容。

（4）一个重要条件——缴纳海岛使用金。这是前述第六个方面的内容。

（5）提倡的和禁止或限制的一些情况。这是前述第七个方面的内容。

（6）对使用无居民海岛的一些具体要求。这是前述第八个方面的内容。

（7）一个概念——临时性利用无居民海岛。这是前述第九个方面的内容。

这七个方面对无居民海岛使用是否都具有规范价值呢？首先，"合理开发、永续利用"这一条原则更像是对《海岛法》自身提出的要求，而不是对无居民海岛使用者提出的要求，它应当是由立法来贯彻的原则。虽然无居民海岛管理部门也可以用这个原则指导自己的管理工作，因此我们可把它称为无居民海岛管理工作的原则，但确保该原则在管理工作得到充分贯彻的保障还是立法。没有立法的保障，这一原则在管理实践中的贯彻就有可能出现"百花齐放"，或者竞相"搭便车"——让别的机关、别的地区的机关去贯彻——的现象。即使这一原则勉强成为无居民海岛使用管理立法和使用管理工作的原则，我们也很难说它是无居民海岛使用的原则。对无居民海岛使用者谈"合理开发、永续利用"的原则，只有宣传、教育的意义，没有法律规范的价值。

其次，虽然我们还不知道《海岛法》为无居民海岛的使用究竟提供了多大空间、设计了哪些方案，但可以猜想，立法者心目中的无居民海岛使用肯定主要不是"临时性利用无居民海岛"。如果我们更加关心的是"临时性利用无居民海岛"之外的其他可能的使用，那么，作为《海岛法》为无居民海岛使用提供的七个方面信息之一的这"一个概念"对我们期待的无居民海岛使用也缺乏规范意义。

以上论述告诉我们，《海岛法》的规定对无居民海岛使用真正有规范价值的只有以下五个方面的内容：（1）一个管理体系；（2）一条路径——按"规划"使用；（3）一个重要条件——缴纳海岛使用金；（4）提倡的和禁止或限制的一些情况；（5）对使用无居民海岛的一些具体要求。根据这几个方面的规定，我们知道无居民海岛的使用大致说来归"国务院海洋主管部门"和"沿海县级以上地方人民政府海洋主管部门"管理。如果允许购买，这些部门是站在前台的"卖主"；如果必须经过许可，申请者就得向这些部门提出请求。我们还知道，使用无居民海岛一般需要缴纳海岛使用金。在很多情况下，这是一个必要条件。既然在购买的场合"国务院海洋主管部门"和"沿海县级以上地方人民政府海洋主管部门"是"卖主"，那么，在缴纳使用金便可使用无居民海岛的制度下，使用金就应向这些机关缴纳。我们也知道，要想使用无居民海岛（当然是合法地使用），须遵循一条路径，即要先找寻"全国海岛保护规划"①"省域海岛保护规划"②"可

---

① 《海岛法》第九条。
② 《海岛法》第十条。

利用无居民海岛保护和利用规划"① 等。在明确了这些之后，怎样才能成为无居民海岛的使用者，如何才能顺畅地实现使用无居民海岛的目的呢？在上述我们可以知道的三个方面之外，《海岛法》提供的可供遵循的规范还有两个方面：一个方面，提倡的和禁止或限制的一些情况；另一个方面，对使用无居民海岛的一些具体要求。这"一些情况"和"一些要求"能不能帮助我们实现使用无居民海岛的目的呢？为了实现真实的使用，我们再把有关的规定抄录下来。

第十八条："国家支持利用海岛开展科学研究活动。在海岛从事科学研究活动不得造成海岛及其周边海域生态系统破坏。"

第二十九条："严格限制在无居民海岛采集生物和非生物样本；因教学、科学研究确需采集的，应当报经海岛所在县级以上地方人民政府海洋主管部门批准。"

第三十五条："在依法确定为开展旅游活动的可利用无居民海岛及其周边海域，不得建造居民定居场所，不得从事生产性养殖活动；已经存在生产性养殖活动的，应当在编制可利用无居民海岛保护和利用规划中确定相应的污染防治措施。"

第三十二条："经批准在可利用无居民海岛建造建筑物或者设施，应当按照可利用无居民海岛保护和利用规划限制建筑物、设施的建设总量、高度以及与海岸线的距离，使其与周围植被和景观相协调。"

第三十四条："临时性利用无居民海岛的，不得在所利用的海岛建造永久性建筑物或者设施。"

第三十三条："无居民海岛利用过程中产生的废水，应当按照规定进行处理和排放。""无居民海岛利用过程中产生的固体废物，应当按照规定进行无害化处理、处置，禁止在无居民海岛弃置或者向其周边海域倾倒。"

如果潜在使用者欲"利用海岛开展科学研究活动"，根据第十八条，有可能得到某种优惠待遇。第二十九条主要不是对需要经过"一条路径""一个重要条件"的考验才能开始使用无居民海岛的使用者规定的，而是对那

① 《海岛法》第三十条。

些既不缴纳使用金也不遵循规划路径的人规定的。如果它也适用于需要经过"一条路径""一个重要条件"的考验才能开始使用无居民海岛的使用者，那么，它的价值就是"对使用无居民海岛的一些具体要求"中的另一个要求。上文已经提及，我们更加关心的是"临时性利用无居民海岛"之外的其他可能的使用，所以第三十四条的禁止性规定可以暂不考虑。这样说来，这六条主要的规范意义在于提供了使用无居民海岛的两项具体的要求和与建造建筑物、废物处理有关的两类规范。两项具体要求包括：其一，在使用无居民海岛时不"采集生物和非生物样本"，或经"批准"再"采集生物和非生物样本"；其二，按海域功能使用海岛。两类规范包括：其一，建造建筑物的规范；其二，废物处理的规范。

这些要求、规范能够为无居民海岛的使用提供充分的行为规范吗？显然不能。充分考虑《海岛法》提供的行为规范，至少还有以下方面存疑。

第一，谁可以使用无居民海岛。《海岛法》为我们提供了明确的管理者的信息，但却没有明确谁是被管理者，谁可以成为被管理者。《海岛法》的第一、二章及第三章第一节都没有出现海岛使用者。第三章第二节是"有居民海岛生态系统的保护"，与无居民海岛使用无关，所以也没有出现无居民海岛使用者。直到第三十条，才出现了无居民海岛使用者的"影子"。该条规定："从事全国海岛保护规划确定的可利用无居民海岛的开发利用活动，应当遵守可利用无居民海岛保护和利用规划，采取严格的生态保护措施，避免造成海岛及其周边海域生态系统破坏"，"开发利用前款规定的可利用无居民海岛，应当向省、自治区、直辖市人民政府海洋主管部门提出申请，并提交项目论证报告、开发利用具体方案等申请文件，由海洋主管部门组织有关部门和专家审查，提出审查意见，报省、自治区、直辖市人民政府审批"。很清楚，这一条是对"开发利用活动"提出的要求，而不是就无居民海岛使用者所作的规定。从"开发利用活动"是"开发利用者"的"活动"这个角度来看，我们可以说这一条涉及使用者，有使用者的"影子"。同样清楚的是，这一条没有告诉执法机关和潜在的使用者，谁，即什么样的主体可以成为"开发利用者"。第三十条之后的若干条款也都是这样，对使用无居民海岛提出要求，但没有涉及使用主体。比如第三十一条规定的"使用金"，它无疑是由使用者缴纳的费用，但该条没有说什么人有资格缴纳这样的费用。第三章的第三节都是为无居民海岛的保护和使用等设置的规范，但这一节没有一处正式提到使用者。《海岛法》第四章第四十二条第一款规定："海洋主管部门依法履行监督检查职责，有权要求被检查单位和个人就海岛利用的有关问题作出说明，提供海岛利用的有关文件和资料；有权进入被检查单位和个人所利用的海岛实施现场检查。"这是整部《海岛法》中关于无居民海岛使用者"身份"的唯一一条。根据这一条，我们可以把无居民海岛的使用者猜想为单位、个人两类主体。至于是什么样的单位、什么样的人，《海岛法》没有相关规定。

如果是在市场上卖葱或卖蒜，卖主可以不考虑买主的身份。可我们讨论的话题不是卖葱或卖蒜，而是把被法律赋予极大重要性的无居民海岛交给人使用，是在使用时间长短、作何使用、以何种方式取得使用等都不明确的情况下交给人使用，是在非"买断"前提下交给人使用，怎么可以不问主体呢？比如，既然国家要将无居民海岛交给人使用，那么，其他国家可不可以成为使用者？再如，人们相信企业是无居民海岛的可能性最大的潜在使用者，外国企业可不可以成为使用者？又如，自然人可不可以成为使用者？如果可以，外国人可不可以成为使用者？还如，国家机关、农村集体经济组织、非政府组织等可不可以成为无居民海岛使用者？这些问题不是多余的，而是必须得澄清的。

没有使用者的使用制度很难建立起来，没有使用者的使用活动很难发生。没有使用者，无居民海岛使用管理法缺乏基石。《使用权登记办法》第六条规定："无居民海岛使用权登记应当以同一单位或者个人使用的单个无居民海岛或者权属界址线所封闭的区域为基本单位进行登记。"这里"单位或者个人"的提法可以从《海岛法》找到根据，但《海岛法》却没有说明它规定的"单位"和"个人"是什么样的单位和什么样的个人。《使用权登记办法》所涉及的任何具体的单位或个人其实都是没有法律根据的。

我们注意到，《使用权登记办法》也没有明确其第六条所说的"单位或者个人"究竟是什么样的单位、什么样的个人。它在文字上既没有"无法可依"的缺陷，也没有犯可能"曲解法律"的错误。它把创造"单位或者个人"的规格、种类、资质等的机会留给了法律实践——只有执法机关，包括执行《使用权登记办法》的机关才能告诉你《海岛法》，或者说这些机关执行的《海岛法》中的"单位或者个人"究竟是什么样子或应该是什么样子的。

第二，可以怎样使用无居民海岛。也就是说从实现无居民海岛的使用价值的角度看可以怎样使用无居民海岛。无居民海岛的使用价值大致说来包括区位价值、资源价值、生态价值、物理基础（自然形态）价值、科学价值、文化价值等。对具有这些和这里没有提到的使用价值的无居民海岛可以派上哪些用场的回答，就是对"可以怎样使用无居民海岛"的回答。所谓无居民海岛使用，就是在一定"用场"上的使用，也就是在一定用途上的使用。《海岛法》直接或间接地提到过使用或利用无居民海岛的形式，但没有明确究竟可以怎样使用无居民海岛，无居民海岛的用途可以有哪些。我们还是先来梳理一下《海岛法》的规定。《海岛法》涉及的无居民海岛使用形式或用途共有以下十种。

（1）科学技术研究。第十八条规定："国家支持利用海岛开展科学研究活动。"第二十条规定："国家支持在海岛建立可再生能源开发利用、生态建设等实验基地。"第二十二条第二款规定："国家保护依法设置在海岛的助航导航、测量、气象观测、海洋监测和地震监测等公益设施，禁止损毁或者擅自移动，妨碍其正常使用。"

（2）国防。第二十二条第一款规定："国家保护设置在海岛的军事设施，禁止破坏、危害军事设施的行为。"第三十一条第一款规定："经批准开发利用无居民海岛的，应当依法缴纳使用金。但是，因国防、公务、教学、防灾减灾、非经营性公用基础设施建设和基础测绘、气象观测等公益事业使用无居民海岛的除外。"

（3）旅游。第三十五条规定："在依法确定为开展旅游活动的可利用无居民海岛及其周边海域，不得建造居民定居场所，不得从事生产性养殖活动；已经存在生产性养殖活动的，应当在编制可利用无居民海岛保护和利用规划中确定相应的污染防治措施。"

（4）养殖。见前引第三十五条。

（5）公务。见前引第三十一条。

（6）教学。见前引第三十一条。

（7）防灾减灾。见前引第二十二条第二款。另见前引第三十一条。

（8）非经营性公用基础设施建设和其他公益事业。见前引第三十一条、第二十二条第二款。

（9）采集生物和非生物样本。第二十九条规定"严格限制在无居民海岛采集生物和非生物样本"。

（10）交通。见前引第二十二条第二款。

虽然已涉及十种用途，或许还规定了我们没有注意到的其他用途，但有两点是这部法律所没有说明的。其一，这十种是仅有的用途吗？比如，在这十种之外是否还能接受《全国海岛保护规划》列举的工业用岛、仓储用岛等其他用途。如果社会或潜在的使用者对海岛还有其他用途的使用要求，社会或潜在使用者可否要求按他们需要的用途使用海岛，无居民海岛管理部门能否同意他们的要求。这些，在《海岛法》中都找不到直接的答案。其二，这里涉及的用途是字面意义上的用途，还是字面含义所述类别的用途？比如，上述第十项用途为"交通"，但《海岛法》第二十二条第二款只提到了"助航导航"。对《海岛法》的这一规定，是理解为具体的"助航导航"，还是习惯上人们所理解的"交通"呢？《海岛法》条文并没有说可以将无居民海岛用于交通，而是只涉及"助航导航"。说《海岛法》涉及交通，是因为习惯上人们把"助航导航"归入交通，这是我们对《海岛法》的理解，而不是《海岛法》的清晰规定。我们似乎需要按照习惯上人们所理解的那样去理解《海岛法》，因为《全国海岛保护规划》对无居民海岛的使用就规划了"交通运输用岛"。《全国海岛保护规划》规定："科学分析各种交通运输方式的合理用岛规模，制定不同的控制指标，集约、节约用岛，最大程度降低对海岛生态环境造成的不良影响；工程建设与生态保护措施同步进行，制定防灾减灾应急预案；严格限制炸岛、炸礁、开山取石、填海连岛等开发利用活动。"这显然大大超出了"助航导航"的范围。但是，这种需要并不等于事实，不等于立法的本意，因为《海岛法》确实没有明确说明用于"助航导航"的规定可以放大解释为用于"交通"。

第三，可以在怎样的时间范围内使用无居民海岛。无居民海岛使用无疑是发生在一个持续的时间段内的。没有特定的时间段，就不会有具体的使用。《海岛法》没有规定，更准确地说是没有提及时间。这并不是一个可以忽略的"细枝末节"，而是十分重大的事项。比如，那些经过"一条路径""一个重要条件"的考验成为无居民海岛使用者的人是在一个规定的时间段内使用海岛，还是可以永久使用海岛？如果是在一个规定的时间段内使用，这个时间段有多长，或可以有多长？这些不应该是随便议定的，也不应该由当事人和具体的管理机关随便决定。《使用金办法》规定了无居民海岛若干使用类型的使用期限，看起来科学、严整，但却很难从《海岛法》那里获得可靠的支持。

第四，怎样才可以获得使用。《海岛法》不但没有规定谁可以使用海岛，可以将海岛用于哪种用途，可以在多长的时间段内使用海岛，而且没有规定潜在使用者怎样才可以获得对无居民海岛的使用。《海岛法》虽然把缴纳海岛使用金规定为使用无居民海岛的"一个重要条件"，但却没有说明缴纳了海岛使用金之后会产生怎样的后果。从法律规范自身影响力的角度来看，这部法律没有说明"海岛使用金"的性质究竟是什么。对使用金可以作不同的解释，比如使用费、许可费、价金等。不同的解释可以使使用金的性质大相径庭。"买路钱"既可以解释为对道路使用的付费，其意义是按对道路的消耗或损耗程度支付费用，也可以理解为获得许可的代价，按照这种解释，支付使用金的意义是可不可以通过，而不是通过的次数、通过的人数或货物数量。当然，也可以是一定时段的道路管理权的价金，按照这种解释，缴纳买路钱的"主人"就是规定时段特定线路的主人。他可以决定向其他使用特定线路的人收取许可费意义上的买路钱，或作为对道路消耗之补偿的买路钱。《使用金办法》第一条宣布根据《海岛法》制定，但实际上《海岛法》除了把缴纳使用金宣布为使用无居民海岛的"一个重要条件"之外，没有规定任何让《使用金办法》可"据"的规范。《使用金办法》将"无居民海岛使用金"定义为"国家在一定年限内出让无居民海岛使用权，由无居民海岛使用者依法向国家缴纳的无居民海岛使用权价款，不包括无居民海岛使用者取得无居民海岛使用权应当依法缴纳的其他相关税费"（《使用金办法》第二条第三款），这个定义是没有办法从《海岛法》中找到法律根据的。这个定义符合《使用金办法》宣布的"有偿使用"原则（《使用金办法》第一条第一款），然而，就是这样的原则也无法从《海岛法》中获得支持。《海岛法》没有宣布对无居民海岛使用规定有偿使用原则，没有宣布建立无居民海岛有偿使用制度。一句话，仅仅凭《海岛法》第三十一条"一个重要条件"的规定，我们无法断定海岛使用金的性质为何，从而也无法判断其法律后果究竟为何。

总之，《海岛法》是一部很优秀的海岛"保护"法，但不是一部优秀的海岛"使用"法。系统的无居民海岛使用制度须等待另外一个法律文件的创造，或通过对《海岛法》的修订来创造。

Was the Institutions for Using Uninhabited Islands Set Up in the Island Law?

Xu Xiangmin

Abstract: Rules for Registration of Using Uninhabited Islands are based on Island Law for regulating the usage of uninhabited islands. The Island Law only has limited contents on the regulation of uninhabited islands: a regulating system; an approach based on "zoning policy"; an important condition which is "pay island usage fees"; promoting and limitations on the use of uninhabited islands; and some detailed rules for using. This law does not cover a lot of important issues in using uninhabited islands: who are entitled to use; how to use; what's the time span to use; and how to gain the right to use.

Key words: uninhabited islands, Islands Law, procedures for using uninhabited islands

西北航道航行的法律环境研究

——相关问题的国内外研究述评*

刘惠荣　李浩梅**

摘要： 西北航道法律争议涉及沿海国主权、管辖权与海洋大国航行自由之间的利益冲突。其核心问题是航道的法律地位，而航道的法律地位又与北极群岛水域法律性质紧密相连。加拿大与主张航行自由的美国、欧盟在此问题上各执一词。对于西北航道的法律性质，国内外学术界形成加拿大内水说、国际海峡说和客观折中说三种观点；学者提出的各种争议解决方案在论证其国际法理论依据时反映出较强的国家利益博弈色彩。航道的法律管制研究主要涉及环境保护、航行规则、《联合国海洋法公约》第234条冰封区域条款和以《北极水域污染防治法》为代表的加拿大国内立法的研究等方面。这些为未来更深入系统地研究西北航道法律问题奠定了良好的理论和实证研究基础。

关键词： 西北航道　内水　环境管辖权　冰封区域

新近的气候与冰层变化研究显示，到21世纪中叶，北方海航道可使无破冰能力的普通船舶在更大范围内通行，西北航道也将开通新航线，使普通船舶能够在夏季晚期大部分时间通航。更重要的是，极地航线也将通航，

---

* 本文系教育部人文社科重点基地项目"维护我国海洋权益的国际法律环境和实践研究"（11JJD820010）的阶段性成果以及国家社科基金重点项目"国际法视角下的中国北极航线战略研究"（13AZD084）成果之一。

** 作者简介：刘惠荣（1963～　），女，山东济南人，博士，中国海洋大学法政学院教授、博士生导师、常务副院长，研究方向为极地法律。李浩梅（1989～　），女，山东临沂人，中国海洋大学法政学院国际法专业硕士研究生，研究方向为极地法律。

以适合有一定破冰能力的船舶航行①。北极航道通航能力的逐渐提升，悄然推进着北极航行规则的变化与新规则的形成。北极沿海国层面，俄罗斯和加拿大严苛的航行控制由来已久，越来越多的航道使用方可能会对其提出质疑和挑战。2001 年起俄罗斯总统普京明确强调保留推进北方海航道的国际通行，提升北方海航道的航运竞争力；2013 年俄罗斯修订后的航道法律规则发生了重要变化，在坚持北方海航道属于俄罗斯历史性交通干线的立场下，范围上作了明晰化界定，管理上也出现了松动②。国际层面，国际海事组织正在筹备出台有强制约束力的北极航行规则，预计 2014 年完成，2015 年通过，2016 年生效。由此可见，北极航道的变革时代即将到来。在此背景下，梳理和分析北极航行法律问题的研究成果，有助于把握北极航道法律环境的现状、主要焦点问题，进而预测未来的发展走向。

一　西北航道的法律性质之争

西北航道的法律争议由来已久，涉及沿海国主权、管辖权与海洋大国航行自由间的利益冲突，因此较早成为学术讨论的热点。西北航道争议的核心是其法律地位，而航道的法律地位又与北极群岛水域性质紧密相连。加拿大与主张航行自由的美国在此问题上有巨大分歧。尽管 1988 年双方签订了《北极合作协议》，暂时缓和了激烈的北极航道通行矛盾，但协议明确声明该协议及相关国家实践不影响美加两国的相关立场。所以说，西北航道争议悬而未决，未有定论。相关的学术研究涉及争议的由来与发展、争议的国际法分析以及争议的前景与解决方案几个方面。

（一）争议的由来与发展

国外特别是加拿大和美国对西北航道争议的研究起步较早，考察得也

---

① Laurence C. Smith and Scott R. Stephenson, "New Trans-Arctic Shipping Routes Navigable by Midcentury", in Ellen S. Mosley-Thompson, ed., *Proceedings of the National Academy of Sciences* 110 (2013): E1191 – E1195.

② 张侠等:《从破冰船强制领航到许可证制度——俄罗斯北方海航道法律新变化分析》,《极地研究》第 26 卷第 2 期。

很详细。Ted L. McDorman 介绍了自 1969 年 "曼哈顿" 号航行以来美加两国在西北航道法律性质上的对立主张，以及 1985 年 "极地海" 号航行事件后加拿大推行的一系列加强航道控制的措施。通过评估加拿大长期以来对西北航道实施控制的法律事实，如划定直线基线等，他认为西北航道是专属于加拿大人的航道而非具有重要意义的国际通道，加拿大对其有无可争议的最高利益，也实施了事实上的管辖权。同时他指出，尽管西北航道法律地位的不确定性可能会持续很多年，但通过加强加拿大在北极水域的地位，法律争议或许会变得没有太多实际意义①。Nicholas C. Howson 则将航道争议放在更广阔的背景中进行研究。他分析了美加两国西北航道争议的历史与法律背景，包括战略与商业利益、"曼哈顿" 号航行与加拿大《北极水域污染防治法》（*Arctic Waters Pollution Prevention Act*）的出台。他还辩证地分析了加拿大和美国的立场及其依据的理论基础，认为西北航道的性质还不明确，很难判定②。

有学者从更长的时间轴上考察了美加两国在北极地区的合作与争议。N. D. Bankes 回顾了 1947～1987 年四十年间加拿大主张北极主权（既包括陆地也包括北极水域）的历程，以及在这个过程中来自邻国美国方面的威胁和反对。在此基础上，他评估加拿大对北极群岛的领土主权已经没有争议，其海域主张中，对北极水域的污染管辖权也已经得到《联合国海洋法公约》（以下简称《公约》）的认可，但群岛水域的地位仍存在争议，是否属于历史性内水、是否适用国际海峡制度，仍未确定③。Elliot-Meisel 从二战起开始考察美加两国在北极地区的关系。二战期间及战后一段时期内美加两国在北极地区军事、安全及科研方面建立了稳定的合作关系，双方关于西北航道的争议体现于几次事件中，且之后的主张和行动大多是临时应对性的，缺乏整体性考虑。在评估航道的历史及双方主张的基础上，她认为已经到了结束模糊处理方式的时候，最有利于双方利益的是寻找一个切实可用的、

① Ted L. McDorman, "In the Wake of the Polar Sea: Canadian Jurisdiction and the Northwest Passage", *Les Cahiers de Droit* 27 (1986): 623–645.

② Nicholas C. Howson, "Breaking the Ice: The Canadian-American Dispute over the Arctic's Northwest Passage", *Columbia Journal of Transnational Law* 26 (1987): 337–375.

③ N. D. Bankes, "Forty Years of Canadian Sovereignty Assertion in the Arctic, 1947–87", *Arctic* 40 (1987): 285–291.

双边的、界定清晰的解决方案①。

国内对北极航道争议的系统研究相对较晚，如郭培清等在《北极航道的国际问题研究》一书中，专篇介绍了美加两国西北航道争端，突出分析了"曼哈顿"号事件及"极地海"号事件体现出的美加两国在航道通行权上的冲突及其对西北航道争议发展的影响。在国际形势尤其是冷战格局发生变化的历史背景下，由于同时受两个事件的刺激，加拿大展开了一系列推进加强北极群岛水域管辖和航道控制的行动。

上述研究提供了西北航道争议的历史、政治、安全和军事背景，为了解争议的由来与发展、综合评估航道争议的未来走向并提出解决方案奠定了基础。

（二）争议的国际法分析

除从国际关系角度研究外，国际法学界对美加双方关于西北航道的法律地位和航行制度进行了大量论证，大致形成了三种观点：第一种观点支持加拿大，认为西北航道是加拿大内水，不适用于国际航行的海峡制度；第二种观点支持美国，认为西北航道适用国际海峡制度；第三种观点相对上述两种对立观点更为客观和折中，对航道性质的处理也更为灵活。其中，有学者认为西北航道性质特殊，既非完全的国际海峡，也不属于加拿大完全排他控制的内水，主张应当赋予西北航道特殊的法律地位；也有学者认为北极航道的法律地位不应单一化处理，不同航线法律地位不同。

持第一种观点的学者主要为加拿大学者，以 Donat Pharand 为代表。他的观点有四个要点：第一，在考察了历史性水域规则适用于西北航道的局限性后，转而论证加拿大1985年划定的直线基线符合国际法要求，权利巩固理论也进一步支持了此基线，从而确定基线内的群岛水域属于加拿大内水。第二，通过实证数据的统计分析，论证西北航道没有形成用作国际航运线路的历史，未达到构成国际海峡的功能标准。在这里他明确区分了实际使用与潜在使用，主张实际使用标准是国际法上适用的标准。第三，分阶段分析西北航道的通行制度。他认为1985年之后，直线基线的划定使西

---

① Elizabeth B. Elliot-Meisel, "Still Unresolved after Fifty Years: The Northwest Passage in Canadian-American Relations, 1946 – 1998", *American Review of Canadian Studies* 29 (1999): 407 – 430.

北航道成为加拿大内水而不适用无害通过，2003 年后才约束加拿大的《公约》关于内水中适用无害通过的特殊情况也因加拿大近 20 年的国家实践而不适用。第四，尽管 Pharand 认为西北航道不是国际海峡，但他同时认识到随着通航能力的提升，未来西北航道有可能达到国际海峡的标准，从而适用过境通行制度，因此他提出一些阻止航道国际化的措施建议①。Donald McRae 也持有类似观点，认为加拿大内水主张在国际法院上更有优势得到认可，对国际海峡，功能标准的要求并未确立明确的数量标准，潜在使用的标准没有国际法依据②。Mike Perry 亦持类似观点③。

第二种观点基本与第一种观点对立。James Kraska 以 1982 年《公约》中有关基线划定的规定为依据，指责加拿大的直线基线违反了《公约》的要求，即使其基线被认可，其他国家在新划入内水的海域内也享有无害通过权。他主张符合"用于国际航行的海峡"只需要满足"连接公海或专属经济区的一部分和公海或专属经济区的另一部分"（《公约》第 37 条）这一地理要求即可，否定了所谓达到一定通行量的功能标准规则。基于此，他认定西北航道是用于国际通行的海峡，他国船舶和飞行器享有过境通行权④。这在很大程度上代表了美国海军部的立场。王泽林通过对国际海峡、历史性水域与直线基线等制度的国际法分析，认为西北航道理论上属于"用于国际航行的海峡"，适用过境通行制度⑤。李志文等则在分析国际海峡规则的基础上同时强调航道通行的潜力与加拿大对航道实施控制的现状，认为西北航道符合国际海峡标准，开放西北航道有利于维护航道安全⑥。

有学者提出不同于前两种的更为客观的第三种观点。本文作者之一刘惠荣认为在判断国际海峡是否成立时，实质意义的功能标准比形式意义的

---

① 参见 Donat Pharand and Leonard H. Legault, *The Northwest Passage: Arctic Straits.* Dordrecht: Martinus Nijhoff Publishers, 1984; Donat Pharand, "The Arctic Waters and the Northwest Passage: A Final Revisit", *Ocean Development & International Law* 38（2007）: 3 - 69。

② Donald McRae, "Arctic Sovereignty? What is at stake?", *Behind the Headlines* 64（2009）: 1 - 23.

③ Mike Perry, "Rights of Passage: Canadian Sovereignty and International Law in the Arctic", *University of Detroit Mercy Law Review* 74（1996）: 657 - 683.

④ James Kraska, "The Law of the Sea Convention and the Northwest Passage", *The International Journal of Marine and Coastal Law* 22（2007）: 257 - 281.

⑤ 王泽林：《北极航道法律地位研究》，博士学位论文，厦门大学法学院，2011。

⑥ 李志文、高俊涛：《北极通航的航行法律问题探析》，《法学杂志》2010 年第 11 期。

地理标准更重要，且应动态变化地审视功能标准，在将一般国际法适用于北极地区时，还要考虑北极地区的自然地理特征，即难以到达的区域，因此，未来一定程度的航运量就足以使西北航道成为国际海峡。但当前西北航道既非完全的国际海峡也非完全的加拿大内水，关于西北航道的法律地位，应在充分考虑其特殊地理位置和历史背景的基础上，赋予西北航道特殊的法律地位①。王丹维认为应将西北航道分为南线航线与北线航线，分别确定其法律地位②。

从上面观点的分类可以看出对西北航道性质及通行权的国际法分析深刻地受学者所属国家立场的影响，美加两国学者体现得尤其明显，其结论基本与国家主张吻合。但上述观点的分歧也体现了直线基线、历史性水域以及用于国际航行的海峡等国际法规则在适用于西北航道时遇到的困难和不确定，因此，面对各执一词、截然对立的美加两国立场，对西北航道进行特殊定性也许是更好的解决途径。

（三）争议的前景与解决方案

如上所述，西北航道的法律地位争议在国际法上尚未有定论，内水和国际海峡的论点都不是无懈可击的，面对此种僵局以及北极气候变化、环境脆弱的背景，很多学者重新评估西北航道地位争议的前景，并提出相应的解决建议和方案。

N. D. Bankes 指出西北航道法律地位及通行权的确定将在很大程度上取决于未来航道使用方的态度，对争议可能的前景他提出三种可能：一是航道使用方接受加拿大的主张，二是与加拿大协商互利的通行协议，三是将对立的主张提交国际法院裁决③。有学者在几种可能性中评估了更有利可行的方案。Nicholas C. Howson 认为无论当前还是未来，双方将航道争议诉诸国际法院裁决的可能性很小，因而主张缔结新的双边协议，用政治方式解决西北航道的争议，在形式上承认加拿大对北极水域的主张，同时赋予美

---

① 刘惠荣、刘秀：《西北航道的法律地位研究》，《中国海洋大学学报（社会科学版）》2009年第 5 期。

② 王丹维：《北极航道法律地位研究》，《中国海洋法学评论（中英文版）》2011 年第 2 期。

③ N. D. Bankes, "Forty Years of Canadian Sovereignty Assertion in the Arctic, 1947 – 87", *Arctic* 40 (1987): 285 – 291.

国一系列通过西北航道和其他可航海峡的通行权①。Elliot-Meisel 主张应当在历史和当下的双重语境下理解西北航道争议，承认加拿大主权主张的同时满足美国的安全考虑，寻找一个切实可行的双边方案以符合双方的最大利益。这一结论的得出基于对四个因素的考量：美加两国有五十多年的双边合作历史，西北航道地理上的特殊性排除了有关它的安排对其他地区的海峡形成先例的影响，该航道并未成为美国军事的瓶颈，当前争议的大环境少了当年的情绪化、煽动性的政治姿态或公众情绪②。Rothwell 认为《南极条约》处理主权问题的方式可以用于美加两国西北航道主权争议，具体来讲，他主张美加两国签订关于西北航道的条约，一方面，纳入类似《南极条约》第 4 条主权冻结的条款，承认加拿大和美国对航道的现有立场，并将保持现状；另一方面，纳入《公约》中的过境通行规定，加拿大可以依据《公约》第 42 条的规定管辖外国船只，并享有第 234 条的特殊管辖权③。

上述主张对美加两国争议的解决提出了多样性的建议，讨论了最大限度符合双方利益需求的安排，但均未跳出双边主义的窠臼。西北航道的主权和管辖权问题不是加拿大与其邻国之一美国之间的简单的争议，西北航道法律地位的确定必然还涉及国际社会中其他国家的利益，是作为沿海国的加拿大与其他所有国家之间权利义务关系的分配，简单确定和约束美加两国航道关系的协议或条约不能完全解决西北航道在国际法上的法律地位问题。

与上述观点不同，刘惠荣认为在界定西北航道法律地位时，既应坚持北冰洋对国际社会的意义，也要顾及西北航道位于加拿大主张的内水中的现实，因此应当赋予西北航道特殊的法律地位。为充分顾及包括国际社会利益在内的多方利益且有利于北极水域环境保护，国际社会可以参考"斯匹茨卑尔根群岛"模式解决西北航道争议④。James Kraska 建议西北航道可

① Nicholas C. Howson, "Breaking the Ice: The Canadian-American Dispute over the Arctic's Northwest Passage", *Columbia Journal of Transnational Law* 26 (1987): 337 – 375.

② Elizabeth B. Elliot-Meisel, "Still Unresolved after Fifty Years: The Northwest Passage in Canadian-American Relations, 1946 –1998", *American Review of Canadian Studies* 29 (1999): 407 –430.

③ Donald R. Rothwell, "Canadian-US Northwest Passage Dispute: A Reassessment", *Cornell International Law Journal* 26 (1993): 331 –372.

④ 刘惠荣、刘秀：《西北航道的法律地位研究》，《中国海洋大学学报（社会科学版）》2009年第 5 期。

以借鉴成功运用于马六甲海峡的多边模式，这样加拿大完全可以从中实现其环境权益和适宜的管辖权，同时这也有助于加拿大获得更多的国际支持[1]。韩逸畴持有类似观点，认为解决西北航道争议困境的出路是借鉴"马六甲海峡模式"多边合作机制的经验，采取综合管理方法保护脆弱的海洋资源[2]。贾兵兵基于对国际海峡制度的研究提出，将西北航道的一条航线确定为用于国际航行的人工水道，通过美加双边条约的形式建立类似巴拿马运河或苏伊士运河的制度，对航道法律性质、过境通行权等作出针对西北航道具体情况的安排，是较为可行的解决途径[3]。

从上面的介绍可以看出，有关西北航道性质争议的研究成果较多，内容涵盖争议的由来、发展、原因、现状、国际法分析以及前景等各个方面，并具有以下几个特点：第一，国际关系、政策演变研究多于国际法研究；第二，基本观点受国家立场的影响大；第三，争议的研究局限于加拿大和美国双方的主张，偶有提及欧洲也是将其与美国作为一个整体来讲，对其他国家未表态的国际法意义缺乏深刻探索，对其他国家在西北航道的利益及其参与西北航道问题协商的讨论也少有涉及。

二 西北航道的法律规制研究

西北航道上的航行在多个层面受到规制。首先，作为海洋宪章的《公约》规定了各种海洋区域制度，分配沿海国与其他国家的权利义务，西北航道位于加拿大管辖水域中，同样受其约束；其次，通过作为缔约国的船旗国、沿海国、港口国的执行，国际海事组织制定的有关航行安全、环境保护和船员管理的一般性规则需要得到遵守；最后，在北极水域内航行还面临加拿大国内相关法规的管理。从研究视角上看，前两个层面都可归为国际法规制层面，与之相对应的是加拿大的国内法层面对航行的规制。

---

① James Kraska, "The Law of the Sea Convention and the Northwest Passage", *The International Journal of Marine and Coastal Law* 22 (2007): 257 – 281.

② 韩逸畴：《论西北航道争端之困境与出路》，《武大国际法评论》2011 年第 1 期。

③ Bing Bing Jia, "The Northwest Passage: An Artificial Waterway Subject to a Bilateral Treaty Regime?", *Ocean Development & International Law* 44 (2013): 123 – 144.

（一）关于北极航道的国际法规制

近年来，随着北极通航条件的改善，北极航道的国际法规制获得越来越多的关注。

1. 北极水域的环境保护

海洋污染领域的法律规制一直是国际法学界的研究重点，传统的研究以《公约》体系为核心，分析了管辖权的分配、内容及控制，执行国际标准的能力，以及基于国家责任原则及其他相关责任理念的风险分配等适用于所有海域的一般性制度①。对北极海洋环境及生态保护的专门研究，即开展独立的北极环境法律体系的研究始于 20 世纪 90 年代，尤其关注了当时确立的北极环境保护战略（以下简称 AEPS）。Donald R. Rothwell 通过对北极环境保护机制的分析以及对 AEPS 的研究，指出了现行北极环境保护机制的缺陷及不足②。另外也有相对保守的观点，如董跃等从北极环境治理中的软法因素视角研究了 AEPS，在认可其取得共识性和实效性的同时，评价了其功能存在的局限性和缺乏保障性，但认为 AEPS 是实然状态下的必然选择③。

在缺乏一个独立的北极环境保护制度安排的情况下，不同学者对北极环境保护和治理提出了各种方案。Rothwell 主张北极国家在 AEPS 的合作基础上超越 AEPS 机制，协商制定一个综合性的北极环境保护机制④。Verhaag 认为区域性的方案不足以解决北极环境问题，无论是当前无强制约束力的体系还是未来可能出现的有强制约束力的条约，因此主张以成功的南极条约体系为范本，制定保护北极环境的国际条约⑤。Olav Schram Stokke 研究了北极环境治理体系及其与《公约》的联系，强调北极环境保护战略及北极

---

① Alan E. Boyle, "Marine Pollution under the Law of the Sea Convention", *The American Journal of International Law* 79 (1985): 347 – 372.

② Donald R. Rothwell, "International Law and the Protection of the Arctic Environment", *International and Comparative Law Quarterly* 44 (1995): 280 – 312.

③ 董跃等：《北极环境治理中的软法因素：以北极环境保护战略为例》，《中国海洋大学学报（社会科学版）》2010 年第 1 期。

④ Donald R. Rothwell, "International Law and the Protection of the Arctic Environment", *International and Comparative Law Quarterly* 44 (1995): 280 – 312.

⑤ Melissa A. Verhaag, "It Is not too Late: The Need for a Comprehensive International Treaty to Protect the Arctic Environment", *Georgetown International Environmental Law Review* 15 (2002): 555.

理事会体系对北极环境治理的重要作用，认为一个有法律拘束力的北极环境机制意义不大，且制定过程中会有巨大的政治阻力，更可行的规则制定方法是在现有的不同机制间寻找互动①。刘惠荣、杨凡的《北极生态保护法律问题研究》一书分析了北极生态保护的法律制度现状、法律冲突及解决、法律机制、生态理念及实施路径。梅宏梳理了海洋环境保护国际立法中与北极航运直接相关或有启发意义的国际法律规则，分析这些规则对北极的适用程度，指出应当对北极航道环境保护以特别协议的形式作出专门规定②。

环境保护问题是北极航道国际法规制的重要组成部分，也是研究最早和最深入的领域，当前的研究分析了北极环境治理的基本法律框架，并对治理模式作了丰富的探讨。

2. 北极水域的航行规则

近年来关于北极航运规则的讨论越来越多，既有单一规则的分析，也有整个航运规则体系的梳理，不同层面的航运规则与政策及其协调是研究的重点。

Jensen 专门研究了国际海事组织制定的《北极航行指南》，包括其形成、适用范围、具体规定，并探讨了它的不足，是否应当发展为强制性规范，以及可能产生的法律与实践中的影响③。E. J. Molenaar 在对北极航运的现状及未来潜力介绍的基础上，梳理了有关北极航运的国际法律与政策，包括海洋法公约体系、国际海事组织体系以及北极理事会体系下的相关规定与规则，分析了当前规范体系下存在的空白并提出了建议④。白佳玉从国际法的角度对北极航道利用的法律规制作了探讨，包括介绍北极航道法律地位的争议、国际法规则的分析适用及其发展趋势，以及有关北极航行的海事法现状和发展趋势，指出应在国际法框架下有效有序地管理和利用北

---

① Olav Schram Stokke, "A Legal Regime for the Arctic? Interplay with the Law of the Sea Convention", *Marine Policy* 31 (2007): 402 – 408.

② 梅宏：《北极航道环境保护国际立法研究》，《中国海洋大学学报（社会科学版）》2009 年第 5 期。

③ Oysten Jensen, "Arctic Shipping Guidelines: Towards a Legal Regime for Navigation Safety and Environmental Protection?", *Polar Record* 44 (2008): 107 – 114.

④ E. J. Molenaar, "Arctic Marine Shipping: Overview of the International Legal Framework, Gaps, and Options", *Journal of Transnational Law & Policy* 18 (2008): 289 – 325.

极航道①。这些学者大都认识到分散的、多层次的、碎片化的北极航行规则给北极航运带来的负面影响，并提出了或侧重沿海国单边主义的或侧重更多利益相关方多边主义的协调建议。Aldo Chircop 更进一步，在认定北极地区不断增长的国际航运面临三方面挑战的基础上，主张为了实现规则的一致，国际海事组织的规则和标准需要合并，北极沿海国也应当协调国内的规则并执行，特别是沿海国应努力将对《公约》第234条特殊授权的适用纳入统一的、更高的极地航行规则和标准，且国际海事组织是其可以发挥主导作用的适宜平台②。

3. 冰封区域条款

《公约》第234条冰封区域条款在北极航道国际规制中有特殊的地位和意义，因其赋予冰封区域沿海国超越国际标准的环境管辖权，也成为加拿大制定有关北极航道国内法的国际法依据。

关于冰封区域条款的研究自《公约》制定起就出现了，主要体现为介绍其制定背景、历程，并从条约解释的角度探讨该条款广义与狭义的两种内涵，从而界定沿海国环境管辖权的要求和限制，但国际社会及北极沿海国对此的态度尚不明确③。俄罗斯和加拿大等国国内北极航道管制立法实行几十年后，近期的研究重申了该条款在解释和适用上的模糊性及其他局限性，特别是其导致加拿大北极航道管理对该条款过度依赖。因此，Ryan O'Leary 认为，从国际合作的法律义务和现实可行性上看，通过多边合作方式建立普遍接受的北极航行标准，要比沿海国的单边行动更符合沿海国及国际航运社会的整体利益④。刘惠荣则以北极海洋环境保护为视角和框架，在法律文本分析的基础上，分析该条款对于北极海洋环境保护的现实意义及其面临的执行困境，指出该条款在执行层面缺少被国际社会普遍接受和认可的执行标准和规范，因此提出可以借鉴区域性海洋环境保护模式完善

---

① 白佳玉：《北极航道利用的国际法问题探究》，《中国海洋大学学报（社会科学版）》2012年第6期。

② Aldo Chircop, "The Growth of International Shipping in the Arctic：Is a Regulatory Review Timely?", *The International Journal of Marine and Coastal Law* 24（2009）：355–380.

③ D. M. McRae and D. J. Goundrey, "Environmental Jurisdiction in Arctic Waters：The Extent of Article 234", *U. B. C. Law. Review* 16（1982）：197–228.

④ Ryan O'Leary, "Protecting the Arctic Marine Environment：The Limits of Article 234 and the Need for Multilateral Approaches", *Journal of Environmental Law and Practice* 23（2001）：287–304.

其具体实施①。

前后两个时期的研究体现了对该北极例外条款的认识从纯文本分析发展到在北极环境法体系的发展和实践中考察其合理适用。

(二) 加拿大对西北航道的国内法规制

学者对加拿大有关西北航道管制立法的研究重点是其海洋环境保护的国内法，对其航行管理法规也有涉及。

《北极水域污染防治法》（以下简称 AWPPA）是西北航道环保法规的核心，美加两国对此有严重分歧。有学者寻找并论证该法的国际法依据，更多的学者认为该法是加拿大的单边权利主张，突破了当时国际法的规定。

加拿大视角的观点认为加拿大的 AWPPA 有其国际法依据。1958 年日内瓦《领海和毗连区公约》建立了领海范围外 12 海里毗连区制度，加拿大对船源的污染控制属于沿海国有权实施管辖权的卫生事项；在 12 海里毗连区以外，根据国际法一般原则，一个国家有自我保护（self-protection）权利，但这一自我保护权利的享有须受必要性和比例原则的限制，在北极特殊环境面临污染时后果的严重性使 AWPPA 的出台成为合理的、必要的和符合比例原则的措施②。其他依据包括加拿大认为北极水域和冰的特殊性使其具有特殊的法律地位，北极沿海国因而享有与此相关的特殊权利并负有相应的责任，AWPPA 规定的环境管辖权的行使是受到国际环境法支持的，包括与环境有关的自卫的基本权利，以及一个国家不得使用或允许使用其领土或其国家管辖范围外的区域损害其他国家环境的国际环境法原则③。有学者研究了一个国家应对污染威胁的预防性自卫权学说的演变及其在经济领域的适用，通过分析 AWPPA 控制污染的各种规定，认为其作为加拿大预防性自卫的解决方案，在追求保护本国安全和利益的同时并未过分干涉传统的航

---

① 刘惠荣、李静：《论〈联合国海洋法公约〉第 234 条在北极海洋环境保护中的适用》，《中国海洋大学学报（社会科学版）》2010 年第 4 期。

② Albert E. Utton, "Arctic Waters Pollution Prevention Act, and the Right of Self-Protection", *U. B. C. Law Review* 7 (1972): 221 – 234.

③ J. A. Beesley, "Rights and Responsibilities of Arctic Coastal States: The Canadian View", *Journal of Maritime Law and Commerce* 3 (1971): 1 – 12.

行自由①。

指责加拿大在北极防污管辖的单边行动的观点在角度上与上述观点有所不同。Louis Henkin 认为加拿大保护北极水域环境的意图是合理合法的，且国际上已有很多单边国家实践推动国际法发展的实例，但与这些国家实践不同的是，加拿大通过 AWPPA 等国内法扩展管辖权是一个沿海国向全世界主张的、单边的、新的权利，这事实上以挑战大部分国家重要权利的方式偏离了新近建立并法典化的海洋法②。

Richard B. Bilder 认为 AWPPA 规定了加拿大对其领海外 100 海里内的北极水域的防污管辖权，从 1958 年日内瓦《领海和毗连区公约》及国际有关海上污染的相关公约对毗连区管辖权的规定看，加拿大将防污管辖权拓展到领海外的法律依据不足，加拿大的这种做法也缺乏国际社会国家实践的相关支持。但从对北极水域环境问题的担忧及对处理该问题的国际行动的迟钝和不确定结果角度看，加拿大的单边行动也是可以理解的。因此，对加拿大行为的最终评估在很大程度上取决于看待国际法律体系以及该体系及时有效应对新挑战的能力是乐观主义还是悲观主义态度③。

对 AWPPA 国际法角度的分析主要集中于 1982 年《公约》制定之前，《公约》第 234 条冰封区域特别条款在很大程度上为加拿大北极水域环境法规的制定提供了国际法依据，因此之后对其国内法的研究主要是从航道管辖和控制的角度进行。

Lee Clark 分析了加拿大有关西北航道的国内法规及其实施，包括 AWP-PA 等环保法规，也包括加拿大《航运法》等航行管理法规，指出其在法律规定及执行力上的不足，并提出修订 AWPPA 等建议，主张在推进地区性合作的同时，加拿大有权引入领先的北极航行规则，并应当在推行综合性北极标准上更加主动，成为周边国家可效法的标准④。国内学者王泽林同样介

---

① L. C. Green, "International Law and Canada's Anti-Pollution Legislation", *Oregon Law Review* 50 (1970): 462 – 490.

② Louis Henkin, "Arctic Anti-Pollution: Does Canada Make-or-Break International Law?", *The American Journal of International Law* 65 (1971): 131 – 136.

③ Richard B. Bilder, "The Canadian Arctic Waters Pollution Prevention Act: New Stresses on the Law of the Sea", *Michigan Law Review* 69 (1970): 1 – 54.

④ Lee Clark, "Canada's Oversight of Arctic Shipping: The Need for Reform", *Tulane Maritime Law Journal* 33 (2008): 79 – 110.

绍了加拿大对北极水域航行相关的重要立法，通过分析现有立法中的航行安全区制度、强制报告制度等，结合西北航道通航的国家实践，得出加拿大对北极水域的控制处于不断加强态势的结论，并认为这种既存事实在判定西北航道法律地位时是对加拿大的优势证据①。

从上面的分析可以看出，对加拿大西北航道国内立法的研究大致分为两个阶段：1982 年《公约》制定前，讨论的重心为 AWPPA 的合法性，既有国际法相关规则的微观分析，也有大量国家主张中单边主义与多边主义的宏观讨论，且后者占有相当比重；1982 年以后开始关注和研究加拿大其他航行管理法规。相比对俄罗斯国内航道管制的研究成果，加拿大国内法的研究成果不多，除前期对 AWPPA 部分研究外，后期对加拿大有关航运管理规则的研究以介绍为主，对其在国际法体系中的合法性及相关国际规则的适用研究并不充分。

三 结语

西北航道法律问题的研究一直围绕两个议题展开：一是航道法律地位，二是航道由谁管制以及如何管制。其中航道法律地位问题始终是研究的基础和重心，但对法律地位的讨论受国家立场的影响极大，且相关国际法规则有一定的模糊性而使争议僵持不下。随着北极冰融愈来愈严重，近年来学术研究的重点开始扩展到与航道控制有关的规则。从整体上看，航道法律问题的研究出现了从宏观的性质之争到具体的航道管理规则的转变。

由于北极航道具有特殊的极其脆弱的自然地理环境，在航道法律规制的研究中，环境保护视角的研究是重点，航行规则的研究相对较弱，国内国外研究特点又有不同。北极域外国家或者"近北极国家"的学者较多地选取国际法、国际关系视角研究国际层面和地区层面（北极理事会等合作机制）的海洋环境保护法律及相关软法，分析其对北极地区的适用性及不足并提出建议，但对北极沿海国国家层面的法律规制关注不够，而目前尚未出台专门适用于北极航行的国际法规则，实际上对北极航行发挥管理功

---

① 王泽林：《加拿大对西北航道控制立法之分析》，《中国海洋法学评论（中英文版）》2011年第 2 期。

能的是俄加等沿海国单边制定的严苛的国内管制法。有研究关注到了《公约》第234条对北极海洋环境保护的重要意义，但没有突破以《公约》为核心的国际环境保护法律体系，对该条款的解读、执行及与其他国际法规则的协调还存在探讨的空间。对北极航行及航道利用的研究，也是主要关注以《公约》基本规则和国际海事组织具体标准为核心的国际层面。

对比国内的相关研究，西方对西北航道的研究更加深入充分，角度更加灵活，观点更加多样。北极环境保护的研究包含对现有法律机制的分析及发展方向的建议，特别是对北极航行法律规制的研究，涵盖了国际层面、地区层面以及国家层面，在讨论其现状与不足的同时，也关注了它们之间的互动协调，如主张应将《公约》第234条特别授权条款的适用纳入更高级的航行规则就体现了这一点，但关于多边与单边路径谁优先则仍在争论中。

综合国内国外的研究可以看到，现有国内外北极航行法律规制的研究成果形成了许多有价值的观点，为后续研究奠定了良好的基础，今后有待更紧密地观察北极形势及发展走向，研究影响西北航道管制的法律体系的演变。有必要对俄罗斯和加拿大两国的航行管制政策和法律予以重点剖析，并运用比较研究法系统地考察两国适用北极例外条款的国家实践。随着北极通航需求的不断提升和通航条件的改善，西北航道背后，国家安全、海洋环境保护、商业利益、战略考虑等不同国家的多种利益相互交织，未来对北极航道管制的研究将跳出单一的研究北极海洋环境保护机制的窠臼，更多的国际海事规则、航道安全规则将被纳入研究范畴。

Legal Environment of Shipping through the Northwest Passage：A Research Review about Certain Issues

Liu Huirong　*Li Haomei*

Abstract：Northwest Passage dispute involves the conflicts between sovereignty and jurisdiction of coastal states and navigation freedom of the marine powers. The legal status of the Passage is the key issue，which is closely related to the legal nature of the Arctic Archipelago waters. The United States and European Union hold different positions from Canada on this issue. Scholars have three different viewpoints, namely Canadian internal waters, international straits and the neutral approach. Despite the argumentation on specific legal basis, discussions about the dispute settlement reflect strong features of benefits equilibrium between states. Research on the legal regulation on the Northwest Passage includes environmental protection, shipping regulation, and Article 234 in the UNCLOS on both international level and Canadian domestic level. All these studies provide good theoretical and empirical basis for deeper research.

Key words: Northwest Passage, internal water, environmental jurisdiction, ice-covered area

论构建山东半岛蓝色经济区
区域立法协调机制

梅　宏　林奕宏*

摘要：山东半岛蓝色经济区区域立法在立法主体、立法程序、立法内容以及立法效果上存在特殊情形，故应建立与蓝色经济区区域立法相适应的立法协调机制。建议设立蓝色经济区立法协调常设部门，实现对立法主体的协调；实施信息沟通下的契约制度，实现对立法内容的协调；建立表决期限延长及协商加入制度，实现对立法程序的协调；建立区域立法评估制度，实现立法效果的协调。

关键词：区域立法协调机制　山东半岛蓝色经济区　蓝色经济区立法协调委员会

2009 年 4 月，胡锦涛在山东考察时指出："要大力发展海洋经济，科学开发海洋资源，培育海洋优势产业，打造山东半岛蓝色经济区。"2011 年国务院正式批复《山东半岛蓝色经济区发展规划》（以下简称《规划》），这标志着山东半岛蓝色经济区建设正式上升为国家战略，成为国家海洋发展战略和区域协调发展战略的重要组成部分。区域发展，法治先行。法治环境对一个地区、一个区域经济发展的影响力和重要性开始上升，日益成为关键因素；市场经济的发展不仅要求建立与之相适应的、完善的法律体系，而且要求各种法律规范在价值目标、基本原则及规范体系上保持一致①。按

---

* 作者简介：梅宏（1973 ~ ），男，陕西安康人，中国海洋大学法政学院法律系副教授，法学博士后，研究方向为环境法学、国际法学。林奕宏（1989 ~ ），男，山东招远人，中国海洋大学法政学院法律硕士生，研究方向为环境法学。

① 扈春海：《环渤海地区法制协调机制研究》，《燕山大学学报（哲学社会科学版）》2006 年第 3 期。

照《规划》的要求，须进行一系列与蓝色经济发展相关的配套改革，而区域立法协调机制是统一的经济秩序得以形成和有效运作的根本保障。

一 我国建立区域立法协调机制的实践及其总结

立法是机制建立的基础，而机制是立法的保障。区域立法作为区域经济发展的法制基础，要求该区域内的多个立法主体在立法过程中注意协调彼此意志。建立区域立法协调机制，旨在实现立法主体、立法程序、立法内容、立法效果等方面的协调，以期推动区域立法工作有序、高效地进行。

（一）区域立法协调机制的含义

区域立法，系指特定区域内各有关地方立法机关就本区域社会事务的管理、公共服务的提供或共同利益的追求等事项，在平等、自愿的基础上进行立法合作，开展与区域性文件的制定、修改、废止等有关立法活动的总称。区域立法因其与特定区域的发展直接相关，故属于地方立法层面①。区域立法既可以在动态意义上使用（即被视为区域合作立法的整个过程），也可以在静态意义上使用（即动态意义上区域立法的结果或区域性立法文件）。

区域立法兼有立法和合作双重属性，而区域内多个主体合作需要协调相互之间的关系，包括区域立法的过程、结果及其牵涉的各种关系，比如，区域立法主体间的合作关系、区域内不同利益主体间的利益关系、区域立法文本同现行立法体系间的关系以及区域立法与社会现实和发展需要之间的关系等。所谓机制，是区域合作与发展中由特定主体设计或者各社会主体长期行动演进而成的一系列社会组织结构及规范体系。机制以区域立法为基础，反过来作用于区域立法，为区域立法协调提供制度上的保障，并且有助于拓宽区域合作领域，推动区域合作不断深入。

---

① 除《立法法》规定的规范性法律文件，在社会现实中，由政府机关制定的其他规范性文件，对某一领域的社会关系所产生的效力不亚于法律的规范力或影响力。本文虽然仍将区域立法之法的基本形式限定为《立法法》所规定的法律形式，但对于其他规范性文件持开放、兼容的态度。区域立法的各种原理及机制同样适用于这些规范性文件。

（二）建立区域立法协调机制的可行性分析

建立区域立法协调机制，既是推动区域立法工作的要求，也是基于已有实践的经验性做法总结形成的立法策略。

1. 我国区域立法协调机制具有法律依据

根据区域立法协调机制的具体含义，我国的区域立法主要采取地方立法模式。此处的地方立法，其制定的文本属于《立法法》规定的法律文件。改革开放之初，为有效指导、推动经济建设，全国人大常委会于1980年批准了我国第一个经济特区条例《广东省经济特区条例》。该条例对广东省经济特区的发展起到重要的保障和促进作用。我国的经济特区建设由此步入规范化、法制化之途。随后，全国人大常委会相继通过相关决议，授权深圳、厦门、珠海等经济特区人大及其常委会以及广东省、福建省、海南省制定所属经济特区的各项法规。此外，也包括规范性法律文件，例如，2004年，泛珠三角区域的广东、福建等九个省与香港、澳门两个特别行政区共同签署了《泛珠三角区域合作框架协议》，这使泛珠三角的区域合作有了正式的制度框架。2006年，东北三省政府在沈阳签署《东北三省政府立法协作框架协议》，明确立法协作的三种方式以及开展立法协作的五大领域。这是我国尝试建立的首个区域立法协作框架。2008年年底，国务院批准通过《珠江三角洲地区改革发展规划纲要（2008～2020年）》，明确了珠江三角洲今后的发展定位、目标以及策略等，这标志着珠三角地区的区域合作与发展进入一个新的阶段。再有，在《长株潭城市群区域规划》基础上建立的湖南省三市的区域间政府合作模式，推动了该区域经济管理和区域协调立法。

2. 我国区域立法协调机制存在成型的构建模式

自改革开放以来我国各地区相继建立针对区域立法的协调机制，包括东北三省、成渝地区、环渤海地区、（泛）珠三角地区以及长江三角洲地区等。其中，最具代表性的区域立法协调机制构建模式是东北三省、长江三角洲地区、（泛）珠三角地区的区域立法协调机制模式。

东北三省的区域立法协调机制模式包括分散立法协作模式、紧密立法协作模式和半紧密立法协作模式。分散立法协作模式也是一种立法共同分享机制，即就三省所具有共识的合作项目，在急于制定立法项目且条件允许的情况下，各省可以针对本省的特殊情况单独立法，立法成果由各省分享。紧密立法协作模式是一种立法共同参与机制，是指对于政府关注的重点难点、与人民群众生产生活密切相关的立法项目，三省将联合力量，紧密合作，成立专项工作组，共同出谋划策，利用各方面的理论资源，将立法中存在的各项难题一一化解。半紧密立法协作模式是一种立法资源优化配置机制，即三省在立法协作中，出现立法项目重复的情况在所难免，这完全没有必要占用过多的立法资源，要分清主次，可以采取由一省为主牵头组织起草立法项目，其他两省根据自身特点加以协助的半紧密的协作模式①。

长江三角洲地区与（泛）珠三角地区的区域立法协调机制模式，区别于东北三省以省级立法主体构建的区域立法协调的机制。长江三角洲地区和（泛）珠三角地区的区域立法协调机制的构建模式为：在区域内核心城市（属于《立法法》规定的立法主体）的推动下，与周边立法主体（大多为省级立法主体）采取各种协调手段进行区域立法。（泛）珠三角地区区域立法协调机制是由港澳特区、广东省及周边八省省政府在"高度重视，思想高度统一"的情况下举办首届"泛珠三角区域合作与发展高层论坛"，并共同签署《泛珠三角区域合作框架协议》而建立的②。长江三角洲地区区域立法协调机制则是由上海推动，在行政契约和磋商沟通等区域立法制度的基础上，江浙沪两省一市及16市的有关职能部门"求同存异、互信互让"，就能够实现的一体化事项达成共识或磋商沟通③。

综上，随着区域一体化经济发展，为促进各地区打破行政壁垒、整合资源、沟通协作，构建区域协调立法机制已成为必要方法和手段。

二 山东半岛蓝色经济区区域立法存在的特殊问题

改革开放以来，区域立法协调机制已在东北三省、泛珠三角和长三角地区成功建立并实施。然而，山东半岛蓝色经济区区域立法在立法主体、立法内容、立法程序以及立法效果上均存在特殊情况，故我国已有区域立法协调机制的构建模式不能直接套用于山东半岛蓝色经济区区域立法协调

---

① 侯一家：《山东半岛蓝色经济区核心区建设的立法保障》，中国海洋大学硕士学位论文，2012年，第47页。
② 费广胜：《蓝色经济区建设中的地方合作机制与模式研究》，《行政论坛》2012年第5期。
③ 王景通：《论山东半岛蓝色经济区的法制协调机制》，《海洋开发与管理》2013年第4期。

机制的构建。

（一）山东半岛蓝色经济区七地市中仅有一市具有立法主体资格

根据《山东半岛蓝色经济区发展规划》的规定，山东半岛蓝色经济区由青岛、烟台、威海、东营、日照、潍坊和滨州七地市组成。根据《宪法》和《立法法》的相关规定，青岛作为山东半岛蓝色经济区中唯一的立法主体，享有立法权限，可以制定相应的地方性法规和规章。而其他地市没有立法权限，只能根据相应事项制定相应的规范性法律文件。区别于一般性区域立法协调机制中直接由地方立法主体进行立法，如东北三省、泛珠三角地区和长江三角洲地区的以省级立法主体为主的区域立法协调，蓝色经济区区域立法在各地市之间的磋商沟通下制定规范性法律文件，但区域立法毕竟介于《立法法》所规定的中央立法和地方立法之间，以地方立法为主的区域立法无法达成，又不具备省级或中央的层级进行统筹立法的条件，因此无法实现蓝色经济区的平衡持续发展。

（二）山东半岛蓝色经济区区域立法在内容和程序上不明确、不完备

蓝色经济区在区域立法内容上不能确定需要立法的事项，其主要原因是在区域发展过程中对事务的处理普遍存在缺乏信息交流和经验分享的情形。随着经济的发展，蓝色经济区产业结构趋于相同，分工逐渐不明。在此背景下，蓝色经济区各地市在趋利避害或者在利益分配方面，对趋向于有利自身发展的方面回避甚至拒绝与其他地市磋商讨论，这导致信息交流和经验分享缺乏。例如，在地方保护主义的推动下，各地市政府为了本地利益和自身政绩，制定规范性法律文件阻碍人力、资源、技术、资金等要素的流通，这使蓝色经济区难以形成整体优势。在发生冲突时，相关责任地市拒绝对其他受损地市进行信息公开和经验共享。其他问题，如难以发掘区域经济发展中所需要协调的问题、形成立法焦点、确定蓝色经济区区域立法内容，甚至出现与中央立法和省级立法重复的情形。区域立法的程序不完备则体现在，仅有作为指导文件的《规划》和《关于打造山东半岛蓝色经济区的指导意见》（以下称《意见》），其本身的抽象概括性和指导性，难以应对蓝色经济区内复杂多样的实践工作。各地区之间达成的有关

经济发展的协议也仅存在于行政层面，未涉及法律层面。

（三）山东半岛蓝色经济区区域立法的实施与执行缺乏事后评估

好的法律是能够被大家共同遵守的法律，而评定法律好坏的主要方式为立法评估。蓝色经济区区域立法之后，应当对相关部门的执行效果及其影响进行立法评估。立法评估包括评估主体、评估对象、评估方式以及评估标准等基本要素和相关要求。当前蓝色经济区区域立法并未明确立法评估的基本要素和相关要求：评估主体方面——评估主力是谁，哪些部门或者单位参加，评估主体进行评估是否具有必要性和可行性；评估内容方面——评估的区域立法范围的大小、量的多少，评估的对象是否必要、可行；评估的方式方法或者途径方面——召开座谈会、听取汇报、问卷调查、实地察看、专题调研、书面征求意见、网络测评、文献检索、执法部门自查等，究竟哪种方式方法或者途径适合于蓝色经济区区域立法评估；评估标准方面——区域立法符合立法的合法性、合理性、适应性、可操作性、针对性、效益性和规范性的其中一点还是全部，才能顺应立法评估的目的，至今仍然是一个问题①。

（四）为何要建立与山东半岛蓝色经济区区域立法相适应的立法协调机制？

首先，这是因为蓝色经济区属于特色发展。省级立法不能涵盖蓝色经济区发展的所有事项，既不可能面面俱到，也不能很好地适用于蓝色经济区内各地市的协调发展。

其次，蓝色经济区不仅属于省级规划，还属于国家规划，由此必然涉及中央立法。过多的省级立法和中央立法，将导致立法的成本高；过多的统筹将影响地方立法的积极性，不利于地方经济发展。

再次，蓝色经济区本身具有特殊性，其立法有别于普通经济区域的省级立法主体直接立法。蓝色经济区属于省内区域，由地级市组成。根据《宪法》和《立法法》的规定，蓝色经济区仅有青岛市享有地方立法权限，

---

① 吴斌、李庆国：《关于立法后评估的几点思考》，《江淮法治》2010 年第 15 期。

有权进行立法。根据蓝色经济区的自身特点，充分发挥蓝色经济区区域内各地市参与立法的积极性，并在区域立法中引入协调机制，有利于克服其余六地市因缺乏立法权限、资格而造成的法律问题。

最后，借鉴其他区域立法的成功经验，构建相应区域立法协调机制，实现对蓝色经济区内"协调为主""统筹为辅"的区域立法，这不同于单纯的省级立法。

三 建立山东半岛蓝色经济区区域立法协调机制的必要性

基于我国多个区域已成功构建区域立法协调机制的经验，山东半岛蓝色经济区在开展区域立法时，亦应构建适合本区域特点的区域立法协调机制。

（一）有利于丰富区域法制建设的经验，完善区域法制的理论体系

与当前区域经济发展中的合作实践相比，法学界在区域法制建设尤其是区域立法协调机制理论研究方面较为单薄，尚未形成一套较为完整且可行的理论体系。例如，有学者认为区域立法应当由中央直接立法，此观点基于中央立法的宏观统筹性；另有学者认为，应当在《立法法》中直接规定区域立法，其理由是，区域立法处在中央立法和地方立法之间，是一种独特的立法模式；还有学者认为，区域立法应当归为地方立法，仅由地方立法主体之间进行协调立法；等等。具体的研究要么延续政策性思维，要么附和区域开发与合作的现实而少有创新。因此，山东半岛蓝色经济区区域立法协调机制的建立，有利于在理论上丰富区域立法协调机制的类型，完善区域法制的理论体系，客观回答并系统论证"我国区域合作与发展需要怎样的立法，以及如何进行立法"这两个问题。

（二）实现蓝色经济区整体利益，达致《规划》确立的目标

通过区域立法协调机制的作用，形成一种既相互独立又相对集中的立法模式。一方面，在相对独立的情形下，山东半岛蓝色经济区内各地市制定相应的规范性法律文件，有利于当地核心区的特色发展，保证原有经济

的持续快速发展；另一方面，对各方在经济发展中出现的冲突，达成协议或者报上级审查并作出相应决定，使得经济发展的法制保障趋于统一，有助于各方面工作统一、高效地进行，从而真正实现"到 2015 年，山东半岛蓝色经济区现代海洋产业体系基本建立，综合经济实力显著增强，海洋科技自主创新能力大幅提升，海陆生态环境质量明显改善，海洋经济对外开放格局不断完善，率先达到全面建设小康社会的总体要求；到 2020 年，建成海洋经济发达、产业结构优化、人与自然和谐的蓝色经济区，率先基本实现现代化"的伟大目标。

（三）以"纵"制"横"，避免重复立法与冲突立法

依据《宪法》规定的"一元二级多层次"① 的立法体制以及《立法法》的相关规定，地方立法在具体事项的规定上能够弥补中央立法的不足，发挥地方立法的灵活性，体现地方立法的特色。中央立法作为全局性立法，对国家整体的立法进行统筹指导，具有宏观的控制作用。当前区域立法不仅在结构和内容上与上级地方立法或者中央立法重复，而且会违反法律位阶原则，与上位法发生冲突。在此背景下，将中央立法与省级立法纳入区域立法协调机制，从而将蓝色经济区区域立法的横向立法冲突直接引入纵向立法的解决机制之中②。通过中央和省级对具体事项的立法，重新整合中央立法和地方立法二者的关系，同时将反映上级机关指示和意图的决议、决定和命令下达到地方，完善中央和地方在蓝色经济区的立法资源配置，发挥其最大效益，从而促进山东半岛蓝色经济区的立法工作。

（四）发挥青岛市的"龙头"作用，促进海洋生态文明与海洋经济的可持续发展

在"一元二级多层次"的立法体制下，青岛市作为山东半岛蓝色经济

---

① 我国的立法体制可以概括为"一元二级多层次"。其中，"一元"指中华人民共和国全国人民代表大会是最高国家权力机关，行使国家立法权的主体是全国人民代表大会及其常务委员会。"二级"包括中央一级立法和地方一级立法。在国家行政结构上，分中央与地方，中央领导地方，地方服从中央，这是整体与部分的关系。"多层次"表现为制定规范性法律文件的主体从中央到地方宝塔式地设置，层次清楚，权限明确，相应地，它们制定的规范性法律文件的效力地位亦呈梯级。

② 王子正：《东北地区立法协调机制研究》，《东北财经大学学报》2008 年第 1 期。

区中唯一拥有地方立法权限的城市，以"现代都市加海滨生态文明型城市"为功能定位，以建设"最适宜生活、工作城市"为最终目标①，其在山东半岛蓝色经济区乃至山东省堪称蓝色经济发展的"龙头"。在区域立法协调机制下，由青岛市带头开展议事协商，山东半岛蓝色经济区的其他地市可以青岛市相关决议、决定和命令为蓝本，达成协商一致，为各地市的海洋生态文明和海洋经济可持续发展提供法律支持，充分体现"龙头"城市的集聚力和扩散力，青岛城市圈辐射力大大加强②。由此，生态环境将得以保护，生态文明得以弘扬，经济可持续发展进一步强化。

四 山东半岛蓝色经济区区域立法协调机制的构建方案

在山东半岛蓝色经济区的法制框架内，应当建立与蓝色经济区区域立法相适应的立法协调机制。我们提出的构建方案，要点如下。

（一）设立蓝色经济区立法协调常设部门，实现对立法主体的协调

为填补中央对蓝色经济区立法的空白，改变省级立法的接受程度低等情况，并协调蓝色经济区内部的立法，根据区域立法的基本含义，区域立法的立法主体为各有关地方立法机关。根据山东半岛蓝色经济区战略推进办公室的机构建制③，兼顾山东半岛蓝色经济区所辖地市的实际情况，我们建议，在山东省人大常委会下设立蓝色经济区立法协调委员会，作为其派出机构，行使山东省人大常委会的部分具体职责；同时，以山东省人大常

---

① 刘洪滨、张树枫、孙梦元编著《国内外海湾城市发展研究》，青岛：青岛出版社2009年版，第316～319页。

② 黄继忠：《区域内经济不平衡增长论》，北京：经济管理出版社2001年版，第6～7页。

③ 山东半岛蓝色经济区战略推进办公室（原山东半岛蓝色经济区建设办公室）隶属于山东省发展与改革委员会。其职能为：负责落实和推进山东半岛蓝色经济区和胶东半岛高端产业聚集区发展战略；承担山东半岛蓝色经济区建设的综合协调、指导监督工作，组织编制并实施蓝色经济区发展总体规划，提出支持蓝色经济区建设、推进体制机制创新和一体化发展的重大政策建议，审核规划区域内由省统筹安排的重大基础设施和重大产业项目；承担山东半岛蓝色经济区和胶东半岛高端产业聚集区规划建设领导小组、规划建设推进协调小组的日常工作。

委会为依托，便于工作的上行下效和层级上报。蓝色经济区立法协调委员会的基本职能是协调区域立法，或从事与区域立法协调有关的工作，具体包括四项：其一，负责对区域立法活动进行协调；其二，负责区域立法以及对蓝色经济区内各地市制定颁布的规范性法律文件进行审查监督；其三，对蓝色经济区内各地市的重大地方事务，需由省级人大常委会决定的，予以上报；其四，负责承载某些区域立法协调机制的运作，例如，实施区域立法会议机制以及立法后评估机制。

基于上述职责，蓝色经济区立法协调委员会定期召集各地市出席"高层联席会议"和"协商沟通交流会"等区域立法会议，主持各地市区域发展冲突的磋商沟通，制定适用于各地市的规范性法律文件；对各地市在会议上围绕是否需要制定规范性法律文件未能达成一致意见的事项进行立法调解，基于各方磋商，形成一致意见，进而制定规范性法律文件；对在立法调解的基础上仍未达成一致意见的问题，上报省级立法机关，由省级立法机关在征询各地市意见的基础上，作出由省级立法机关对争议事项进行立法或者上报中央立法的决定。

（二）实施信息沟通下的契约制度，实现对立法内容的协调

契约化机制已经为我国许多区域立法实践所采用，如东北三省政府于2006年签署的《东北三省政府立法协作框架协议》，该协议在对具体问题进行区域立法上规定了三种模式：包括区域立法根据协议的具体内容采取的紧密型模式，如黑龙江、吉林和辽宁三省共同签订的《东北三省实施北药开发战略合作协议》；半紧密型模式，如黑龙江完成的《行政许可监督条例》和《国家机关机构和编制管理条例》；分散模式的立法程序，如吉林省制定的《个人信用信息征集披露管理办法》。哪些事项需要采取紧密型立法模式，哪些事项需要采取半紧密型立法模式，它对东北三省今后进行立法协作的方式、内容以及如何协调等问题进行了较为明确的规定。契约机制又称协议机制，是指省（市）经过发出合作意向、达成合作意向、拟定协议草案等步骤制定的行政协议。签订契约或者协议，将为区域立法提供方针指导和立法规划，明确立法调整的对象或内容。如青岛市与日照市在经济合作中签署的《加快推进蓝色经济区建设战略合作框架协议》和青岛市与潍坊市签署的《推进青潍一体化发展行动计划协议》等行政协议，

是其今后共同制定规范性法律文件的基础。建立信息沟通下的契约制度，在信息沟通的平台上，各地市对有关共同利益的追求和目标的设定进行信息的沟通和经验的分享，对蓝色经济区内重要事项进行规划并分类，进而达成协议，发挥各地市政府间规范认可和对文本进行预先审查功能。同时，对关系到共同利益、需要由整个蓝色经济区进行区域立法的事项，以及通过委托起草机制由某个省（地）市立法、其他地市进而适用或借鉴的事项，分别作出明确的规定。如青岛市的海洋生态保护、治理海洋污染能力在山东半岛蓝色经济区具有"龙头"地位，各地市根据协议委托青岛市在海洋生态保护及治理海洋污染方面先行立法，其他地市参考青岛市的立法，制定相应的规范性法律文件。

（三）建立表决期限延长及协商加入制度，实现对立法程序的协调

立法的合意性决定于立法过程中所展现的表达的深度和参与的广度。基于上述理论观点，在蓝色经济区区域立法过程中引入表达期限延长机制和协商加入机制。立法程序主要包括提出法案、审议法案、表决和通过法案与公布法案四个重要程序。这是立法机关在立法活动中必须遵循的步骤和方法，区域立法同样要严格遵循这样的基本立法阶段或程序。表达期限延长制度为蓝色经济区各地市在区域立法过程中提供更为充裕的时间来表达本地区的利益诉求，增加其在提出法案、审议法案、表决和通过法案中的主动权；同时，表达期限的延长有利于各地市就共同关心的问题进行交涉，并在交涉中实现对问题的表决，通过决议的方式有利于区域立法的各项规定对各个地市的利益保护均有侧重①。协商加入制度，其作用则是扩大区域立法的参与范围。区域立法是建立在各地立法协议的基础上的，然而法律和政策相对于社会发展其本身具有滞后性，随着蓝色经济区的发展，区域内相关地市根据达成的协议进行区域立法或者在分配利益时必然会涉及其他地市的相关利益，相关地市可以与协议方进行协商，共同参与立法准备阶段、法案审议阶段以及立法完善阶段，实现各地市就相关利益问题的协商解决。

---

① 孙潮、徐向华：《论我国立法程序的完善》，《中国法学》2003 年第 5 期。

（四）建立区域立法评估制度，实现立法效果的协调

法律法规实施一段时间后，立法主体应该及时对立法效果进行评估。立法评估主要包括国家评估和社会评估。国家评估依据的是我国"一元二级多层次"的立法体制及效力位阶原则，地方立法是以中央立法为基础的，地方立法不能脱离中央立法，同理，下级地方立法机关立法也不能脱离中央立法机关和上级地方机关立法而单独立法。通过对蓝色经济区已在制定的区域立法文书的送达，中央和省级机关（既包括立法机关也包括执法机关）以对法规的功能作用和实施效果的评价为基础和中心，对规范性法律文件发生效力上的冲突，根据效力位阶原则对规范性法律文件进行修改、补充或废止，实现区域立法体系协调和现实协调。社会评估则体现了吸收并保障公众参与的区域立法的基本价值取向和权力让渡与利益共享理念，以更好地实现立法的民主化以及区域社会发展的自主性和多样性。公众参与有利于征集对区域立法的意见和建议，进而协调区域立法文本及与社会现象和发展需要之间的关系。

On Establishing the Regional Legislative Coordination Mechanism for Shandong Peninsula Blue Economic Zone

Mei Hong   Lin Yihong

Abstract：Since Shandong Peninsula Blue Economic Zone has several special problems on its regional legislation such as the legislative body, the legislative content, the legislative process and the legislative effect, it should establish a regional legislative coordination mechanism in accordance with the above-mentioned issues of Shandong Peninsula Blue Economic Zone. The proposals include setting up the legislative coordination committee for Shandong Peninsula Blue Economic Zone, implementing the contract system under the information communication, forming the legal systems on extending the period for voting and joining up through consultation, establishing the legislation assessment system for regional legislation.

Key words：regional legislative coordination mechanism，Shandong Peninsula Blue Economic Zone，the legislative coordination committee for Shandong Peninsula Blue Economic Zone

中国防治海洋外来物种入侵立法模式探析[*]

白佳玉　丁　鹏^{**}

摘要：立法模式包括立法内在价值取向上的目标模式和外在结构体例上的法体模式。我国海洋外来物种立法模式存在立法目的偏差、法律体系不统一的问题。本文通过对比分析德国与美国因立法模式选择差异呈现的不同实施效果，为我国立法模式选择提供了国外立法上的反思与借鉴，同时结合国内立法环境现状，论证得出我国海洋外来物种立法模式应采纳可持续发展目标模式和专门立法法体模式。

关键词：海洋外来入侵物种　立法模式　目标模式　法体模式

"海洋外来入侵物种"在国内外的研究中并没有相关权威定义，其上位概念"外来入侵物种"在世界自然保护同盟《防治因生物入侵造成的生物多样性损失指南》中被定义为"在自然、半自然生态系统或环境中，建立种群并影响和威胁到本地生物多样性的一种外来物种"①。参照外来入侵物种的定义，海洋外来入侵物种是指那些通过人类活动有意或无意传入一个在其过去或现在的海洋生态系统分布范围及扩散潜力以外的海洋生境中，在此新生境建立自己的种群且不断扩散，进而对当地造成不良生态或经济效果的海洋外来物种。由于海洋外来入侵物种是活生物体，不会被冲淡、分解稀释，不会随时间流逝而减少影响，甚至不像放射性物质一样有半衰

---

* 本文系 2012 年度教育部人文社会科学研究青年基金项目"我国防治海洋外来物种入侵的法律问题研究"（12YJC820001）的阶段性成果。

** 作者简介：白佳玉（1981~　），女，汉族，中国海洋大学副教授，法学博士，研究方向为海洋法、国际海事法。丁鹏（1989~　），男，汉族，中国海洋大学硕士研究生，研究方向为海洋环境法。

① The IUCN Guidelines for the Prevention of Biodiversity Loss Caused by Invasive Alien Species［EB/OL］，http：//www.iucn.org，2013 - 8 - 21.

期，一旦其被释放就疯狂增长，影响随之扩大，甚至影响全球生物多样性，因此第一届海洋生物入侵国家会议指出，海洋外来物种入侵产生的后果可能比海上石油溢漏的后果更为严重①。

目前，中国海洋外来入侵物种已有 36 种，可引发赤潮，产生船底和海中设施的生物污损，导致滩涂生态系统失衡，影响养殖业和本地海洋物种的多样性②。如何通过法律手段规制海洋外来物种入侵现象，已经成为摆在我们面前的一个急需解决的重大问题。国际立法层面，专门解决海洋和水生环境中外来物种入侵问题的国际法律规制发展较为缓慢，且防治海洋外来物种入侵的国际法律制度主要依赖于区域性及国家层面的立法来落实。因此，沿海国防治海洋外来物种入侵的国内法律制度是避免海洋外来物种入侵、保护海洋生物多样性的最直接和有效的手段③。

在构建防治海洋外来物种入侵的国内法律制度的过程中，立法模式的确立关系到外来入侵物种立法的实施效率，并且和外来入侵物种立法目的、管理体制、管理范围和制度设计有着密切的联系④。立法模式的价值主要体现在两方面：一方面，立法模式在相当程度上承载立法者的利益选择和价值期望，在构建防治海洋外来物种入侵的国内法律制度的过程中，确定立法目标时进行的利益选择和价值取舍为制度建立提供了基本指导思想，立法目标的选择是以生态保护为主还是经济发展优先会对整个法律制度的建构带来不同的价值导向；另一方面，立法模式在法体模式上的选择关系到能否协调具体法律制度的构建以及能否建立统一的行政管理体制，其法体模式采用专门立法模式还是部门分散式立法模式会导致法律实施效果的不同。因此，本文在分析我国目前防治海洋外来物种立法模式现状及存在问题的基础上，通过反思与借鉴典型沿海国在立法模式选择上的经验教训，试图探讨我国防治海洋外来物种入侵立法模式的合理选择。

---

① Brent, Fosterc, "Pollutant without Half-lives: The Role of Federal Environmental Laws in Controlling Ballast Water Discharges of Exotic Species", *Environmental Law*, 30 (99), 2000.
② 徐海根等主编《〈生物多样性公约〉热点研究：外来物种入侵·生物安全·遗传资源》，北京：科学出版社 2004 年版，第 28～37 页。
③ 白佳玉：《中国防治海洋外来物种入侵立法之基本原则探究》，《学习与探索》2012 年第 9 期。
④ 王社坤：《外来入侵物种防治立法比较研究》，《比较法研究》2008 年第 5 期。

一 立法模式分析的理论基础

分析世界各国防治海洋外来物种入侵立法模式需要采用统一的理论依据及标准，下文在明确立法模式定义的基础上，结合防治海洋外来物种入侵立法的自身特点，为各国所采纳的立法模式进行比较分析提供统一的理论分析基础。

(一) 立法模式定义的提出

立法模式的定义主要是从立法的外在形式结构的视角进行解读的，在我国学术界并没有成熟的定义表述，很多关于各个部门法领域立法模式的分析主要采纳的是立法体例说[①]，比如"经济立法的模式是经济法采用何种立法形式，即经济法立法是采用统一经济法典形式，还是采用单行经济法律、法规的形式，抑或兼采两者"[②]。立法体例说主要从立法外在架构差异性对立法模式进行解读，忽视了立法在整体内容上所体现出来的价值目标取向。因此，立法模式是指在法律制定的过程中，法律在整个立法内容的价值目标取向上和外在立法体例结构的选择方面所具有的总体特征。

(二) 立法模式定义的阐释

通过立法模式定义的提出并根据立法在内在价值目标取向和外在立法体例上所具有的辩证统一关系，立法模式具体应包括立法目标模式和立法法体模式。立法目标模式，是指一国的法律因理想效果设计而确定的主要立法目的及其整合规则，以及由此呈现的总体风格和特征，它是法律价值取向或价值模式的法律化[③]。立法目标模式主要是指在具体法律制度构建过程中通过立法目的和指导思想的选择发挥其价值指引作用。

立法法体模式，是指某一法律在外在结构形式上所体现的总体特征。例如，世界自然保护同盟的专家曾将外来入侵物种立法模式分为三种，即

---

① 立法体例说认为立法模式是指一个国家在立法时所采取的与调整范围有关的法律类型。参见乔健康《我国市场竞争法的最佳立法模式》，《法学杂志》1997 年第 2 期。

② 李建华：《略论经济法立法模式和体制结构》，《中央检察官管理学院学报》1997 年第 2 期。

③ 姜明安：《我国行政程序法立法模式选择》，《中国法学》1995 年第 6 期。

综合性立法模式、核心法律模式与协调各部门立法减少冲突的立法模式。综合性立法模式，即审查现有的措施并将它们统一到一部综合性法律，这部法律应当覆盖所有物种、所有部门和所有的生态系统，并且能够为采取全方位的行动提供全面的保障。核心法律模式，即保留现有关于外来物种入侵防治的法律法规，把其中共同的基本要素归纳出来，并加以补充和完善，从而制定一部在外来入侵物种方面的核心法律。协调各部门立法减少冲突的立法模式，即采取最低限度的变动，协调所有外来入侵物种相关的法律或法规，消除矛盾或冲突的规定，促进国内一致的行动①。

（三）海洋外来物种立法模式的理论阐释

基于立法模式定义解读以及海洋外来物种入侵防治立法自身的特点，本文对海洋外来物种立法模式主要从立法目标模式和法体模式视角进行了理论阐释（见图1）。

1. 海洋外来物种立法目标模式阐释

鉴于上述立法模式的理论阐述并结合主要沿海国存在的防治海洋外来物种入侵的立法现状，防治海洋外来物种入侵的立法目标模式主要分为两类：一是经济中心目标模式，即防治海洋外来物种入侵的相关法律条款只是作为维护经济发展、保护经济利益的辅助制度，整部法律的目标价值取向着重于经济保护，未把维护海洋生态利益作为优先目标价值取向；二是生态中心目标模式，即防治海洋外来物种入侵的立法，其基本的价值目标取向是通过具体法律制度的实施防治外来海洋生物的入侵，进而保护当地海洋生物多样性和维护海洋生态系统，海洋生态利益中心的思想始终指导着法律具体制度的制定实施。

2. 海洋外来物种立法法体模式阐释

通过分析国外防治海洋外来物种入侵法律的外在结构特征以及参照世界自然保护同盟对外来物种入侵立法模式的分类标准，可将防治海洋外来物种入侵立法法体模式归结为两大类：一是专门立法法体模式，这种立法模式虽保留了现有关于海洋外来入侵物种的法律法规，但将其中共同的基

---

① 科勒尔·海因、纳特雷·威廉姆斯、卢塔·格云格里克：《外来入侵物种立法和制度设计指南》，世界自然保护同盟环境法中心环境政策和法律文件第40号，2000年，第41页。

本要素归纳出来，例如共同的目的、定义、制度、标准、程序和责任等，并加以补充和完善，在一部核心法律中作出详尽的规定，其立法目标在于协调原有法律法规的关系，并且填补空白[①]；二是部门分散式法体模式，即不存在专门性的防治海洋外来物种入侵的法律，有关防治海洋外来物种入侵的法律主要分散在检验检疫、渔业保护、农业保护等相关法律领域。

- 立法模式
  - 立法目标模式
    - 经济中心目标模式
    - 生态中心目标模式
  - 立法法体模式
    - 专门立法法体模式
    - 部门分散式法体模式

图 1　海洋外来物种立法模式理论分析图

二　中国海洋外来物种现有立法模式与存在的问题

中国防治海洋外来物种入侵的现行法律法规主要有《海洋环境保护法》《进出境动植物检疫法》《卫生检疫法实施细则》《植物检疫条例》《渔业法》等。下文针对以上既存法律法规，从立法目标模式和法体模式两个角度对我国防治海洋外来物种入侵的立法模式现状及问题进行分析。

（一）中国海洋外来物种立法目标模式分析

判断我国当前防治海洋外来物种入侵立法采纳的是何种立法目标模式，需结合防治海洋外来物种法律法规的立法目的及目标价值取向进行分析。受传统的人类中心主义环境伦理观的影响[②]，我国在防治海洋外来物种入侵方面的立法主要反映了经济优先、保障经济发展的立法价值取向。受传统立法伦理观影响的目标价值取向导致我国防治海洋外来物种入侵的法律法规侧重关注人类健康、病虫害检疫和安全生产，但没有上升到保护海洋生物多样性和生态系统的高度。例如《进出境动植物检疫法》第 1 条规定：

① 王运生、肖启明、万方浩、谢丙炎：《日本〈外来入侵物种法〉及对我国外来物种管理立法和科研的启示》，《植物保护》2007 年第 1 期。

② 人类中心主义环境伦理观认为人类是生物圈的中心，具有内在价值，是唯一的伦理主体和道德代理人，其道德优越于其他物种，参见曹明德《生态法原理》，北京：人民出版社 2002 年版，第 2 页。

"为防止动物传染病、寄生虫病和植物危险性病、虫、杂草以及其他有害生物传入、传出国境，保护农、林、牧、渔业生产和人体健康，促进对外经济贸易的发展，制定本法。"从总体上看，我国当前防治海洋外来物种入侵在立法目标模式上采取的是经济中心目标模式，这种立法目标模式的选择与我国海洋经济的可持续发展理念格格不入，并且对保护海洋生物多样性和海洋生态系统缺乏价值上的正确指引，不能对我国构建防治海洋外来物种入侵的法律制度起到很好的目标价值指导作用。

（二）中国海洋外来物种立法法体模式分析

分析我国防治海洋外来物种入侵的相关法律法规可以发现，我国主要采用的是部门分散式法体模式。相关法律条文主要散见于《海洋环境保护法》《进出境动植物检疫法》《卫生检疫法实施细则》《水产苗种管理办法》等法律法规中，防治海洋外来物种入侵的法律规定分散在检验检疫、环境保护、渔业保护等法律领域中，这导致各个法律部门在实施相关法律规定时各自为政，效果不佳。由于缺少专门立法指导和保障，很多法律条文仅仅是相关法律领域中的"点缀"，法律体系混乱，统一协调的行政管理体制很难建立。从长远来看，单纯依靠这些分散的法律条文很难真正满足保护海洋生物多样性和海洋生态系统的需求。

三　中国海洋外来物种立法模式的合理选择

我国现行海洋外来物种立法模式在目标模式和法体模式选择上存在的问题，导致我国并未建立起统一的防治海洋外来物种入侵的国内法律制度与行政管理体制。如何合理选择海洋外来物种入侵立法模式对我国未来的制度构建至关重要。一方面，从国外立法模式的经验教训看，采用不同立法法体模式的德国与美国在防治海洋外来物种入侵实施效果上呈现消极与积极的不同影响，可以为我国海洋外来物种立法模式的选择提供国际立法上的反思与借鉴；另一方面，从我国国内立法环境看，我国环境立法伦理观和国内立法、执法、司法、守法现状，是分析论证我国立法法体模式选择的两个重要方面。

（一）国外立法模式的对比分析

航运业的发达和海上国际交往的频繁往往导致发达国家受海洋外来物种入侵的影响更为严重，也迫使他们更为关注海洋外来物种入侵的预防和治理。鉴于发达沿海国家在立法上都重视海洋生态环境的保护，即在海洋外来物种立法目标模式的选择上比较统一地采用了生态中心目标模式，因此本文主要比较分析根据不同立法法体模式制定的国内法律制度所取得的实施效果，为未来我国防治海洋外来物种入侵立法法体模式的选择提供国外立法模式上的参考。

1. 产生消极效果的立法模式——以德国为代表

德国与中国都属于航运业比较发达、受海洋外来物种入侵影响比较严重的半封闭沿海国家，在海洋外来物种入侵法体模式的选择上，德国与我国都采取了部门分散式法体模式，没有一部防治海洋外来物种入侵的专门法律。此外，由于德国尚未确立统一的风险评价指标和程序，其《自然保护法》和一些州法在执行上不可能清楚地表明什么行为被禁止以及如何禁止，这造成许多外来物种被无意释放到环境中①。而且德国的行政管理机构采取分部门管理方式，无论是联邦还是州，有关防治海洋外来物种入侵的管理权都比较分散。德国采取的部门分散式法体模式制定的国内法律并未很好地抵御海洋外来物种入侵。德国目前至少有 256 种外来植物物种，约占德国植物物种总数的 12%，已知的外来哺乳动物至少 8 种，外来鱼类物种至少 38 种，淡水环境中的外来物种入侵问题更是严重②。例如，中国大闸蟹在德国作为一种水类外来入侵物种，不仅吃掉当地弱小的鱼虾，破坏生物多样性，而且破坏水坝，使其造成重大经济损失。据世界自然基金会的报告，中国大闸蟹给德国造成的损失已高达 8000 万欧元③。很明显，由于德国采用部门分散式法体模式，未构建防治海洋外来物种入侵的统一国内法律制度及

---

① DEFRA, Review of Non-native Species Legislation and Guidance［DB／OL］, http：／／www. defra. gov. uk／wildlife-countryside／ resp rog／ findings/non-native／ index. htm, 2013‐8‐21.

② 汪劲、王社坤、严厚福：《抵御外来物种入侵：法律规制模式的比较与选择——我国外来物种入侵防治立法研究》，北京：北京大学出版社 2009 年版，第 60 页。

③ 杨翼、蒋琪：《中国大闸蟹德国泛滥成灾　破坏水坝吃掉鱼虾》，http：//env. people. com. cn/n/2012/0904/c1010‐18912036. html。

行政管理体制，其法律实施效果不佳，未遏制住海洋外来物种的入侵。

2. 产生积极效果的立法模式 ——以美国为代表

美国在以法律规制海洋外来物种入侵的过程中，选择了与中国、德国不同的立法法体模式，即采用了专门立法法体模式，建立起防治海洋外来物种入侵的国内法律制度。美国国会于 1990 年通过《非本土水生有害物种预防和控制法》，建立了一系列的综合配套法律制度和管理体制，设立了专门的水生有害物种负责小组，建立了防止水生入侵物种通过压舱水引入五大湖的规章，确立了美国防治海洋外来物种入侵的综合协调机制；1996 年颁布《国家入侵物种法》，通过制定专门强制性压载水管理制度杜绝海洋外来物种通过压载水途径传入美国。并且美国在 1999 年通过发布总统令建立了国家入侵物种委员会，以协调各部门在防治海洋外来物种入侵中的职责。采取此种立法模式制定的专门法和统一的管理体制使美国成功防止了斑纹贻贝入侵到五大湖区对其造成生态和经济损害，很好地遏制了海洋外来物种入侵趋势。

比较分析德国和美国采取不同立法法体模式建立防治海洋外来物种法律制度产生的不同效果，可以为我国重新选择立法模式建构国内法律制度提供参考，即反思德国采取部门分散式法体模式建立的不统一的国内法律体系及管理体制的教训，同时借鉴美国选择专门立法法体模式建立的统一法律制度及管理体制的经验。

（二）国内立法分析

分析立法目标模式的反思与选择，既要研究国外立法模式的经验教训，也应根据我国国内立法环境现状，从环境立法伦理观的视角分析，并从国内当前的立法、执法、司法、守法角度阐述选择专门立法模式的必要性。

1. 我国环境立法伦理观与目标模式的选择

针对受人类中心主义伦理观影响经济中心立法目标模式存在的缺陷，有学者提出生态中心伦理观，认为在分析人与自然的伦理关系方面应强调生态系统在与人具有平等地位的基础上居于中心，强调在处理人与环境的关系时，应坚持经济发展让位于生态利益的保护。生态中心伦理观虽然摒弃了人类中心论的缺点，看到了生态利益保护的重要性，但显而易见的是生态中心论只是单纯强调了人与自然的关系问题，却忽视了人与人之间的关系问题①。生态中心论在强调人与自然具有平等地位时，忽视了人与人之间所存在的不平等现象，从客观效果上看，单纯地强调生态保护而忽视经济发展不适合我国的基本国情。我国在防治海洋外来物种入侵专门立法的目标模式的选择方面，不能单纯地强调海洋生态利益的保护而忽视海洋经济的发展，不能单纯地效仿美国等沿海发达国家完全采取生态中心的立法目标模式。

可持续发展伦理观认为，在处理环境问题时，人与自然的关系和人与人之间的关系问题都具有同等的重要地位，既不能为追求经济利益而过分损害生态利益的保护，也不能以"生态利益的保护"否定"人类经济利益的发展"②。在当前我国政府倡导科学发展观的大背景下，坚持可持续发展伦理观符合我国的基本国情。在防治海洋外来物种入侵专门立法的目标模式确定方面，我国应在遵循可持续发展伦理观的基础上采用体现"制定海洋外来物种入侵防治专门立法的目标取向，在于实现我国海洋生态系统和海洋生物多样的保护与海洋经济的可持续发展相统一"的立法目标模式。

2. 我国国内立法现状与法体模式的选择

根据中国现有的法律体系和《立法法》的相关规定以及防治海洋外来物种入侵的内生需求，借鉴国外类似国家的立法举措，综合考虑我国的现实国情，从立法、执法、司法、守法视角分析选择专门立法法体模式更能满足我国防治海洋外来物种入侵的法律需求。

（1）从立法成本视角分析

立法成本是立法进行公共选择而丧失的其他选择所能带来的利益。立法成本分为内部成本和外部成本。内部成本是法律在立、改、废的过程中所支付的代价，即法律的孵化成本；外部成本是法律执行中所消耗的政府资源及社会为遵守法律所耗费的社会资源，即法律的实施成本③。我国目前防治海洋外来物种入侵的法律规定分散在不同的法律部门，这导致各个部门会针对自己单独领域的法律制定相关的实施条例，从而导致各个部门立法内部成本的增加，而且相关部门在各自法律领域的执行也会导致法律实施

① 曹明德：《生态法新探》，北京：人民出版社 2007 年版，第 48 页。
② 可持续发展伦理观的提出参照曹明德《生态法新探》，北京：人民出版社 2007 年版，第 23 页。
③ 秦前红：《宪政视野下的中国立法模式变迁——从"变革性立法"走向"自治性立法"》，《中国法学》2005 年第 3 期。

成本的激增。通过制定专门法律，可以整合相关的立法资源，减少立法内部成本，避免分散立法导致的人力、物力、财力的大量浪费。专门法律的存在也有利于整合相关执法资源，降低法律的实施成本。制定专门法律从立法成本的角度而言具有很好的可行性。

（2）从执法效果视角分析

海洋外来物种入侵涉及渔业、农业、环保、科技、海关诸多部门，各部门执法所依据的法律各不相同，目前各部门各司其职，各自为政，缺乏依靠核心法律建立的统一的协调管理机制，这造成了有限的管理资源的极大浪费①。制定一部防治海洋外来物种入侵的核心法律可以为政府相关职能机构提供统一的、规范化的、标准的"操作规则"，有效提高行政执法效率。

（3）从司法救济视角分析

我国防治海洋外来物种入侵的法律法规分散于不同法律领域中，这导致并未建立统一的法律责任追究机制，相关立法只侧重规定了行政相对人的罚款、没收违法所得、责令采取补救措施、吊销许可证等行政处罚责任，却对在检验检疫及行政许可中存在渎职行为的国家工作人员缺乏责任追究制度，且对因海洋外来物种入侵导致的民事赔偿法律责任问题也未提及。因此，须通过海洋外来物种防治专门立法以针对不同责任主体构建相应的包括民事、行政、刑事责任在内的完整的法律责任体系。另外，海洋外来物种入侵造成的海洋生态损害补偿机制在我国当前防治海洋外来物种的立法中也未涉及，通过在专门立法中制定海洋生态利益补偿制度，不仅可以提高海洋外来物种引入者的违法成本，也能极大制衡防治海洋外来物种职能机关的行政权力，确保其依法行履行防治海洋外来物种入侵的职责。

（4）从守法意识视角分析

防治海洋外来物种入侵核心法律的缺失，导致公众对该问题缺乏必要的重视和了解。从传播效果的角度而言，防治海洋外来物种入侵的条文分散在不同法律中导致相关法律法规在公众中的认知度不高及传播效率低下。核心法律的制定将为公众提供一部系统的法治教材，有利于引起公众对海洋外来物种入侵的重视，也方便国家普及相关法律知识，从而增强公众的守法

---

① 刘沫茹、王琦：《外来物种入侵对海洋生态系统的影响与法律对策研究》，《经济研究导刊》2012 年第 5 期。

意识。这种教化和宣传作用是分散在各个法律领域的法律条文难以企及的①。

四　结论

立法模式的定义不能仅仅强调外在结构形式上的法体模式而忽视内在价值取向上的目标模式，本文通过分析我国在海洋外来物种入侵防治立法模式上存在的问题，借鉴国外在防治海洋外来物种入侵立法模式的经验教训，分析我国立法现状，探析我国在防治海洋外来物种入侵立法模式中的合理选择，认为在立法目标模式上，我国应修正现存的经济中心目标模式，选择以可持续发展环境伦理观为价值目标取向的立法目标模式，在法体模式的选择上，应当采用专门立法法体模式。

An Analysis of Legislative Mode about Prevention of Marine Invasive Species in China

Bai Jiayu　Ding Peng

Abstract：Legislative mode includes the target mode based on legislative intrinsic values and external structural style pattern on the body of law mode. Defects on legislative mode of marine invasive species result in its inappropriate legislative purpose and fragmentation of the legal response. From the foreign legislation perspective，comparison about Germany and the U. S. in the legislative mode selection implementation provides a reference for China's legislation mode selection；meanwhile，combined with the relevant domestic legislative status analysis together，the paper comes to the conclusion that legislative mode of marine invasive species should apply for sustainable developmental target mode and special legislative body of law mode.

Key words：marine invasive species，legislative mode，target mode，body of law mode

---

① 王蓉：《资源循环与共享的立法研究》，北京：法律出版社 2006 年版，第 174 页。

海洋社会

OCEAN SOCIETY

流入与流出：关于海岛渔村人口的
社会流动研究的一个分析框架

崔 凤 刘 洁[*]

摘要：改革开放后的农民大规模流动，引发了学术界的持续关注，而同样流动频繁的渔民群体，却没有受到相应的重视。海岛渔村近年来出现了同时作为流出地和流入地的社会现象，这是不同于许多内陆农村的社会流动新趋势。本研究以此为切入点，展开对海岛渔村人口社会流动的具体研究，对社会流动的内涵和外延进行界定和说明，并在运用结构化、推拉和理性选择等理论的基础上，确定具体的研究内容和研究方法，进而探究影响海岛渔村人口流动策略的关键因素，即在流动起点和终点间的各种推拉力影响下的个体自主选择。

关键词：海岛渔村　社会流动　流入与流出

一　问题的提出

改革开放不仅带来了经济、政治、文化、社会等领域翻天覆地的变化，还引领了社会流动的潮流。这 30 多年来，我国的流动人口数量呈现持续急剧增长的趋势，据《中国流动人口发展报告 2010》，1982 年至 2009 年，中国流动人口数量由 657 万上升至 2.11 亿，流动人口形成了我国历史上甚至人类历史上空前的大规模"流动潮"。社会流动俨然已经成为社会结构的重要动态子系统，社会流动人口这一庞大群体是现代化建设的有生力量和主力军，因此要实现有序的社会流动和合理的流动人口分布，有必要首先对

---

* 作者简介：崔凤（1967~　），男，吉林乾安人，中国海洋大学法政学院教授，博士后，研究方向为海洋社会学、环境社会学。刘洁（1988~　），女，山东淄博人，中国海洋大学法政学院社会学硕士研究生，研究方向为海洋社会学。

社会流动进行深入细致的研究。近年来，国内外关于社会流动的理论成果和实践经验日趋完善，尤其是关于农民社会流动、农村劳动力转移的研究成果颇丰，而关于渔村人口社会流动的具体研究却不多，从海岛渔村的角度来研究社会流动的成果更是少见。渔村作为广义农村的重要分支，虽然具备农村的一般特点，但其在环境资源条件、生产方式和社会分层等方面与普遍意义上的农村有着巨大差异，海岛渔村更是具有不同于其他农村甚至其他渔村的特点，因此，农村人口的社会流动理论成果并不完全适用于海岛渔村，有必要对海岛渔村人口的社会流动进行专门的研究，挖掘其特殊性，以确保社会主义海岛新渔村建设的因地制宜性和有效性。

近年来，海岛渔村发生了一系列变迁。产业结构由原先单一的捕捞渔业逐渐向海水养殖业、休闲渔业、旅游业等多元化方向发展，职业选择也呈现多样化趋势，海岛上的许多传统捕捞渔民纷纷转产转业，社会流动频繁。一部分海岛渔民被当地的就业圈子内部消化吸收，由捕捞渔业流向养殖业、加工业、服务业和旅游业等行业，还有一部分海岛渔民干脆流向相对发达的城市和乡镇，进城从事服务业、建筑业等相关工作，即使很多时候外出打工的收入比留在当地从事捕捞等相关行业要低很多。异地社会流动已成为渔民再就业的选择路径之一，但中国的社会流动从来不是单调的单向流动，就像许多以耕种为主要生产方式的农村，大量的农民流出农村，涌向城市，但仍然有很大一部分农民返乡回流。海岛渔村也不例外，在人口流出、劳动力短缺的同时，也有一部分人口流入，而与以耕种为主要生产方式的普通农村所不同的是，海岛渔村的流入人口不仅包括返乡回流群体，还有很大一部分是来自异地的异质人口，即真正意义上的外来人口，比如许多来自河南、四川等人口流出大省的人，他们通过承包水田发展养殖业或者填补捕捞业劳动力空缺以及开发旅游业的路径流入海岛渔村。那么，这些异地人口是基于什么样的动因来到海岛渔村的呢？既然海岛渔村对他们有足够的拉力把他们吸引过来，那为什么海岛渔村的很多本地人却选择外流呢？外流的很大一部分群体为什么愿意放弃相对收入较高的捕捞业等相关行业的工作，而选择进城打工呢？到底是什么动因和相关影响因素决定着海岛渔村农民的最终职业流向和地域流向？海岛渔村人口的社会流动有着怎样的特点？为解答这些问题，本研究以国内外的社会流动理论成果和方法为指导，对海岛渔村进行实地调查，探讨海岛渔村人口的社会流动情况。

二　概念阐释

开展关于"海岛渔村人口社会流动"的研究，有必要首先对社会流动的内涵和外延进行阐释。

（一）社会流动的分类

按照通常的分类方法，社会流动可以分为代内流动和代际流动；还可以分为水平流动和垂直流动，垂直流动又分为向上流动和向下流动。

本研究认为，代内流动在水平流动和垂直流动的基础上，可以再具体细分为四种：（1）当地水平流动，指人们在当地发生职业变动，但没有产生阶层间的变化，即没有发生空间位置转移的阶层内水平流动；（2）异地水平流动，指人们去异地从事其他的职业，但没有产生阶层的变化，即空间位置发生变化的阶层内水平流动；（3）当地垂直流动，指人们在当地从事不同于之前的职业，且阶层发生改变，即没有发生空间位置转移的不同阶层间的流动；（4）异地垂直流动，指人们去异地从事其他的职业，且发生了阶层的变化，即空间位置发生变化的不同阶层的流动。社会流动除了按照阶层变化和代内代际关系进行分类，还可以以地域为标准，将其划分为当地社会流动和异地社会流动。当地社会流动即在当地发生的流动现象，包括当地的水平流动和当地的垂直流动。

（二）社会流动与人口流动

人口流动更注重人口学意义上的空间位置转移，而社会流动更偏重社会学意义上的社会关系和社会分层的变化。但社会流动与人口流动并不是分离开来的，而是有着紧密的关系。首先，社会流动所包含的群体更广泛，不仅包括当地社会流动群体，还包括异地社会流动群体，人口学意义上的人口流动就是产生于进行异地社会流动的这部分群体。这部分群体又具体包括异地水平流动人口和异地垂直流动人口，他们共同构成了人口流动群体。其次，大部分个体在人口流动的过程中，通过职业或者阶层转变实现了社会流动。其中，有的个体通过阶层的升降实现了垂直社会流动；有的个体通过同一阶层身份内的职业转变实现了水平社会流动。

根据社会流动的概念，其分类结构见图1。

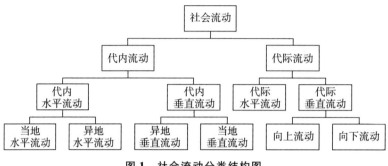

图 1　社会流动分类结构图

三　对社会流动理论的阐释与应用

关于社会流动的社会学研究，有多种理论视角。本研究基于海岛渔村的具体情况，主要运用"推拉理论""理性选择理论""结构二重性理论"对海岛渔村人口的社会流动情况进行具体的阐释。

（一）推拉理论

推拉理论是广泛应用于解释社会流动现象的有力理论。19 世纪 80 年代，英国社会学家拉文斯坦提出了"迁移法则"，后来美国学者伊沃里特·李在"迁移法则"的基础上，提出了更系统的迁移理论，即具有深远影响力的"推拉理论"。推拉理论通过"推力"和"拉力"来解释人们的流动行为，认为"在市场经济和人口自由流动的情况下，人口迁移和移民搬迁的原因是人们可以通过搬迁改善生活条件。于是，在流入地中那些使移民生活条件改善的因素就成为拉力，而流入地中那些不利的社会经济条件就成为推力"[①]。

中国现有的大多数研究运用推拉理论，依据中国社会的经济特征和体制转轨的背景，采用"地域"的研究视角，以分析流出地和流入地的区域影响因素作为切入点，从宏观层次上对中国的城乡流动进行了有力的解释，

---

① 李强：《影响中国城乡流动人口的推力与拉力因素分析》，《中国社会科学》2003 年第 1 期。

认为流出地和流入地的推拉差距所形成的经济驱动力是推动人口流动的根本原因，这也是目前我国人口城乡流动研究的主流观点。但社会流动是复杂多变的，动因更是趋向多元化、动态化，而推拉理论更偏向于关注宏观背景和客观因素，忽视了流动决策中个人的主体性作用，这也决定了其解释的不全面性。正如本研究所关注的海岛渔村人口的社会流动问题，海岛渔村作为流出地，具有促进人口外流的推力，而海岛渔村人口的最终流入地具有吸引渔民流入的拉力；同时海岛渔村作为流入地，具有吸引外来人口流入的拉力，而外来人口的来源地具有促进人口外流的推力：用推拉理论从宏观层次分别来解释这两个过程是非常合理的。但海岛渔村是同时作为流出地和流入地存在的，它为什么能够同时把人口推出去和引进来？在海岛渔村，拉力和推力哪个占据主导地位？对于这个现象推拉理论是无法解释的，而把流出与流入两个过程分开来解释就失去了这个现象本身所具有的研究意义。

从客观的角度讲，海岛渔村的推力和拉力是固定的，因为海岛渔村的社会经济特征和渔村社会的体制是客观存在的。有的人选择流出，有的人却选择流入，这恰恰体现了海岛渔村的推力和拉力力量大小的因人而异性。因为从主观的角度看，推拉作用在每个个体身上体现的力量是不同的，每个个体都有自己的评价标准和个人定位，他们在选择流动策略的时候，会根据自己的个人目标和价值进行选择，从主观上放大或者缩小客观存在的推力和拉力而决定自己的最终流向。故此，对于海岛渔村同时作为流出地和流入地现象的研究，需要在分析宏观层次因素的基础上引入微观层次上的个人主体性因素。

（二）理性选择理论

以科尔曼为代表的社会学家提出的理性选择理论以微观的个人主体性作为研究切入点，以个人行动具有目的性为基础来解释社会行为的理论和方法。理性选择理论认为，"理性"主要是强调一种目的性，强调有意图的行动，主张要以"理性"为基础，采用个体主义的方法，从行动者的角度来解释个体的行动以及由行动者的选择体系所构成的客观事实。理性选择理论着力于从微观层次上分析人口流动现象，把流动的关键归结于行动者主体，认为流动的形成是微观上的个人凭借对资源的占有情况和对市场信息的了解程度而作出的"理性选择"①。

理性选择范式的基本理论假设包括：（1）个人是自身最大利益的追求者；（2）在特定情境中有不同的行为策略可供选择；（3）人在理智上相信不同的选择会导致不同的结果；（4）人在主观上对不同的选择结果有不同的偏好排列②。对于流出和流入海岛渔村的流动人口而言，在农村劳动力过剩和城乡收入差距加大的背景下，有不止一种生存策略可供选择，比如，留守继续发展原产业、就地转产转业、流动到异地等，但许多个体最终还是选择流动策略。其动因虽然很大程度上是来自流出地的推力和来自流入地的拉力的共同作用，但最终发生效力的关键还是个人的理性选择。而且海岛渔村的流动人口面对多个"选项"以及影响因子，有自己的偏好和价值标准。这也就合理解释了为什么在海岛渔村劳动力短缺的情境下，有的渔民选择外出打工生存，因为他们偏好和向往的是城市所特有的东西，比如更好的就业机会和更大的身份阶层转变空间；而有的农民却来到与城市相比并不发达的海岛渔村，因为他们可能更关注经济效益的最大化，目标是以最小的转移成本来获得最大的利益。不同群体的不同行为恰恰体现了理性选择范式的基本理论假设中的个体在主观上对不同的选择结果有不同的偏好排列，也体现了个人对自身利益最大化的追求。

社会学理性选择理论是从微观层面解释社会流动，尤其是海岛渔村人口流动现象的有力理论。近年来这种不同于推拉理论的微观视角逐渐被认可和应用。比如，"中国农村劳动力流动"课题组经过大量实证调查得出，在经济制度和政策一定的前提下，农村家庭劳动力是否外出就业表现为权衡外出就业的利益和风险的理性行为③。文军也曾指出，农民外出就业是"生存压力"和"理性选择"共同作用的结果，农民外出就业理性选择的逻辑顺序呈现从生存理性选择到经济理性选择再到社会理性选择的跃迁④。但是，值得注意的是理性选择理论假设的前提是每个人都是"自由的"，可以

---

① 文军：《当代中国人口非农化的根本动因——谈〈寻求生存——当代农村外出人口的社会学研究〉》，《开放时代》2001 年第 10 期。

② 丘海雄、张应祥：《理性选择理论述评》，《中山大学学报（社会科学版）》1998 年第 1 期。

③ 文军：《从生存理性到社会理性选择：当代中国农民外出就业动因的社会学分析》，《社会学研究》2001 年第 6 期。

④ 文军：《从生存理性到社会理性选择：当代中国农民外出就业动因的社会学分析》，《社会学研究》2001 年第 6 期。

按照符合自己利益的偏好作出选择，但一切个体都是嵌入社会关系中的，不能作为一个抽象实体而存在，也无法假定纯自由个体的存在，即每个人都是生活在社会群体中的个人，群体生活要依赖社会选择的理性才得以延续和发展①。因此，理性选择理论的解释力在被认可的同时也受到了来自"嵌入理论"的挑战和整体论者的质疑。虽然社会学的理性选择理论针对传统经济理性假设的局限性作了修正——改变传统的完全理性的假设，承认人的行为也有非理性的一面，关注制度文化对个人偏好和目的的影响作用——但其在方法论上的个体主义决定了它在解释社会现象宏观要素时的无力和不全面。

（三）吉登斯的结构化理论

个体主义和整体主义仅从所谓的微观或宏观上去探讨问题，有着难以避免的片面性，这两种看似对立的方法论立场都简化了对复杂社会现象的认识（此处的方法论并非指诸如观察、访谈和问卷等具体调查研究方法的理论，而是研究某种社会现象时采取的立场，即优先考虑个人的主体性还是社会的客体性）②。在社会流动研究中，单独运用推拉理论或者理性选择理论来解释流动现象正陷入了社会学方法的这一经典难题。而吉登斯的结构化理论基于这个难题，以结构二重性为核心，就宏观分析层面和微观分析层面进行了合理的整合和连接。结构二重性的基本理论假设是：个体的行动构建了社会结构，同时，社会结构是个体行动的条件和中介。故此，海岛渔村人口社会流动的动因不仅仅是宏观因素的推动，也不只是个人的主体性选择，而是两者共同作用下的主体与结构的二重化过程。

综上所述，社会现象的构建基于个体与社会的互动，对于海岛渔村人口流动现象的研究，可以基于吉登斯的结构二重性理论综合分析其宏观社会因素和微观个体因素，而在具体分析社会因素和个体因素的过程中，可以运用推拉理论和理性选择理论进行合理的解释。

---

① 李培林：《理性选择理论面临的挑战及其出路》，《社会学研究》2001 年第 6 期。
② 郇建立：《个体主义＋整体主义＝结构化理论？——西方社会学研究的方法论述评》，《北京科技大学学报（社会科学版）》2001 年第 1 期。

四　研究内容

本研究在国内外社会流动理论成果和实践经验的基础上，对海岛渔村人口的社会流动情况进行实地调查，获取第一手资料，通过定性的描述分析和定量的 SPSS 统计软件数据分析来探讨海岛渔村人口的社会流动，包括以职业变化和地域转变为切入点的社会流动客观现状及海岛渔村流动人口对于社会流动的主观感受两个方面。前者主要是关于海岛渔村社会流动现状和特点的描述以及对动因和相关影响因素的分析；后者主要从社会流动意愿、流动预期、流动满意度三个方面展开分析。具体包括以下几部分内容。

（一）海岛渔村人口的社会流动现状

首先，描述流动群体的基本情况。从性别、年龄、文化程度、婚姻状况、职业类型、社会流动次数和流动频率、流动方向、流动路径等方面分别描述流入群体和流出群体的基本情况。

其次，描述海岛渔村人口在社会流动过程中的地域变化情况。

最后，描述海岛渔村人口在社会流动过程中的职业变化情况，主要从流动的产业特点、职业、职位、收入等方面展开。

（二）海岛渔村人口的社会流动特点

首先，对海岛渔村与内陆农村的社会流动特点进行比较分析。

其次，分析海岛渔村社会流动过程中的群体差异。分别从农民身份认同、流动目的、流动方向、发展愿望等方面对父辈与子代社会流动人口、男性与女性社会流动人口、流入与流出人口进行差异性分析，并通过对父子两代、男女两性以及出入人口的差异性分析，探究海岛渔村的社会变迁情况和社会结构开放程度。

（三）海岛渔村人口社会流动的根本动因及影响因素

首先，分析根本动因。在推拉理论、理性选择理论指导下，从流动起点终点间的推拉作用力和个体自主选择两个角度来分析海岛渔村人口社会流动的根本动因。

其次，分析具体的影响因素。推拉作用力以及个体选择受多因素影响，本研究主要从宏观、微观两个角度展开研究：宏观因素包括海岛开发、海岛产业结构变迁、制度转轨、海岛内外差距、法律法规等；微观因素主要从先赋性因素和自致性因素两个角度展开，先赋性因素包括性别、年龄、婚姻、家庭背景、社会关系网络等，自致性因素包括教育程度、个人能力、职业经历等。

（四）海岛渔村社会流动群体的主观感受

社会流动所形成的客观现状，比如职业和地域的变化，反映并作用于社会流动群体的主观意识，反过来，主观意识也在很大程度上决定个人的流动策略，影响职业地位的获得和地域的转变，因此有必要从主观层面来研究海岛渔村社会流动群体的主观感受和内心状态，以揭示社会流动群体的主观意识与社会流动客观现实之间的契合度。本研究主要从社会流动意愿、流动预期、满意度三方面展开对海岛渔村人口社会流动现象的具体分析。

五　研究方法

（一）资料搜集方法

为了确保所搜集资料的全面性和客观性，本研究主要运用文献法、问卷调查法和访谈法相结合的方法来搜集与研究内容相关的一手资料和二手资料。

首先，本研究主要通过以下途径搜集文献资料：通过图书馆和资料室查阅与研究课题相关的著作、报刊和海岛年鉴；通过"中国期刊全文数据库""读秀学术搜索""Elsevier 期刊全文""中国重要会议论文全文数据库"等中外文数据库搜集查阅与海岛渔村和社会流动研究相关的理论成果和论文资料；通过地方政府网站和网络媒体搜集有关海岛渔村的官方资料和统计数据；通过地方政府、县委、村委以及相关部门查阅地方史志、年鉴、报表、通告和关于当地的调查报告。

其次，本研究在文献研究的基础上，拟通过问卷调查法来获取更客观翔实的有关海岛渔村人口社会流动的一手资料。本研究拟面向山东省烟台市长岛县内的海岛渔村居民发放问卷，在问卷填答的过程中采取一对一的调查方式，并采取个人填答和提问填答相结合的方式来保证问卷的质量和有效性。根据研究主题和研究内容，问卷内容主要包括以下几部分：（1）个人基本情况，包括性别、年龄、户籍、教育水平、婚姻状况等；（2）职业情况，包括现在所从事的工作以及以前工作的情况，如行业、收入、福利、工作环境、工作目的、个人满意度、职业变换次数、职业变换原因、职业选择衡量标准、影响因素等；（3）地域变化情况，包括工作地点以及住址的转变及转变次数等；（4）家庭情况，包括父亲以及配偶的职业、行业、收入等；（5）个人主观感受，包括流动意愿、流动期望、工作满意度、流动过程中的想法等。

最后，对于在问卷调查过程中存在的不容易具体操作却非常重要的变量，运用访谈法来收集资料，以弥补问卷调查的不足，保证研究的全面性和深入性。本研究主要采用半结构式访问法对海岛渔村的住户、村长、渔业公司职工、村集体企业和乡镇企业等利益相关者进行重点访谈，以了解调查对象的价值观念、主观感受、行为趋向、个人工作经历、对外出打工和变换工作的看法等社会流动过程中的关键因素。

（二）资料分析方法

本研究主要运用定性分析和定量分析相结合的资料分析方法，力求定性的描述分析与定量的数据统计分析紧密结合。但由于流动人口本身的动态变化性与复杂性以及难以追踪的特点，本研究拟在进行海岛渔村社会流动人口的主观感受及流动动因研究时，在相关理论的指导下，采取演绎推理等定性分析方法，而在对海岛渔村人口社会流动现状、相关影响因素等要素进行研究时运用 SPSS 统计软件，采取数据统计以及相关分析等定量研究方法。

六　思考与小结

海岛渔村近年来出现的同时作为流出地和流入地的社会现象，是不同于许多内陆农村的社会流动新趋势，通过对海岛渔村人口社会流动的关注与研究，我们有以下几点思考。

首先，在社会流动过程中，最终决定海岛渔村人口流动策略的是在流动起点和终点间的各种推拉力影响下的个体自主选择。即社会流动受多种推拉力的影响，但推拉作用在每个个体身上的力量是不同的，个体在选择流动策略的时候，会根据个人目标和价值观，从主观上放大或者缩小客观存在的推力因素和拉力因素，从而决定自己的最终流动策略。这就能合理解释在海岛渔村劳动力短缺的情境下，有的渔民选择外出打工生存，因为他们偏好和向往的是城市所特有东西，比如更好的就业机会和更大的身份阶层转变空间；而有的农民却来到与城市相比并不发达的海岛渔村，因为他们可能更关注经济效益的最大化，目标是以最小的转移成本获得最大的利益。但可以肯定的是，不论是流出还是流入海岛渔村的人口，从整体趋势上来看，都是一种向上流动。流出人口转移到更发达的地区和更现代化的行业，是一种职业和阶层身份的向上流动；流入人口以较低的转移成本，转移到纯收入更高的海岛渔村的相关行业，是一种收入上的向上流动。

其次，海岛渔村近年来社会开放度提高，人口的社会流动总体上处于活跃状态，向上流动趋势明显。在地域变化方面，流出类型多为从海岛到外地城市的流动，流入类型多为从外地农村到海岛相对发达地区的流动。在职业变化方面，职业流动速率提升，流动途径多样化。代际流动中，子代相对父辈多发生向上流动。代内流动中，水平流动与垂直流动均占一定比例，这与海岛近年来产业结构的变化和多样化以及社会变迁有着很大关系。但同时，海岛渔村人口的社会流动也面临保障体制不完善、性别歧视、社会不公平等急需解决的问题。

再次，海岛渔民的社会流动受宏观因素和微观因素等多重因素的影响。由于外部环境、生产方式、产业结构等方面存在特殊性，海岛渔村的社会流动有着不同于内陆农村社会流动的特点。具体而言，第一，宏观因素是海岛渔村人口社会流动的重要背景和关键因素，决定了社会流动的整体趋势；第二，中微观因素中的先赋性因素与社会流动显著相关，如性别、年龄、婚姻、家庭背景、社会关系网络等因素影响着海岛渔村人口职业选择过程中的机会平等性，进而影响社会流动方向；第三，中微观因素中的自致性因素的作用力度随着社会发展逐渐增强，个人能力和努力程度对社会地位的提高发挥着日益重要的作用。

最后，海岛渔民有一定的社会流动意愿。但在具体的社会流动过程中，流动预期与流动客观现状之间还存在很大差距。不同群体在社会流动过程中有不同的关注点，但经济收入是普遍关注点。

Flow in and out: A Study Framework of the Social Mobility of the Island Fishing Village Population

Cui Feng   Liu Jie

Abstract: The large-scale mobility of farmers after the reform and opening up sparked sustained attention in academic circles, while the fishermen group which also flowed frequently, did not obtain appropriate attention. It has been a social phenomenon that island fishing village became both outflow region and inflow region at the same time in recent years. This is a new social mobility trend which is different from many inland rural areas, and also it shows a new path and trend for the pre-flowing population. This study takes it as a starting point to do specific research about social mobility of the island fishing village population, and also define and explain the connotation and extension of social mobility, and on the basis of structuration theory, the push-pull theory and rational choice theory, to determine the specific research content and research methods, and then explore the key factor which influences the mobility strategy of island fishing village population. And the key factor is the individual selection influenced by kinds of push-and-pull powers between the beginning and end of the mobility.

Key words: island fishing village, social mobility, inflow and outflow

浅析渔文化与海洋渔民转型的相互影响

同春芬　刘　悦*

摘要： 我国是渔业大国，渔文化历史十分悠久。对我国而言，海洋渔业转型的关键是海洋渔民转型，而海洋渔民转型在本质上是一种文化转型，即对渔文化的传承与超越以及调适与变革。渔文化是渔民在长期的渔业生产活动中创造出来的具有流转性和传承性的物质文化、非物质文化及制度文化的成果总和。海洋渔民转型是海洋渔民主动或被动地开始转变海洋渔业发展理念、知识结构、生产技术和作业方式，甚至是其职业的转变与转换。渔文化与海洋渔民转型具有内在的联系，二者相互影响。一方面，渔文化对海洋渔民转型既有推动作用又有阻碍作用；另一方面，海洋渔民转型可以促进或阻滞渔文化的变迁。

关键词： 渔文化　海洋渔民转型　影响

海洋世纪的到来，使得我国东部沿海地区的经济发展与社会变迁极其迅速，正因如此，海洋渔业的发展需要良好的引导和科学的发展理念。全面推进海洋渔业转型和海洋渔民转型一跃成为现阶段我国海洋渔业发展的紧迫任务。在此背景下，渔文化因素显得尤为突出与重要。本文拟通过对渔文化以及海洋渔民转型的内涵进行界定，探讨渔文化对海洋渔民转型产生的积极推动作用和消极阻碍作用，并对海洋渔民转型过程中渔文化的变迁和渔文化的堕距现象进行阐析。

---

* 作者简介：同春芬（1963～　　），女，陕西渭南人，中国海洋大学法政学院教授，博士，研究方向为农村社会学、海洋渔业政策。刘悦（1987～　　），女，陕西延安人，中国海洋大学法政学院社会学专业 2011 级硕士研究生，研究方向为农村社会学。

一 渔文化与海洋渔民转型的内涵

(一) 渔文化的内涵

渔文化是人类文化的重要组成部分,内容包括鱼类捕捞、养殖、渔获物加工等渔业生产方式,也包括海洋渔民独特的生活、习俗、宗教信仰等,是海洋渔民在长期的渔业生产活动中创造出来的具有流转性和传承性的物质文化、非物质文化及制度文化的成果总和。

在物质文化方面:渔文化主要包括服饰文化、饮食文化、建筑文化和船俗文化。海洋渔民的衣服以宽大松肥为主,上衣没有纽扣,腰上系一个活结,裤腰也特别宽松。这种服饰可以挡风御寒,渔民万一落水还可以迅速脱掉衣服,摆脱负担,便于逃生。海洋渔民靠海吃海,素来喜食鱼类,食鱼有"年年有余"的寓意,其对于各种鱼类的烹饪都有独到的技术,除了传统的烩、烧、炖、蒸、白灼、腌等烹调法外,还可以将鱼制成鱼丸、鱼胶、鱼圆、鱼卤、鱼鲞、鱼滋面、鱼捶面等,别有一番风味。咸海带丝、螺酱、蟹酱、虾酱等是海洋渔民下饭的常用调味料。海鲜和酒也是海洋渔民饮食文化中不可或缺的重要部分。这正体现出海洋渔民靠海吃海、以海为生的特征。海洋渔民的住房用料一般就地取材,多为石头、木头和茅草、海草,人们从海湾里捞取大叶海苔,将其晾晒,和秸秆编织起来,再抹上石灰黄泥,就建成一个完整的海草房。一个房屋要用去海草 2000 余斤、秸秆 800 余斤,房屋自身的重量和精巧的编织使海草房能抵御海风的肆虐,几十年才需要维修一次。房屋内多用珍珠贝类和海鱼海兽类皮制品作为装饰品,庭院的外部构造和雕梁画栋多用龙、鱼、船、锚等图案作为象征,壁画、廊绘上最为常见的图象"大海中日""一帆风顺"等,这都体现了海洋渔民社会的特性①,即靠海、吃海、用海。海洋渔民称渔船为"木龙",打造新船是海洋渔民的头等大事,每个程序都要严格按照规矩行事。首先要邀请风水先生选择吉日作为开工日期。然后要"安龙骨",它关系着船的坚固性。接近竣工时要给船头装上一对"船眼睛",被称作"安龙目"。新船

---

① 曲金良:《中国海洋文化观的重建》,北京:中国社会科学出版社 2009 年版,第 158 ~ 159 页。

下水时要选择黄道吉日，进庙拜神，敲锣打鼓，鸣放鞭炮，既有庆贺新船启航，又有除去船舱和海里邪气之意。这体现出渔船对于海洋渔民的重要性，以及海洋渔民对于出海平安的强烈诉求。

在非物质文化方面，渔文化主要包括习俗文化、艺术文化、信仰文化和心态文化。渔民出海前，一般要举行祭拜仪式，意为祈求渔船能够平安归来。开洋节是渔船出海时海洋渔民祈求平安丰收的民俗活动；谢洋节则是渔船出海平安归来时海洋渔民感恩大海的民俗活动。开洋节、谢洋节是海洋渔民的一种精神寄托，以祭祀为核心。海洋渔民的文学艺术大多是涉及海洋的，如打鱼人所唱的歌谣，船工的号子、小调，鱼市、码头、渔船上表演的渔歌戏曲。还有一些口耳相传的传说，如八仙过海、哪吒闹海、天后娘娘的神迹等①。我国沿海地区的传统民间信仰很多，影响广泛的有妈祖和龙王。中国民间自古就把龙当作掌管雨水的水神，各地建有许多龙王庙用于祭祀。妈祖作为保佑渔民出海平安的神灵最早在福建莆田发迹，后来在南北省际远播甚至跨洲越洋传播。信仰既可以使人心向善、趋利避害、追求人生和谐平安吉祥，又是慰平心灵创伤的传世良方②。海洋渔民不注重政治历史和个人志向，而注重表达日常生活生产中的情感和领悟，因为临海而居，更有一种海纳百川、勇立潮头的精神。渔文化因为依赖海洋渔民、渔村和渔业而存在，所以方方面面无不体现出涉海的特征。

在制度文化方面，渔文化主要包括社会规范和社会组织。社会规范是人们社会行为的规矩，社会活动的准则。它是人类为了社会共同生活的需要，在社会互动过程中约定俗成，或者由人们共同制定并明确施行的。海洋渔民主要从事渔业生产活动，出海打鱼时，船老大为一船之长，其他人必须服从指挥，各自分工，齐心协力。触礁、翻船以及自然灾害在海洋渔民出海时时有发生，因此民俗禁忌是海洋渔民长期出海经验的结晶，这是海洋渔民出于生命安全防范需求的实用心理外化表现。比如在船上不能称"老板"，因为"老板"谐音"捞板"；鱼死了，叫"鱼条了"；等等③。虽然这些民俗禁忌在科学上并无多少道理，但却在海洋渔民的精神上和心理

---

① 曲金良：《海洋文化与社会》，青岛：中国海洋大学出版社2003年版，第100～102页。

② 张开城等：《海洋社会学概论》，北京：海洋出版社2010年版，第231页。

③ 曲金良：《中国海洋文化观的重建》，北京：中国社会科学出版社2009年版，第199～200页。

上起了很大的作用。社会组织是指人们为了实现某种共同目标，将其行为彼此协调与联合起来所形成的社会团体①。我国自古就有渔业组织，在尧舜禹时期就已在部落联盟领导机构中分设出官职"虞"。"虞"的职责是管理川泽山林，其首要负责管理监督全国的捕鱼和打猎生产。"虞"大概是世界上最早的渔业管理机构②。新中国成立后，我国设立了农业部渔业局及各地方的海洋与渔业局，主要负责渔业行业的管理。民间也成立了许多渔文化研究会，如宁波渔文化促进会和象山渔文化研究会等，旨在推进我国渔文化和现代渔业的发展。

社会学主要从文化特质、文化丛与文化系三个层次分析文化的结构。如果将渔文化归入大的文化系统中，上述三个方面又可以从文化丛和文化特质上进行分类，如表1所示。

表1　渔文化的结构

文化系	文化丛	文化特质
物质层面	为满足人类生存和发展需要所创造的物质产品及其所表现的一组文化特质，包括衣、食、住、行等方面。	服饰文化：衣服以宽大松肥为主，上衣没有纽扣，腰上系一个活结等。
		饮食文化：各种鱼类烹饪法，喜食海鲜、海货等。
		建筑文化：住房就地取材，装饰多为珍珠贝类、海鱼海兽皮等。
		船俗文化：称渔船为"木龙"，船身每部分都有特别的称呼，新船下水有隆重仪式等。
非物质层面	人类在社会历史实践过程中所创造的一组文化特质，包括习俗、艺术、信仰、心态等方面。	习俗文化：渔船出海的拜祭仪式，开洋节，谢洋节，祭海习俗等。
		艺术文化：船工号子，渔歌戏曲，八仙过海、哪吒闹海、徐福东渡等传说。
		信仰文化：妈祖信仰、龙王信仰等。
		心态文化：不注重政治历史和个人志向，海纳百川、勇立潮头的志向等。

---

① 郑杭生：《社会学概论新修》，北京：中国人民大学出版社2003年版，第192页。
② 李茂林、金显仕、唐启升：《试论中国古代渔业的可持续管理和可持续生产》，《农业考古》2012年第1期。

文化系	文化丛	文化特质
制度层面	人类为自身生存和社会发展的需要而主动创制出来的一组有组织的规范体系的文化特质，包括社会规范、社会组织等方面。	社会规范：各种民俗禁忌，如在船上不能称"老板"，鱼死了叫"鱼条了"，在海中见了死尸要呼"元宝"等。
		社会组织：农业部渔业局及各地方的海洋与渔业局、民间各渔文化研究会等。

（二）海洋渔民转型的释义

《辞海》将渔民解释为以捕鱼为业的人。本文主要关注的是海洋渔民。虽然海洋渔民与内陆渔民都以捕鱼为业，但前者主要在海域、滩涂中作业，后者主要在内陆淡水中作业，二者的生存环境和所面临的风险皆有不同。海洋渔民是以海、以渔为生的特殊群体，是海洋渔业尤其是海洋捕捞业和养殖业的重要生力军，海域、滩涂是其重要的生产资料和生活保障[1]。海洋渔民转型是海洋渔业劳动力转型的构成部分，是指以海、以渔为生的渔民主动或被动地开始转变海洋渔业发展理念、知识结构、生产技术和作业方式，甚至转换其职业，既包括社会身份上的形式转型，也包括经济地位上的内容转型。

根据海洋渔业转型的具体内涵，海洋渔民转型至少包括两种情况：一是传统海洋渔民向现代海洋渔民的转型。在这一过程中，海洋渔民原有的身份地位和职业不变，但发展理念、知识结构、生产方式与作业方式发生了变化，以适应海洋渔业转型的需要[2]。比如海洋渔民转型后从事现代渔业，即利用高效、节能、环保、综合一体的现代科学技术从事海洋渔业，强调从之前的数量型转变为质量效益型。再如海洋渔民转型后从事休闲渔业，即在大都市周边地区和间隙地带，利用渔业设备、渔业生产场地、渔业产品、渔业经营活动、渔业自然环境与人文资源等，经过规划设计而发展起

---

① 耿爱生、同春芬：《海洋渔业转型框架下的海洋渔民转型问题研究》，《安徽农业科学》2012 年第 10 期。

② 耿爱生、同春芬：《海洋渔业转型框架下的海洋渔民转型问题研究》，《安徽农业科学》2012 年第 10 期。

来的，与人们的休闲生活、休闲行为、休闲需求密切联系①，涵盖观赏渔业与游钓渔业等内容，着重满足现代人休闲放松需要的渔业。

二是海洋渔民的转产转业，即由原来的产业或行业向其他产业或行业的转变。在这一过程中，海洋渔民的职业或身份发生了变化，如从海洋渔业第一产业转向海洋渔业第三产业，或脱离海洋渔业而转向其他行业。海洋渔民为适应这种转移，必须转变固有的"困守渔场"的发展理念、知识结构、生产方式等，由此才能取得转产转业的成功。因此转产转业以内在的人力资本素质提高为前提，是海洋渔民内在转型的一种表现形式。"转产转业"一词，是中国在渔业实践中独创出来的，不仅《辞海》《辞源》中均无解释，在外文中也很难找到对应的词。一般来说，海洋渔民转产转业可简称为"双转"，国内有学者将其通俗地解释为"渔民弃捕上岸、转移到其他产业，其实质是削减捕捞能力，保持渔民船队捕捞能力与可捕国内海洋渔业资源的动态平衡，可持续地利用国内海洋渔业资源"。宋立清将"转产转业"界定为：在捕捞能力不断膨胀和渔业资源日趋衰退的严峻情况下，为解决沿海渔民的就业与生存，保持渔区渔村的经济发展和社会稳定，由国家提出和倡导的鼓励捕捞渔民放弃捕捞作业，转移到海水养殖、水产加工、休闲渔业等其他渔业产业，或直接到非渔产业就业的行为，旨在降低现实捕捞能力，达到渔民捕捞能力与可捕国内海洋渔业资源的动态平衡，实现永续利用国内海洋渔业资源的目的②。比如海洋渔民从第一产业的渔业向第三产业的滨海旅游业转产转业，滨海旅游包含在海岸、离岸水面上发生的全面的旅游、休闲娱乐活动，包括海岸上的住宿、餐饮、食品工业、第二住宅的发展，基础设施支撑的海岸发展和旅游活动，例如休闲渔船、依托海岸的生态旅游、游船和游艇、游泳、浮潜。

二 渔文化在海洋渔民转型中的作用

(一) 渔文化可积极推动海洋渔民转型

首先，在海洋渔民从第一产业向第三产业转型的过程中，渔文化可促

---

① 王琳、韩增林：《我国休闲渔业发展现状分析与对策探究》，《海洋开发与管理》2007 年第 1 期。
② 宋立清：《中国沿海渔民转产转业问题研究》，博士学位论文，青岛：中国海洋大学，2007，第 18 页。

进滨海旅游发展，为海洋渔民转产转业提供更大空间。我国有 1.8 万千米的海岸线，由南向北延伸，临海省份的风光各不相同。各临海省份可以针对自己的区域渔文化特色，开发相应的滨海旅游产品。比如，福建是海神娘娘的故乡，信仰妈祖的信众众多，因此可以渔文化中的妈祖信仰文化大力开展海神朝拜等旅游活动。再如，山东的历史文化色彩浓厚，典故和神话传说较多，可以围绕渔文化中的艺术文化开发旅游产品，如徐福在琅琊东渡出海，蓬莱、方丈、瀛洲三座神山上住着长生不老的仙人，石老人的凄美故事之类的传说，可以此相应开展一些纪念活动和文化探究活动等。这样既发扬了渔文化，还带来了滨海旅游的经济效益，同时为海洋渔民从第一产业转型到第三产业提供了极大的可能和空间。我国滨海旅游区域较为分散，要大力发展滨海旅游，还必须加强区域渔文化之间的联合，有效整合区域旅游资源以利于滨海旅游的发展。而这种合作就要以渔文化为纽带，用共同的渔文化将各自独立的滨海旅游城市连接起来，形成渔文化旅游体系。比如，结合渔文化中的信仰文化，福建莆田湄洲岛、山东青岛崂山和浙江舟山普陀山可以共推信仰文化探秘之旅等；结合渔文化中的习俗文化，增强原本是海洋渔民祈求渔船出海平安满载而归的开洋节、谢洋节、祭海习俗等的娱乐性、民俗性、商业性，开展海洋渔民传统习俗文化探索之旅等。滨海旅游若缺乏渔文化的内涵就只能处于较低层次，可以说文化是旅游发展水平的标志。因此，在滨海旅游开发时，要发掘渔文化的内涵，将渔文化丰富的内涵融入滨海旅游，这样才能提高滨海旅游的品位。在对渔文化进行开发时要处理好渔文化资源开发与保护的关系，以旅游开发来保护渔文化遗产，对渔文化遗产的保护反过来能促进滨海旅游的开发。而滨海旅游的大力发展，无疑会给海洋渔民转产转业提供动力。

其次，在海洋渔民从传统渔业向休闲渔业转型的过程中，渔文化可推动休闲渔业发展。渔文化作为一种文化软实力，经过有效提炼和应用，已成为休闲渔业的经济增长动力。如今社会日趋多元化，人们的文化需求也日趋多元化。社会经济的发展使人们对文化产品的诉求发生了根本转变。我们应该结合实际，着力搞好渔文化的多元化开发，满足不同层次消费者的多样需求。一是以海洋渔业为基础，对不再从事捕捞作业的渔船进行相应的改造，增设必需的娱乐和安全设施，以海上观光和假扮海洋渔民体验其生活等方式开展休闲活动，如海上游钓、渔船观光、海鲜品尝、渔村风俗文化展示等。二是兴建专业休闲渔业场所，集垂钓、旅游、观赏、餐饮和度假为一体。渔船、渔港、渔村设施，周围地形、地貌、水生动植物景观，渔业特有的生产、生活方式，构成了丰富的渔业资源与人文资源，对这些资源稍加整合，便可使其转变成为渔村风情、水上游乐、特色饮食、垂钓休闲、渔文化等独具特色的旅游资源，配合其他服务设施，满足人们休闲的需要①。开办各种渔文化度假村，一是要注重渔港旅游，转变渔港传统功能，推进港区旅游观光业，以"玩海水、观海景、钓海鱼、吃海鲜、买海货、住海滨"为特色，形成游逛水产城、临海观港景、赶潮尝海鲜的文化氛围，吸引广大游客；二是在海岛旅游中开发"渔家乐"等系列文化游，整合自然景点观光游、海岛餐饮风情游和休闲居住度假游，开展渔家文化娱乐活动，使"岛海并重"成为精品旅游项目②。可以说休闲渔业的蓬勃兴起，不仅为解决海洋捕捞渔民转产转业的出路问题和海洋渔民增收开辟了新途径，也为城镇越来越多的休闲旅游人群提供了新的项目。

但是，在利用渔文化的积极作用来推动海洋渔业转型和海洋渔民转型的过程中，一定要保护好渔文化。为了人与自然的和谐相处及更好地保护好渔业资源，近几年来海洋渔业转型和海洋渔民转型是一个大趋势。在从事这项事业的同时不要损害和破坏先辈留下的宝贵财富——渔文化。不少渔村、渔区在转型过程中把先人留下的捕鱼工具和渔村生活的器具抛弃了；有的在"小岛迁，大岛建"的动员中，将渔区的风俗、渔村的建筑全部破坏了。许多宝贵的财富就在不经意间化为乌有，给后人带来无法弥补的损失。我们应当看到，保护和开发好当地的渔文化可以给海洋渔民转型带来很大的机遇，其潜在的市场地位和经济价值不仅会给渔区创造无限的商机，也会给海洋渔民带来许多就业岗位，促进海洋渔民的转型。海洋渔业的发展规划应当给予渔文化应有的地位③。

（二）渔文化可消极阻碍海洋渔民转型

渔文化使得海洋渔民对自己作为传统渔民具有身份认同感，因此会对

---

① 王琳、韩增林：《我国休闲渔业发展现状分析与对策研究》，《海洋开发与管理》2007 年第 1 期。

② 陈蓝苏：《社会经济进步中鱼文化的作用与发展》，《中国渔业经济》2005 年第 1 期。

③ 陈松涛：《中国渔文化面面观》，《中国渔业报》2007 年 12 月 3 日第 8 版。

海洋渔民转型产生负面的阻碍性影响。身份认同是个体对自我身份的确认和对所归属群体的认知以及对所伴随的情感体验及行为模式进行整合的心理历程。从文化角度上讲，在个体认同过程中，文化运作促使个体积极或消极地参与文化实践活动，以实现其身份认同。身份认同不仅是一种心理现象，更是一种社会现象，所以对身份认同的影响因素的解释应考虑社会文化背景的作用①。渔文化是渔民在长期的渔业生产活动中创造出来的具有流转性和传承性的物质文化、非物质文化及制度文化的成果总和。渔文化使得海洋渔民对自己作为传统渔民具有身份认同感，这种身份认同首先让海洋渔民归属某一种社会范畴或类型，即所说的身份，其次对应海洋渔民对自己在渔文化影响下的一套行为模式和价值观的认同。身份认同在本质上是一种内化的价值，还能发挥制度的功能，促成人们形成一种共同知识或信念。一个人属于某个社会类型，就必须做与这个社会类型相对应的事情，行为也必须符合给定的行为规范。渔文化作为海洋渔民一套共享的价值和行为规范，又可以和身份认同结合起来。比如作为海洋渔民就应该从事渔业，进行鱼类的捕捞、养殖和渔获物的加工等，还应该维持海洋渔民独特的生活习俗和宗教信仰。因此，海洋渔民转型时为适应海洋渔业转型的需要，而使生产方式与作业方式发生变化，或者直接由海洋渔业向其他产业或行业转变，其海洋渔民的职业或身份发生了变化，这与海洋渔民长久以来的身份认同相悖，会对海洋渔民转型产生负面的阻碍性影响。

渔文化使得海洋渔民对渔业、渔区、渔船和渔村生活具有很深的情感，这种思想会成为海洋渔民转型的重要障碍。中国人传统上是安土重迁的，因为长期的自然经济使人们对生活过的土地产生一种依赖和爱恋的情感，同时对集体有一种缱绻之情，这导致自然经济下的人们在心理上很难适应外面的生活，到哪里都不忘落叶归根。从感性层面来看，海洋渔民对渔村以及在渔村生活中出现的任何事物都有浓厚的感情，渔村的一景一物在海洋渔民心中扎根很深，渔民很难舍弃。从理性层面来看，海洋渔民对渔村的留恋是自我的一种选择，是海洋渔民在多元化的现代社会中的心理寄托，是海洋渔民从传统社会向现代社会过渡的一种表现。海洋渔民对渔船和大海的感情如同农民对土地的感情一样深厚，对渔村的生活具有较强的依赖

---

① 张淑华、李海莹、刘芳：《身份认同研究综述》，《心理研究》2012 年第 1 期。

性，并由此形成独特的渔村文化。虽然海洋渔民认识到渔业资源衰退问题，但转产转业对他们来说意味着要放弃原来的生活方式，减少闲暇及与亲友的团聚的时间，为此他们甚至承受巨大的心理压力。所以，他们仍寄希望于海洋状况和市场的好转。这种依赖性使海洋渔民不愿意承担风险，不愿意放弃原有的生产生活方式。因此，他们对转产转业持消极、等待和观望态度，而这种思想成为转产转业的重要障碍①。

三 海洋渔民转型中渔文化的变迁

（一） 渔文化的变迁

著名的文化人类学家马凌诺斯基认为，文化变迁是一个社会的生存秩序在政治体制、内政制度、疆域形势、知识信仰体系、教育、法律、物质器具及其使用、消费物资等方面或快或慢的变化。文化变迁在任何地方、任何时间永远存在。这种变迁既有文化内部的促发力，又有文化外部适应的演进，即人类对他生活于其中的环境的调适。渔文化也是如此，随着海洋渔业转型和海洋渔民转型的开展，经过长期的沉积、调适与传播，载体与功能的转移及价值观念的更易，都表现为文化的变迁。

任何一种民间信仰随着社会的变迁，其功能也会产生局部或全部的调整。妈祖是受到中国海洋渔民崇拜的海神，作为民间神祇、道教神祇和护航海神，她是从民间走出来的被神圣化了的历史人物。妈祖文化在时间上越千年，空间上跨国界，信奉者近 2 亿人，其最初是以海神的形象庇佑渔民、海商和水手的出海平安。妈祖既是海神，又是福建海商家乡之神，海洋渔民对她的虔诚膜拜超过了其他各地神灵。随着"海上丝绸之路"的辉煌、海商的迁移和扩散，妈祖信仰得以迅速而广泛传播。最初妈祖的真正神责是航海保护神，她保佑着在大海里打拼的渔民和海军的安全，这符合人们造神的初衷。随着妈祖信仰文化影响的扩大，妈祖信仰也必然通过转变以适应社会变迁。随着科学技术水平的提高以及渔民转型的开展，渔民在海上的风险大大降低，一部分渔民不再从事海洋捕捞渔业，妈祖的影响

---

① 陈涛：《海洋渔业转型路径的社会学分析》，《南京工业大学学报 （社会科学版）》，2012 年第 4 期。

大为减弱。她由海神转化为可以赐福消灾的万能神，此时的妈祖不仅仅是航海的保护神，民间的求子、祈福、合婚、祛病、生意兴隆等都附加在了对妈祖的祈愿当中，人们不断强化妈祖的神性以适应各自不同的心理需要，新时期妈祖信仰文化凸显了新的社会功能。妈祖信仰的变迁体现了渔文化在传承过程中受社会变迁影响所形成的适应性调整。

祭海，自古有之，它是渔民在漫长的耕海牧渔生活中创造的一种独具地域特色的渔家文化和民俗活动。《史记·封禅书》载："秦并六国，于雍地即有四海，风伯雨师，填星之属，百有余庙。"《宋史·礼志》载："立春日祭东海于莱州，立夏日祭南海于广州，立秋日西海就河中府河渎庙望祭，立冬日北海就孟州济渎庙望祭。"以上记载，属官祭，即帝王祭[1]。明朝后期，官祭之风日渐传入地方。那时，中国北方沿海地区生产力不发达，捕捞设施落后，海难多有发生，渔民便在海边建起龙王庙，每年过年后初次出海前，都到龙王庙祭祀，祈求龙王保佑出海平安，满载而归。随着社会的变迁和海洋渔民转型的开展，传承至今的海洋祭祀活动已摒弃了千百年来其本身带有的古老迷信色彩，而逐渐形成颇具浓郁地方民俗风情的盛大节日仪式。以往在鱼市、海港码头和渔船上表演的渔歌、小调、戏曲、弹词、鼓曲等，现在成了转型后渔民的休闲活动，以及海洋旅游项目开发的一部分，在增加渔民额外收入的同时，使传统的海洋民俗具有了更多的现代气息。过去渔民对海洋充满了畏惧和期盼，由于技术不发达，出海的危险系数很大，因此渔民渴望得到神灵的援助，祭海主要是为了祭拜神灵、祈求平安。海洋渔民转型后的祭祀活动更多地成为一种文化节庆，在举办过程中还加入了保护环境、促进人与自然和谐发展等新的主题。社会的变迁使得祭海仪式也呈现变迁的现象，仪式中祭祀成分较原来相对减弱，而娱乐性、民俗性、商业性等增强。

（二）渔文化的堕距

文化堕距亦称文化滞后或文化落后，是指社会变迁过程中，文化集丛中的一部分落后于其他部分而呈现呆滞的现象。美国社会学家 W. F. 奥格本

---

[1] 徐彬、曹艳英、李振兴、李卫魏：《胶东渔民祭海习俗的演变与旅游开发》，《当代经济》2007 年第 10 期。

在 1923 年出版的《社会变迁》一书中首先使用这个概念，用来指称物质文化和非物质的适应性文化在变迁速度上所发生的时差。该理论认为，由相互依赖的各部分所组成的文化在发生变迁时，各部分变迁的速度是不一致的，有的部分变化快，有的部分变化慢，结果就会造成各部分之间的不平衡、差距、错位，由此造成社会问题。该理论认为，一般说来，总是物质文化先于非物质文化发生变迁，物质文化的变迁速度快于非物质文化，两者不同步。而在非物质文化变迁中一般说来总是制度首先变迁，或变迁速度较快，其次是风俗、民德变迁，最后才是价值观念变迁①。

渔文化堕距，主要是指渔文化落后于渔村经济、政治和公共事务的发展，并由此造成社会问题。我国正处于重大的改革、变迁之中，因此文化各部分失调或曰文化堕距的现象十分突出。传统的渔村也是如此，海洋渔业转型与海洋渔民转型使得海洋渔民已经不再拥有一个体系完整的渔文化，社会制度的变迁对其发展和传承产生了巨大的冲击，而现在还没有形成一套行之有效的新规范来解决渔文化所面临的困境。我国共有 14 个沿海省级行政单位，它们都是人口密集地区和经济发达地区，海洋渔村和海洋渔民主要分布其中。社会变迁促进了渔村政治、经济、文化的发展，但同时导致渔文化滞后于政治、经济的发展，渔文化的滞后发展必然限制渔村的发展。因此应当对这种文化堕距现象给予必要的重视。

产生文化堕距的原因主要有三个：第一是文化自身的原因。适应文化一般缺少发明，即使有了发明，传播起来也较困难。第二是社会的因素。社会上的既得利益集团往往会阻碍新文化的形成；社会的异质性使不同群体对文化的感受不同，一些群体意识到文化需要变迁，另一些群体可能还没有意识到；习惯的势力和社会压力给新文化的传播带来困难。第三是个人心理的因素。它也影响文化的传播速度。人的心理特质具有保守性，人们具有美化过去、遗忘不快的心理倾向，这也可能使文化滞后发展②。

制度与民俗、价值观变迁速度不同而造成的渔文化堕距现象在面临转型的海洋渔民身上表现得尤为突出。因此，要解决渔文化的发展滞后问题，首先要丰富渔民的精神文化生活，在休渔期向他们普及先进实用的渔业科

---

① 郑杭生：《社会学概论新修》，北京：中国人民大学出版社 2003 年版，第 68 页。
② 国虹：《城市化进程中失地农民的文化滞后现象分析》，《中共青岛市委党校青岛行政学院学报》2007 年第 4 期。

技知识和卫生保健常识，组织劳动技能比赛等健康文化活动。发展渔村特色文化，加强渔文化资源的开发、整理和保护。积极开发具有渔文化特色和地域特色的渔歌戏曲、船工号子等民间艺术，开发渔家乐等民俗旅游项目。创作更多积极向上的渔村题材文艺作品，并加入海洋渔业转型与渔民转型等元素，将其搬上舞台，制作成电影、电视作品和各类书刊、音像制品。这不仅可以让更多的民众认识和关注渔村的发展与现状，同时也可让海洋渔民感到亲切，使其在潜移默化中接受海洋渔业转型。其次，舆论媒体要发挥正确的导向作用，既要向海洋渔民宣传海洋渔业转型带来的好处，又要帮助海洋渔民消除对海洋渔业转型的偏见和排斥，使海洋渔民增进对海洋渔业转型政策的了解，并乐于接受，从而加快我国海洋渔业转型的进程。最后，要创建转型海洋渔民的教育系统，把转型海洋渔民的继续社会化过程纳入正轨，缩短渔文化发展滞后的作用时间。文化发展滞后实际上是人们的社会化知识不能适应新环境的结果，这就需要人们继续社会化，可利用正规的教育与培训帮助转型海洋渔民尽快适应制度的变化，树立理性思维以及文明向上的价值观。

A Simple Analysis of Interaction between Fishery Culture and the Transformation of Fishermen

Tong Chunfen   Liu Yue

Abstract：China is a big country of fishery with a long history of fishery culture. In China, the transformation of fishermen takes an important place in the transformation of marine fishery, because the transformation of fishermen is a kind of cultural transformation. In other words, it is the inheritance and transcendence as well as adaptation and change of fishery culture in essence. Fishery culture, created by fishermen in long-term fishery production activities, is an integrate of material culture, nonmaterial culture and system culture with the characteristics of circulation and inheritance. The transformation of fishermen includes active or passive change of development idea of marine fisheries, structure of knowledge, production technique, operation mode as well as career change. Fishery culture has internal connection with the transformation of fishermen, and the two influence each other. On the one hand, fishery culture hampers or boosts the transformation of fishermen; on the other hand, the transformation of fishermen propels or hinders fishery culture.

Key words: fishery culture, the transformation of fishermen, interaction

航海社会角色与航海组织目标关系分析

——以英国"奋进"号远航队伍为例[*]

赵宗金　林超群^{**}

摘要：本文通过分析作为人类社会与海洋互动特色的早期社会组织的"奋进"号中不同社会角色所发挥的功能与组织目标之间的关系，旨在论证社会角色所拥有的特定知识结构和能力素质与组织目标之间的重要关系：前者决定后者实现的可能性，后者则是前者存在和发展的根源。历史上的英国库克船长及其船员观测了"金星凌日"并发现了澳洲大陆，基于社会角色变迁与社会变迁密切相关的理论假设，我们认为社会发展至今，人类在远洋航海等方面的社会实践活动对航海人员提出了更高的要求，彰显了社会角色与组织目标间的密切关联。

关键词：詹姆士·库克　航海队伍　"奋进"号　社会角色　组织目标

　　葡萄牙恩里克王子在 15 世纪上半叶开启了急剧扩张的航海事业，哥伦布在西班牙王室的支持下进行了 4 次远航并开辟了横渡大西洋到美洲的航路，葡萄牙和西班牙对新大陆的所有权进行争夺，荷兰和英国等其他国家的航海探险事业发展等事实共同构成了欧洲人寻找新大陆、发现新航线的大航海时代。彭顺生认为西方大航海主要是在谋求基督教扩张的宗教因素与寻找黄金的经济因素两大主要动力下进行的①。"奋进"号是 18 世纪末英

* 本文系赵宗金主持的国家社科基金项目"我国海洋意识及其建构研究"（11CSH034）的阶段性成果。

** 作者简介：赵宗金（1979～　），男，山东莒南人，博士，中国海洋大学法政学院副教授，硕士生导师，研究方向为海洋社会学与社会心理学研究。林超群（1988～　），女，山东威海人，中国海洋大学 2011 级硕士研究生，研究方向为海洋社会学。

① 彭顺生：《论中西大航海的差异及其影响》，《学术研究》2005 年第 12 期。

国派遣出海去观测"金星凌日"并寻找新大陆的远洋船，其船长是詹姆士·库克。詹姆士·库克因发现了澳洲大陆而在航海史上留名。

一 英国"奋进"号及航海人员构成

"西班牙、葡萄牙和荷兰不断开辟便捷的贸易线路，南方大陆已经被证实富产丝绸、香料、贵金属、珍珠及其他奢侈品，老水手们带回关于异教徒财产丰厚的传说，人们期待一位马可·波罗式的人物能对南方海域进行探险，开辟贸易航线。英国抓紧时间筹备船只派往南半球，渴望迅速发现这片南方大陆，纳入英国版图，为防止其他国家的干预和阻挠，英国以观察'金星凌日'现象的名义进行探险，实则以政治和经济为目的发现新大陆。"①

英国所招募的能够向南航行观测"金星凌日"现象的船长既要是航海专家、天文学家、地图绘制员，又要是能在浩渺的太平洋上为船队找到淡水、食物和必需给养的优秀人才，詹姆士·库克成为最佳人选，并被授予海军上尉军衔。"奋进"号上的其他角色有船主、大副、二副、三副、水兵、海员、海军陆战队队员、见习生、书记员、侍从以及随船医生、木匠、造船师、天文学家、动植物科学家（索莱德与班克斯，后者是英国皇家俱乐部成员、绅士和探险家）、速写家、风景画家等。

1768 年 8 月 25 日，"奋进"号从英国普利茅斯起航。该航海队伍不仅成功观测了"金星凌日"，并且发现了澳洲大陆。此次航行历时 3 年。"'奋进'号带回了很多关于南太平洋的地图和速写、大量的航海记录、'金星凌日'和'水星凌日'现象的观测结果和记录、各种各样的自然标本以及新绘制的澳洲大陆地图等。这次航行涉及了数学、天文学、航海学、人类学、植物学、自然历史学、地理学、地质学、绘图学、艺术、医学、营养学、语言学、心理学和其他许多学科。"② 船长詹姆士·库克在此次航行中采取食用泡菜、饮用柠檬汁与及时停靠港口以补给新鲜水果和蔬菜等方法来预防和治疗坏血病，他使用的这些方法获得了很好的效果；詹姆士·库克妥

---

① 〔英〕奥顿：《发现澳洲》，徐瑛译，海口：海南出版社 2001 年版，第 4~6 页。

② 〔英〕奥顿：《发现澳洲》，徐瑛译，海口：海南出版社 2001 年版，第 319~320 页。

善地处理了船队与塔西提岛土著居民之间发生的冲突，并在"奋进"号船员中树立了威信，他为船队所有成员制定了一套与当地土著居民交往的规则，如"每个船员应与土著居民建立友好关系，奉行人道主义，由指定人员与土著居民进行交易以及强调船员纪律和对土著居民的防范意识等"①；詹姆士·库克凭借其数学、航海学和天文学的知识，与船上的天文学家一起观测"金星凌日"现象，完成了此次航行的显性任务，即公开的关于此次航海的目的；作为一名航海科学家，詹姆士·库克不但能够准确地使用精密仪器来测量船的方位角，还在"奋进"号被暗礁刺中时稳定了船员的情绪，利用涨潮的规律最终使船只脱离了危险。

就具备不同知识和能力的其他船员构成来看，动植物标本收藏家发现了新生物，如海洋中的"宝石"——樽海鞘（salp）类生物和澳洲大草原上的袋鼠等，并对它们的外貌特征进行了绘图，还把一些新物种带回了英国；天文学家、数学家等利用对月球成功的观测以确定经度的航行方法，相比过去的方法有很大进步；另外，关于此次航行的详细记录也成为航海史上重要且可靠性高的文本资料。"奋进"号的航海对英国早期发现海上陆地并实现其经济、政治、宗教和科学研究目的作出了重大的贡献。分析"奋进"号和詹姆士·库克的历史资料，对海洋世纪的科学研究具有重要的价值；以航海组织的社会角色和目标作为切入点进行社会学视阈下的论证分析，能够避免科学分析出现"英雄主义"偏差，使研究过程更为客观、符合科学研究范式并得出能够经得起重复验证的结论，符合辩证唯物主义和历史唯物主义的原则。

二 航海人员的社会角色与航海队伍的组织目标

航海不仅需要具有远洋航行能力的船只和其他以先进技术为依托的航海设施，还要有能够驾驭船只、掌握航海知识和技能并能完成出行任务的人才，其航海角色扮演成功与否直接决定了航海队伍这一具有涉海性质的社会组织能否发挥预期的社会功能。关于西方早期航海队伍角色的研究，罗荣渠通过比较中西方航海发展取向发现："西方航海队的主要成员：航海

① 〔英〕奥顿：《发现澳洲》，徐瑛译，海口：海南出版社2001年版，第101页。

冒险家、投机海商、牧师、招募水手、士兵、工匠等，他们扮演的角色是
征服者、殖民者、基督教传播者、通商者、海盗"①。引文所分析的西方航
海组织的角色身份及角色功能反映了人类将社会活动范围扩展到海洋空间
的需求以及将本土的政治、宗教、经济目的发展到由海洋隔开的其他陆地
来实现，这也上述征服者、殖民者、基督教传播者、通商者的角色定位。
相关研究对海盗角色的定位揭示了西方早期航海的社会规则本质上是在先
在的主观和逐渐形成的客观认知范畴内将外在于人类的海洋、岛屿及其原
住民进行物化处理，不禁止使用暴力抢占手段来获取财产，尚停留在较为
初始和低级的阶段。历史学中以土著居民为对象所进行的口述研究实践支
持该论点。在分析英国"奋进"号的航海队员角色与航海目标时，该航海
队伍作为一个远洋航行组织的内部分工及航海安全的保障与英国将其派出
的根本目标一致，即为传播宗教思想、发展海上贸易、获取更多财富、扩
张殖民范围等活动作好准备。

（一）"奋进"号的角色与组织目标

1768 年英国派遣"奋进"号向南航行的目标明确，即发现新大陆，进
行海外扩张，增加国内财政收入。该航海队伍的组成也与真实目的和表面
目的相匹配，英国政府以高标准、高要求对此次航行的船长进行招募。而
当时在海军部队服役的詹姆士·库克则正好满足这些要求，他在航海中对
船长角色的成功扮演赢得了世人对他的赞誉——"人类历史上第一位伟大
的科学探险家，从来没有一个人像他那样，如此巨大地改变了世界地图的
面貌"。正如兹纳涅茨基所言，"一个受过'教育'或'精通'某些理论的
人，才被允许扮演一定的角色，成为某些群体的成员，此类群体不允许有
'无知者'"②，作为社会人是否具有担任某一社会组织中特定角色的资格很
大程度上取决于其先前的相关经验，个人在行使角色的权利和履行角色的
义务时必须具备后天能力和先天素养。韩民青认为："人的角色心理意识和
角色行为有机统一，前者是后者的前提和条件，后者是前者的表现和结

---

① 罗荣渠：《15 世纪中西航海发展取向的对比与思索》，《历史研究》1992 年第 1 期。
② 〔波兰〕兹纳涅茨基：《知识人的社会角色》，郑斌祥译，南京：译林出版社 2000 年版，第
7 页。

果。"① 詹姆士·库克的角色心理和意识符合英国对"奋进"号船长角色的社会期待,是该船队能完成任务的关键因素。作为船长的詹姆士·库克拥有该角色所必需的航海知识储备和对问题的认识能力、应对能力以及必备的情感、气质、意志、人格等角色心理素质条件和意识水平,从航行纪实来看,詹姆士·库克的行为也与其船长身份相一致。

航海队伍的其他成员在航行期间除了与船长合作以保证"奋进"号及船上人员的安全、确定航线正确之外,还严格按照社会分工的要求履行自身的职责,他们的行为偏重航海技术层面,其管理工作的内容很少或没有。作为具有显著航海性质的航海队伍的成员,他们的行为与角色扮演者的权利、义务、规范、社会地位相匹配,同时满足实现社会组织目标所需要的知识和能力:"奋进"号船队运用当时的先进测量仪器观测了"金星凌日"现象,并对航行期间发现的新物种及其特性都作了完备的文字和图片记录,在发现澳洲大陆后,他们绘制出新地图并将其带回英国。

船上成员各自扮演一个社会角色,是航行在大海上的"社会人",他们组合起来就是一个远洋航行的"社会圈子"。正如兹纳涅茨基所阐述的,在这个"社会圈子与角色之间有一个由大家所赞赏的价值复合体所构成的能约束组织成员的共同凝聚力"②。"奋进"号的詹姆士·库克船长和船员之间存在角色互动关系,在纵向上存在管理与被管理的关系,相应的管理制度的建立规范了航队成员在出行期间的行为;在横向上存在确保分工任务得以完成的协作关系,同时作为同一组织的成员,他们还存在情感和知识等方面的沟通交流。在詹姆士·库克船长遇害身亡之前,他们对社会角色的扮演是成功的,同时以航海目标为导向的组织内部角色之间的相互配合对实现"奋进"号航行目标起到了关键作用。"奋进"号在航海历史上的成绩支持了社会角色在特定情境中的良性互动能够促进社会组织目标实现的论点。

(二) 当今时代航海角色和组织目标

随着社会的发展,航海组织的性质和功能发生了变迁。当今时代以航海行为为主要内容的组织按照职能可以分为两种,即活动于海洋表面的以

---

① 韩民青:《论人的社会角色》,《学术研究》2011 年第 8 期。
② 〔波兰〕兹纳涅茨基:《知识人的社会角色》,郏斌祥译,南京:译林出版社2000 年版,第 10～12 页。

船只等为工具的组织，以及能够将从海上搜集的资料带回陆地进行整理、分析的以陆地为常设点的组织。前者有以完成军事任务为主的航母和以商业贸易获利为主的远洋运输船队等，后者则有国防部门和海事部门等，其特点是必须以陆地为依托，更注重和平环境中的安全性和以领土完整为前提的防御性与听从命令即能展开攻击的性质。而早期的冒险性则随着世界地理信息的不断充实和校准而退回到部分个人以驾船远行为兴趣爱好的活动上，对深海资源及地球两极海上通道等的探索则以国家为单位，更显政治性、军事性且具有影响历史发展的作用。组织所配备成员的角色也不同于早期，更强调角色的专业能力、忠于组织准则的品行和心理素质。

通过对关于航海组织成员基本素质的已有文献进行梳理，可以发现，航海给人类带来了越来越明显的经济利益、文化传播以及技术进步的好处，社会对航海组织成员的期待具有新的时代特色，海员的知识和能力也发生了很大的变化。而学界对当今时代海员的专业技能、管理能力、心理素质、职业道德等更为关注。陈宏权等提出新世纪海员应具有环保意识、专业知识技能和创新意识，热爱专业并有可持续发展的人生发展观[1]。而且对海员本身来说，其角色扮演还需要更高的先赋素质，朱国锋认为快速发展的航海事业对海员的反应能力、速度估计能力、深度知觉能力、注意力及短时记忆力等认知能力的要求也随之提高[2]。郭建强认为一名现代海员所具有的综合素质应包括智力素质和非智力素质，海运业的快速发展，要求航海者具备精湛的航海业务技能、较强的管理能力、良好的心理素质和职业道德以及对海运形势发展的较强适应能力[3]。

对于社会角色的学术研究价值，学界也有与本文观点类似的论述。易益典指出，研究社会角色的意义在于将其作为"社会的晴雨表，反映社会结构的诸多特征"[4]，而且社会角色具有时代特性，"每一个特定时代的特定目标与要求分化为各种角色的特定内容，而作为社会产物的社会角色扮演者个人，在社会的推动下必然去感知而体现特定角色的时代内容，从而实

① 陈宏权、季永青、牟军敏：《新世纪海员的综合素质》，《中国水运》2005 年第 6 期。
② 朱国锋：《海员认知能力测评》，《心理科学》2005 年第 2 期。
③ 郭建强：《对当代海员基本素质要求的认识与体验》，《航海技术》2011 年第 1 期。
④ 易益典：《社会角色模式变迁简论》，《福建论坛（经济社会版）》1993 年第 2 期。

现角色模式变迁"①。航海组织的变迁、其成员的角色内容变迁都折射出社会发展过程中，以国家为主的对海洋资源、海洋军事价值和海洋生态系统的关心，以非政府组织为主的对海洋运输空间、海洋环境的关注，以及以全球为单位的关于海洋问题的高层讨论等。对于航海社会角色和航海组织目标的研究应更多地关注其差异性并探索其背后的深层次原因。对人类航海活动的现有研究倾向于对比国家之间的差异性而缺乏这样一种视角：首先对特定地域内的不同历史时期的文本和其他类型的资料进行纵贯式研究，同时在此基础上对其发展阶段进行划分。如此一来，再进行符合社会发展规律的横向上之不同地域和不同社会背景下的航海组织变迁的研究才是科学合理的，这也对研究方法选取和改良以及研究设计的严谨性提出了更高的要求。

三　小结

詹姆士·库克船长率领"奋进"号的历史事实证明了该远洋船队作为从事涉海活动的社会组织，其社会角色扮演的成功与否决定了组织目标能否实现，社会角色在特定情境中拥有与之相匹配的知识和能力条件是组织目标得以实现的必备条件。组织成员之间的良性互动，从个体的角度而言，能够促进个人知识结构升级和能力素质的提高；从组织的角度而言，能够提高组织目标实现的效率，是组织目标实现的有力保障。人类历史上早期的远洋探索行为是受人类对未知之域好奇心理和对财富与权力的渴求等主要内在因素驱使，并由西方多国越过大海对彼岸的"新"陆地进行殖民扩张的国际竞赛式局势等外在因素诱发而产生的。

"奋进"号远航的根本目的是满足统治者的政治和经济利益，在思想上试图让其主张的宗教精神影响未知之域的群体，"奋进"号在实现组织根本目标的过程中也实现了其对外宣称的科学研究目标。组织的这种目标对培养和选拔该方面人才的行为提出了更加专业和严格的要求，组织目标成了选择成员并对其提出角色期待的根本依据。社会角色所拥有的特定知识和能力素质与组织目标之间存在这样一种关系：前者决定后者实现的可能性，

---

① 易益典：《社会角色模式变迁简论》，《福建论坛（经济社会版）》1993 年第 2 期。

而后者则是前者存在和发展的根源。随着时间的推移，社会发展至今，航海目标已经不同于以往，更多地围绕经济贸易、海防、海洋资源的开发和利用而展开，海上基础设施、科学技术以及人员具备的知识和能力都在满足组织目标需求的方向上不断发展进步，新时期组织目标与角色的互动呈良性发展是人类走向海洋的有力支持。

The Relationship between the Social Roles of Sailors and the Goals of Their Maritime Organization
—Taking the British "Endeavor" Sailing Team for an Example

Zhao Zongjin   Lin Chaoqun

Abstract：By analyzing the relationship between the features of different social roles of the "Endeavor" team and the organizational goals of it, which is an early social organization based on the interaction between human society and marine, we aim at demonstrating that there is an important connection between the specific knowledge structures and competencies of the social roles and their organizational goals：the former determines the possibility of the latter, and the latter is the root of the former's survival and development. There is the fact that the British Captain Cook and his sailors observed the transit of Venus, and discovered the Australian continent; based on the theoretical assumption that the change of social roles is closely related to the change of society, with the development of society, the social activities in terms of ocean navigation and so forth set higher requirements for the sailors at present, highlighting the strong ties between the social roles and their organizational goals.

Key words：James Cook, sailing team, the "Endeavor", social roles, organizational goals

海洋渔村民俗：概念、分类与功能[*]

宋宁而　李云洁^{**}

摘要： 从海洋渔村民俗的概念辨析入手，以"民俗""海洋民俗""海洋文化""海洋渔村民俗"的概念为区分对象，明确海洋渔村民俗的概念和内涵。海洋渔村民俗的特有影响因素——海洋，造就了海洋渔村民俗的独有特色，但在中国几千年传统文化的影响下，海洋渔村不仅有海洋特有民俗，受土地因素、儒家思想以及道教、佛教信仰等因素的影响，同时兼有中国部分传统民俗。以海洋渔村民俗的不同类型为区分标准，运用功能主义理论说明不同类型海洋渔村民俗所具有的社会功能。

关键词： 海洋渔村　海洋文化　海洋民俗　海洋渔村民俗

随着海洋强国战略的提出，提高海洋文化软实力成为海洋强国战略的核心工作之一，海洋民俗作为海洋文化的重要组成部分越来越受到关注。但是目前的社会学领域对海洋民俗的研究还不充分，关于海洋民俗的研究成果也是少之又少，海洋民俗的研究成果缺乏并不能说明海洋民俗的研究没有价值。本文将海洋渔村作为整体研究对象，对海洋渔村民俗的概念和类型进行简单梳理和说明，并在此基础上探析海洋渔村民俗所具有的社会功能。

---

* 本文系宋宁而主持的山东省社会科学规划研究项目"功能主义视角下的山东半岛祭海节变迁研究"（13DSHJ04）、青岛市社会科学规划项目"功能主义视角下的青岛祭海节变迁研究"（QDSKL130411）、中央高校基本科研业务费专项"功能主义视角下的我国祭海仪式变迁研究"（201313025）的阶段性成果。

** 宋宁而（1979～　　），女，上海人，中国海洋大学法政学院社会学研究所讲师，博士，研究方向为海洋社会学。李云洁（1988～　　），女，黑龙江人，中国海洋大学法政学院社会学硕士研究生，研究方向为海洋社会学。

一 海洋渔村民俗的概念

海洋渔村民俗，乍看上去就是受海洋因素影响，以行政区域划分的渔村所具有的独特的海洋民俗，这样理解海洋渔村民俗未免过于粗糙和狭隘。下面将通过对"民俗""海洋民俗""海洋文化""海洋渔村民俗"的具体辨析来明确海洋渔村民俗的概念和内涵。

（一）民俗

在《汉语大词典》中"民俗"的两层含义分别为：一是人民的风俗习惯，《韩非子·解老》"民俗淫侈则衣食之业绝"；二是指民众的生活、生产、风尚习俗等情况①。民俗一词作为专业学科术语由西方传入中国，是对英语 folklore 的意译。费孝通在谈到"民俗"时，同样从 folklore 说起。folk 在费孝通看来并不是指一般的"人民"，而是指具有亲切乡土关系的人们，在中文里，近于"老乡""乡下土里土气的人们"，它作为一个形容词近于"民间""土风"的意思；而 lore 在费老看来则是近于"天方夜谭"中的"谭"——"轶闻、传说"，这更加确切②。虽然费老对民俗的解释与现在民俗学意义上的含义相比似乎过于狭窄，但他提倡不妨有一门研究"民间风俗之学"的自己的学科，而不是跟着西方走，这样的倡议倒是给学科的发展指明了一条道路。钟敬文是我国研究民俗的著名学者，他在《民俗学概论》一书中指出：民俗，即民间风俗，指一个国家或民族中广大民众所创造、享用和传承的生活文化③。与将民俗事项一一列出界定民俗概念不同，钟敬文从广义上给出"民俗"的定义，这足可以指导研究者对海洋渔村民俗概念进行理解。

（二）海洋民俗

一些学者将"海洋文化"与"海洋民俗"相区别，认为海洋民俗是构

---

① 《汉语大词典缩印本（中卷）》，上海：汉语大词典出版社 1997 年版，第 3985 页。
② 费孝通：《费孝通全集·第十卷（1983～1984）》，呼和浩特：内蒙古人民出版社 2009 年版，第 170 页。
③ 钟敬文：《民俗学概论》，北京：高等教育出版社 2010 年版，第 3 页。

成海洋文化的基础，同时，古老的民间传承还应是海洋文化最早和最基层的形态①。海洋民俗是海洋文化的重要组成部分之一，曲金良认为："海洋文化，就是和海洋有关的文化；就是缘于海洋而生的文化，也即人类对海洋本身的认识、利用和因有海洋而创造出的精神的、行为的、社会的和物质的文明生活内涵。海洋文化的本质就是人类与海洋的互动关系及其产物。"② 曲金良没有明确定义"海洋民俗"，只是解释了"海洋民俗"的基本内涵。曲金良认为涉海社会圈中的每一个人都是海洋民俗的创造者、承载者和传播者，世代相传的约定俗成的东西就是民俗生活的主要内容，每一个涉海圈中的人又会对已有的海洋民俗予以扬弃和创新。

北京大学的周星指出，在理解海洋民俗时应注意六个方面：一是海洋民俗应能涵盖"渔岛民俗""渔俗"等范畴；二是海洋民俗可能在一定条件下自成一种类型，有其完整性，但还是应在与其他民俗文化形态的联系和比较中去理解；三是要重点分析民俗中的"民"；四是海洋民俗更多与帆船时代人们的生活文化联系紧密；五是具体理解"海洋民俗"和"海洋文化"的内涵和外延；六是海洋民俗包含地域、族群、行业之民俗文化的复杂性③。

（三）海洋民俗与海洋渔村民俗

曲金良认为海洋民俗生活的基本内涵包括物质生活、制度生活和精神生活三个主要的层面④。这样解释海洋民俗的基本内涵，与文化的三个层面相类似。海洋民俗是"沿海地区和海岛等一定区域范围内流行的民俗文化，其产生、传承和变异，都与海洋密切相关"⑤。海洋民俗的所有相关事项必须与海洋密切相关，是人与海洋的互动行为产生海洋民俗事项。海洋民俗中的"人"是理解海洋民俗内涵的重点研究对象，在这里应该指生活在涉

① 曲金良主编《海洋文化研究 2000 年卷（总第二卷）》，北京：海洋出版社 2000 年版，第 158 页。
② 曲金良主编《海洋文化概论》，青岛：青岛海洋大学出版社 1999 年版，第 8 页。
③ 曲金良主编《海洋文化研究 2000 年卷（总第二卷）》，北京：海洋出版社 2000 年版，第 158 页。
④ 曲金良主编《海洋文化概论》，青岛：青岛海洋大学出版社 1999 年版，第 48 页。
⑤ 曲鸿亮：《关于海洋民俗文化的几点认识》，转引自曲金良主编《海洋文化研究 2000 年卷（总第二卷）》，北京：海洋出版社 2000 年版，第 158 页。

海生活圈中的人们，他们的生活与海洋存在互动关系，产生互动行为。海洋民俗以口头的、物质的等形式存在，通过上一代传递给下一代，世代相传。民俗服务于人们的生活，随着生活方式的改变，民俗的具体形式会发生改变，一些不适应现代社会的民俗会被抛弃。海洋民俗在一定条件下具备整体性特征，但这不排除近海陆地民俗对它的影响，涉海生活圈中的民众同样会在生活中保有海洋民俗、陆地民俗和海洋—陆地相互影响的民俗。这一点也是海洋渔村民俗的表现。

理解海洋渔村民俗可以分为两种情况：一是如果海洋渔村是一个封闭的生活圈，生活在这一圈内的人们从事的都是海洋作业，除了生活物资的购买与外界相关，其他的生活内容均在涉海生活圈内，这样的海洋渔村民俗就可以说是纯粹意义上的"海洋民俗"；二是海洋的特殊性决定人们不能脱离陆地而生存，海洋上渔家人的实际生活状况也促使人们增加与陆地的互动。山东半岛的渔家除了有对龙王、妈祖的信仰，同时还信仰灶神、财神等，这种现象就是海洋渔村民俗特点的真实写照。与单纯的海洋民俗这种说法相比，海洋渔村民俗兼具海洋民俗、陆地民俗和两者结合体特征的说法更具有说服力。而海洋民俗如果受陆地民俗影响生成新的民俗，这种新生成的民俗就不能说是纯粹意义上的海洋民俗，只能说其具有海洋民俗的部分特质。

综上所述，海洋渔村民俗是指以半岛渔村生活圈内的民众为主体创造者、在与海洋和陆地的互动中生成的服务于渔村民众生活的综合文化。

二 海洋渔村民俗的类型

海洋渔村特定的自然环境属性决定了海洋渔村以捕捞为主的生产作业方式，长期的生产作业方式形成了固定的海洋渔村生活模式。传统的海洋渔村生活模式对初级群体与次级群体组织的形成产生了重要影响，在此基础上形成了海洋渔村特有的民俗文化。

海洋渔村民俗类型的划分有多种方式，但无论以何种形式说明，其涵盖的都是既定的海洋渔村民俗事项。海洋文化的一个重要特征就是它的包容性与多元化，沿海地区接纳了来自内地与世界各国的移民，也接纳了丰富多彩的移民文化，这种接纳是主动而非被动的，是积极的、动态的①。海洋文化的特征决定了海洋渔村民俗同样是一种多元的包容性民俗，海洋民俗与陆地民俗同存于海洋渔村，并且两种民俗的部分融合已经内化为海洋渔村的独有民俗。划分海洋渔村民俗的类型一定要考虑以上因素，这也是海洋渔村民俗不同于海洋民俗的独特之处。

（一）生产作业民俗

海洋渔村的生产作业民俗中有很多关于船只制造的民俗，船只制造是海上生产作业的重要组成部分之一。材料和工艺会因地域不同而有差别，但是造船的过程遵循相似的习俗。渔民将造船称为"排船"，造船的前期准备工作很讲究，选定造船的人员要相面，看生辰八字；选择船料，一般是就地取材；造船的地点一般选在沙滩或者海神庙门外的空地。渔民把造船的主要步骤分为祭龙骨、上大梁、上大筋、上斗筋、安船灵和置船眼几个工序②。前两个步骤完成后，要举行庆祝仪式，将用红布缝好的香椿木和铜钱分别放进龙骨和大梁上已经凿好的槽子中；上大筋时要有锣鼓和鞭炮，要用三牲祭祀，焚香叩头；上斗筋时要请三世同堂、德高望重的老船匠在斗筋木上写上"圆木大吉"四个字，斗筋木立起来的时候要用红布和红彩遮上；新船竣工前的最后一道重要工序就是置船眼，实际上船眼就是一种船饰，多用乌龙木或樟木做成，钉到船头时用红布蒙上眼睛——封眼，待下水时由船主揭去红布——启眼。造船的一个重要部分是船舶的装饰工艺，包括船眼、船神龛、船旗和中国独有的船联。船头、船尾及船体上的彩绘多会选择"益鸟"，传说这是能降服龙和水神的神鸟。船上的雕饰分为木雕和石雕两种，"如意古瓶""松鹤"等通过浮雕、透雕、阴刻等方式来装饰船舶。

地域、船舶的类型尽管不同，但关于行船的规矩还是都要遵守的。出海前要祭祀、摆供品、放鞭炮、焚纸香、敲锣打鼓。按时节汛期出海捕捞，根据不同汛期捕捞不同的鱼类，准备网眼大小不同的渔网。捕捞中渔民要穿鞋戴帽，看到怪鱼、怪兽不能问"这东西吃不吃人""它会不会掀起大

① 卜建华、翟新、李龙森：《山东海洋文化特征的形成与发展研究》，成都：西南交通大学出版社 2010 年版，第 14～15 页。

② 曲金良、纪丽真主编《海洋民俗》，青岛：中国海洋大学出版社 2012 年版，第 39 页。

浪"等问题，起网抓鱼时要抓鱼头等习俗都蕴含渔民的美好愿望。渔船归来时，要在船桅挂"布挑子"向家人报平安。

（二）生活民俗

海洋渔村的生活习俗，简单概括就是渔村民众的"衣食住行"。不同生存环境与生存方式决定了海洋渔村独特的民俗。由于长期与海洋打交道，从事海上作业，渔民穿的是油布衣或胶衣，且渔民的服饰多宽松肥大，易穿易脱，一般用布绳或棕绳当作腰带，打活结而不使用纽扣。渔民服饰一般绣有"八仙过海""青松白鹤""黄龙飞禽""牡丹""山茶"等图案，或是绣上"顺风得利""四海平安"等字样。温岭石塘的渔民喜欢在龙裤两侧的插袋处绣上两个特大的如意葫芦瓶。据传说，在古代，葫芦是最原始的载人渡水工具，不易下沉，所以有一种神灵性的趋吉避凶的功能①。渔民服饰上绣有的"青松白鹤""牡丹""山茶"等图案花样不是海洋动植物，而是出现在陆地上的动植物。从这一点看，海洋渔村民俗不仅包括海洋元素，同时也受到陆地元素的影响，渔民服饰就是海洋元素与陆地元素融合的体现。

在饮食方面，海洋渔村民众以"鱼"为主。在自然条件和地理环境影响下，以海鲜为主成为海洋渔村民众的饮食习惯和风俗。鱼的做法有很多，但无论采用哪种做法烹制鱼，一般都是全鱼上桌。咸鱼干、醉鱼也是渔村民众喜爱的食物。山东长岛的以鱼虾等海鲜为主的饭食即"腥腥锅"和以海菜做出的饭食即"素锅"，京族的"鱼露"，都是渔村民众家里常见的特色饮食。渔民长期对大海的敬畏，形成了渔民吃饭时的诸多禁忌。如果上船后第一次吃鱼，要先把生鱼拿到船头祭龙王，斋"老大"（死去的渔民）；鱼要完整下锅，不去鳞、不破肚；船老大要先动筷，并且最大的鱼头要给船老大吃；等等。渔家吃饭禁用"翻""盛""筷"等字，对餐具的名称有独特的叫法，孩子吃鱼还有很多讲究，这些日久形成的饮食民俗都是渔民对大海虔诚敬仰的体现。

渔家的房屋建筑也是海洋渔村民俗的体现形式之一。从选择建筑房屋的地点、建筑开工的时间、建筑所用的材料到建筑展现的文化底蕴等，都体现了渔村建筑民俗的特征。渔民建房通常选择离口岸较远、避风又朝阳

---

① 曲金良、纪丽真主编《海洋民俗》，青岛：中国海洋大学出版社2012年版，第3页。

的地方，房屋渐次升高。无论北方还是南方，建筑房屋在取材方面都会因地制宜，石头、茅草、海草是主要的用料。建房一般包括奠基、上梁、乔迁等步骤。奠基要选择良辰吉日，但渔家的良辰吉日不同于陆地风俗，潮水上涨时被渔家人视为吉日良辰。渔家房屋的建筑过程、建筑风格和发挥的作用都是渔家浓厚的文化底蕴和渔家人智慧的结晶。

渔民坐船出行禁忌多，每逢初一、十五家人都要到庙里为出海的亲人祈祷祝福。女人上船的话会有更多禁忌，如不能坐在船尾、不准七男一女同乘一条船等。

海洋渔家的生活习俗通过"衣食住行"四个方面展现了渔家民俗的独特魅力，但是陆地民俗与海洋民俗之间的相互影响不能被忽视。留在岸上工作的渔家女人一部分会选择日常的服饰作为劳动时的服装，只是在选择时会更加注意服装的性能，如防晒、防水、防寒等。海洋渔村中有很多不从事渔业作业的村民，但海产品也会成为他们饮食中的常见食材，到海边走走，总会看见零星的村民在海边捡一些他们也叫不出名字的海产品。随着经济条件的改善，海洋渔村村民的房屋大多是用砖造的，山东半岛的海洋渔家院落结构和房屋构造同多数农村的样子相同或相似。现代的渔家人拥有汽车、摩托车等更多的出行工具，每年春节时一些人会在自家的车上贴对联或福字，以祈求平安。

（三）人生制度民俗

生老病死、婚丧嫁娶是人生制度的描绘，海洋渔村的人生制度民俗融合陆地民俗与海洋民俗，烙下海洋印记，传承陆地民风。海洋渔村的人生制度民俗更多地与陆地民俗一致。"多子多福"是民众的普遍信仰，"男丁兴旺"也是海洋渔村民众的追求。渔村已婚未孕妇女会到庙里求观音送子，东海渔家还盛行钻龙门、摸龙须的习俗，期望博得海龙王高兴，麒麟送子[1]。渔家妇女怀孕同样称为"有喜"，"有喜"对一个家庭来说是件大事，丈夫和公婆要去庙里供祭海龙王，即使生活在海洋渔村的非渔业生产的家庭也都去海神庙里祭拜。海洋渔家诞生庆典从婴儿诞生之日，要经历系红绳、喝开口奶、洗床、满月、百日和抓周等一系列仪式。不同于陆地民俗，

---

[1] 曲金良、纪丽真主编《海洋民俗》，青岛：中国海洋大学出版社2012年版，第59页。

渔家的"开口奶"是由儿女双全、大富大贵的妇女喂给婴儿黄连汤，喻示先苦后甜。满月、百日等庆贺仪式与陆地民俗一致。

海洋渔村婚俗仪式与陆地婚俗仪式相似，只是从男方彩礼到女方回礼以及之后的认亲都要送黄鱼，女子婚后每逢过节回娘家，女婿都要准备鱼作为礼物。这样的婚俗礼仪显现了海洋渔村婚俗沿袭陆地婚俗，但又不失海洋特色。

海洋渔村十分重视寿诞庆贺仪式，由于传统海洋渔家常年出海打鱼，在海上过着朝不保夕的生活，因此渔家人对生命更加重视和珍惜。东海一些岛屿的渔民从 30 岁就开始举行庆祝寿诞的仪式，以后每十年举办一次。随着时代发展，传统观念有所改变，海洋渔村一般人家从 50 岁开始祝寿。受到陆地关于祝寿民俗的影响，现在海洋渔村的大多数民众也认为过早地举办寿诞庆贺仪式会"折寿"，除了"逢五排十"必大庆之外，在 66 岁时会举办隆重的庆贺仪式。海洋渔村的寿诞庆贺习俗现在越来越趋同于陆地的寿诞庆贺习俗。

虽然海洋渔村的渔家人有自己的丧葬礼仪，但总体来说海洋渔村的丧俗和陆地丧葬民俗一脉相承。北方沿海地区渔村与东海岛屿的丧葬习俗差别较大，而与陆地的丧葬习俗更为相似。东海岛屿则会根据具体情况举行不同丧葬仪式，正常死亡的人的丧葬仪式同江南内陆的一样，但是如果渔民意外死亡，且还没有找好坟墓，大家会把其棺材抬到坟山上，用稻草将棺材包起来，俗称"草夹坟"，等条件成熟后再为死者举行葬礼。

（四）祭祀信仰民俗

龙王和妈祖是海洋渔村供奉的主神，除此之外，不同地区的海洋渔村还有其他信仰的神灵，如财神、仙姑、观音菩萨等。在渔家人眼中，海龙王决定出海是否顺利，是否会收获颇丰。每逢节日和出海前，渔家人都会祭拜海龙王，祈求海龙王保佑家人平安出海、满舱而归。待渔船回来后，无论收获怎么样，渔家人都会举办隆重的答谢仪式，感谢龙王保驾护航。妈祖信仰的祭祀活动一般会在妈祖元宵、妈祖诞辰和妈祖升天这三个节日里举行。祭祀时，祖庙的主持人带领大家献寿酒、寿面、寿桃，并行三跪九叩礼①。

---

① 曲金良、纪丽真主编《海洋民俗》，青岛：中国海洋大学出版社 2012 年版，第 82 页。

现已成为非物质文化遗产的田横祭海节是海洋信仰祭祀的一个缩影，至今已经有 500 多年的历史。田横镇每年都会举办隆重的祭海大典，为出海捕鱼的渔民祈福求安。世代相传的田横祭海节如今已经发展成一种影响深远的节日，祭祀大典中新增的面塑大赛、威风锣鼓、摄影大赛和民俗研讨会等文化活动，丰富了祭海民俗的文化内涵。田横祭海节虽是完全意义上的海洋祭海仪式，但存在于海洋渔村的这一祭祀仪式在细节上还是受到陆地民俗的影响。在田横祭海节举办的当天早晨，所有村民在家里都会煮上几颗鸡蛋，用鸡蛋在家中的孩子身上滚三圈，喻示吉祥。

（五）艺术娱乐民俗

口耳相传的海洋神话、传说和故事是最早的涉海文学，其大多具有传奇色彩，是对海洋自然环境和海洋生物起源的解释。鱼汛谚语和气象谚语是渔民对生产经验的总结，蕴含渔民的劳作经验和智慧。渔家劳动歌是大家为齐力完成工作、缓解作业艰辛和苦闷而形成的小曲。渔民的劳动号子多种多样，山东的"荣成号子""登州号子"等较为典型。"龙灯舞""板船龙舞""贝壳舞"等舞蹈是渔家人对美好生活向往的表现。锣鼓和彩灯也是祭祀节日上常见的海洋娱乐项目。赛龙舟、赛泥艋船等比赛项目是传统的海洋娱乐活动，也发展成为具有一定规模的海洋节的重要项目之一。海边的手工艺品的创作结合了陆地民俗的艺术品工艺，贝雕和椰雕是海洋雕刻艺术的代表，花鸟鱼虫和人文风貌是雕刻的主要内容，这都是吉祥之物的代表和象征。

三　海洋渔村民俗的功能

功能论的思想基础可以追溯到古典社会学理论时期，从孔德用生物学概念描述人类社会开始，到斯宾塞将社会作为一个有机体进行论述，再到涂尔干强调的功能分析方法，功能论在古典社会学理论的基础上迅速发展。以拉德克利夫-布朗和马凌诺斯基为代表的英国现代社会人类学功能主义学派，直接继承和发展了涂尔干的功能分析思想。

海洋渔村民俗作为一个文化功能统一体，影响和制约生活在其中的人们的思维方式和行为方式，维系相对稳定的社会结构。布朗强调这一"功能"，是"指一个局部的行为对其总体行为的贡献，如一个特定社会习俗的功能，就是它对整体社会生活所做的贡献"①。海洋渔村的衣食住行习俗、生产作业禁忌、人生制度规定和信仰娱乐活动等都服务于人们的生活，马凌诺斯基认为社会文化中的风俗、习惯、制度、观念、信仰以及物质设施等无不与某项确定的需求相对应，是人们为满足特定的需求而创造出来的②。功能普遍地存在于任何文化现象之中，任何文化现象都发挥着不能被其他文化要素所取代的、必不可少的功能，这是传统结构功能主义的两个基本假设。默顿在继承前人成果的前提下，批判了传统功能主义的假设，提出了负功能、替代功能的概念，还提出了潜功能和显功能的区别③。在已有的描述海洋渔村民俗现象的基础上，下文将对海洋渔村的具体民俗事项进行功能论解读。

（一）海洋渔村民俗的生活需要功能

海洋渔村的"衣食住行"深深刻上了海洋的烙印，广泛影响着渔家人和其他渔村民众的生活。渔民海上作业的油布衣或胶衣具有实用功效，或能够御寒，或能够隔热，有着防水、易干等优点，而宽松肥大的服饰方便渔民海上劳作，一旦落水能尽快脱掉衣服，利于逃生。以海为生的海洋渔村饮食颇具特色，鱼是家庭的必备食物，虽然常见，但不容小视，做鱼食鱼的讲究还是很多的。为保留鱼肉的鲜美，清蒸的做法一般较为常见。鱼要整条上桌，在船上吃鱼的禁忌更多。为什么要遵守禁忌，通常情况下那些遵守禁忌的人也并不知道，因此，人们提出了各种各样的理由——经常是毫无道理的理由——去解释禁忌④。"禁忌"原本不被看成禁忌，但每一种禁忌在外表下都有存在的理由。起初渔家人也许不会视"翻"字为禁忌的字，直到出海作业船只遇到事故，"翻"字才成为渔家人说话时禁忌的字。

---

① 〔英〕A. R. 拉德克利夫－布朗：《原始社会结构与功能》，丁国勇译，北京：九州出版社2007年版，第156页。

② 〔英〕马凌诺斯基：《文化论》，费孝通译，北京：华夏出版社2002年版，第15页。

③ 王翔林：《结构功能主义的历史追溯》，《四川大学学报（哲学社会科学版）》1993年第1期。

④ 〔英〕H. 霭理士：《禁忌的功能》，刘宏威、虞珺译，北京：中国人民大学出版社2009年版，第3页。

现在的海洋渔村房屋建筑不同于传统的海洋渔村房屋建筑，特别是在半岛上的海洋渔村中，半渔半农的海洋渔村建筑大多受陆地民俗影响。纵然传统的渔家民居就地取材方便、贝壳外墙安全，现代建筑还是取代了传统渔家的海草房、贝壳墙。海草房和贝壳墙之所以被取替，并不是因为传统渔家民居有负功能，而是现代陆地民居给渔家人带去的方便和阔气发挥了作用。更便捷的交通工具同样具备这样的功能。

海洋渔村的人生制度民俗在很大程度上受到陆地民俗影响，与陆地人生制度的相关民俗极为相似。所有现存的民俗制度都是为满足人们的某种需求而存在的，为保证顺利地实现生育的愿望，就有一系列与之配套的民俗规定制约人们的行为。生育民俗在人类社会中已成为一种文化体系。种族绵延的需要并不是靠单纯的生理行为及生理作用满足的，而是一套传统的规则和一套相关的物质文化的设备活动的结果①。生育制度包括求偶、结婚和抚育，海洋渔村的生育民俗在细节上的规定和禁忌是为了种族延续。孕妇怀孕期间，其在饮食和行动上的具体民俗是为了保护孕妇和腹中胎儿的平安健康，从婴儿出生到成长都有相应的民俗伴随其左右，简单的个人行为在人们的共同遵守下具有了意想不到的功能。

（二）海洋渔村民俗的情感寄托功能

渔民服饰上的图案和他们佩戴的饰品都与海洋有着密切关系，喻示平安丰收和吉祥喜庆。渔民在两侧裤兜处绣上葫芦，并没有实用效果，而且在早期也属于个体行为，但是在大家普遍相信关于葫芦的传说之后，出现了绣葫芦保平安的行为，渔家人相信葫芦能够带来平安。这就是社会性行为，在渔民群体中得到认可的社会行为。对于这样的民俗行为是否真的会达到预期的效果我们不做研究，我们能够体会的是渔家人这样的民俗行为是一种情感的表达和寄托。

生产作业中与造船相关的民俗是典型的渔家民俗，渔家人将渔船视为自家的成员之一，可见其重视程度非同寻常，对船只进行装饰的民俗行为就传递了渔家人的一种独特情感。渔船是渔家人的象征，但并不能盲目地迷信渔船本身。更进一步的社会学研究要分析渔船的主人是谁、曾经有谁

---

① 费孝通：《乡土中国、生育制度、乡土重建》，北京：商务印书馆2011年版，第144页。

驾驶过它，以及怎样驾驶的问题，还有与造船有关的礼仪及习俗的信息，这更是一种典型的渔家人手工艺品的生命历史——所有这一切材料都使我们明白只有更深入地理解，才能明白渔船对渔家人的真正功能①。渔家人将自家的渔船进行装饰雕刻，粉刷图案，通过他们的习俗，我们会发现他们对渔船的挚爱、赞美和特殊的依恋之情，在感性态度之外，从社会学的视角研究渔船的制造及使用的习俗才是了解功能的关键。应该清楚的是，渔船不是展览品，而是实现目标的手段，是渔家人的生产工具。渔家人关注造船技术，重视造船习俗。对渔家人来说，造船是一件盛大和严肃的事情，马虎不得。渔家人会严格遵守造船习俗，采用先进的技术，为的就是以后在使用中得力。旧的渔船可能会锈迹斑斑，漆皮脱落，但渔家人会因自家渔船的速度、浮力、稳定性的优越而感到骄傲。无论是生产器物，还是出海前求平安、出海时保平安和出海归来报平安的民俗，都是渔家人情感的寄托和表达。

家中添新生儿是件喜事，一系列围绕新生儿的民俗仪式会依照时间顺次举行，民俗仪式蕴含的是长者对新生儿的祝福和期待，表达的是长者对其的爱护之意。海洋渔村的丧葬习俗中有"养女为了哭"的观念，在葬礼仪式上集中表现为压抑的苦难与深刻的不安的社会互动模式。对信仰和礼仪的传统模式的信奉会减弱渔民心里的紧张和不安，这样看来，葬礼仪式给负面情绪提供了释放的方式。

（三）海洋渔村民俗的社会整合与社会关系维系功能

受传统渔村村落造船事件影响而逐渐形成的社会结构，在生产方式不变的情况下，生产作业民俗会发挥维护社会关系、促进社会整合的功能。在渔船的制造和使用过程中，不同人扮演着不同的角色，处于不同的地位，角色对应绝对地位。传统的自然渔村村落里，在靠劳动生活的渔村民众中，有"本事"的人才会有地位。从造船参与者、渔船所有者和渔船使用者来看，一个渔村简单的社会结构就展现出来。渔村生产作业民俗被周而复始地遵循，相对稳定的社会结构就得以延续。假如海洋渔村转型，渔村民众

① 〔英〕布罗尼斯拉夫·马林诺夫斯基：《西太平洋上的航海者》，张云江译，北京：中国社会科学出版社 2009 年版，第 65 页。

转产转业，造船的技术和习俗当然会随之消失，一直以来被其维系的社会结构就会发生变化。如果海洋渔村相对稳定的社会结构是生产作业民俗的附加产物，那么，在一定程度上从渔村民众的角度看，维护海洋渔村社会结构就是海洋渔村生产作业民俗的潜功能。

马凌诺斯基认为："生命的最高也是最后的危机——死亡——是最为重要的。死亡引发了生者爱与恨的双重反应，在内心深处出现迷恋与恐惧双重情感，它同时威胁了人类生存的心理的与社会的基础。"因此，他认为"葬礼与随后的悼念活动，集中围绕着一个自相矛盾的愿望：在人死后既要保持联系，又要迅速、彻底地割断联系，而且要确保渡过绝望继续活下去的愿望占主导地位。"① 对意外死亡的渔民会采用"草夹坟"的仪式，择日再葬。"入土为安"的风俗习惯影响着海洋渔村民众的丧葬民俗，匆忙和措手不及不能成为草草了事的理由，丧葬仪式依据的是超自然的有效性，这不容置疑。如果在这样的问题上有所争论，就会引起人际关系冲突甚至破裂。然而，在世俗化的今天，对旧民俗的怀疑主义在增长，这就增加了社会分裂的风险。

海洋渔村的信仰民俗往往是通过民俗仪式表现出来的，信仰仪式将人们集合起来，不仅是为了举行非个人的仪式，而且是为着促进彼此的利益和保证彼此的责任，进而唤起公共行动②。"宗教信仰满足了一种固定的个人需要……使人生重要举动和社会契约公开化、传统地标准化，并且加以超自然的裁认，于是增强了人类团结中的维系力"③。田横祭海节是渔村民众为了给家人出海作业祈福而发起的，对民众的重要意义不言而喻，如今发展成为盛大活动，是社会契约公开化的表现，是信仰仪式发挥功能的途径。

海洋娱乐项目赛龙舟要求参加成员齐心协力，在游戏娱乐中增加了成员之间的感情，有利于社会的整合。

（四）海洋渔村民俗的娱乐与创新功能

受海洋因素的影响，一切与海洋有关的文学、艺术、娱乐项目，除了

---

① 克利福德·格尔茨：《文化的解释》，韩莉译，南京：译林出版社，2008，第 170 页。
② 〔英〕马凌诺斯基：《文化论》，费孝通译，北京：华夏出版社 2002 年版，第 86 页。
③ 〔英〕马凌诺斯基：《文化论》，费孝通译，北京：华夏出版社 2002 年版，第 85 页。

愉悦人们的生活，其更深的意义是在休闲娱乐中激发人们的创新精神。

海洋渔村的娱乐民俗简单来讲就是把人们的行为从固定模式中解放出来，消除文化生活的紧张与拘束，从这个层面讲，娱乐民俗已经开始发挥功能。此外，它对于社会组织，对于艺术、技巧、知识和发明的发展，对于礼仪的伦理规律、自尊心理及幽默意识的培养也都有很大的贡献①。海洋特色的"龙灯舞""贝壳舞"在发展和演绎的过程中一定经历了创造与再创造的过程，这样，海洋渔村的娱乐民俗就会含有一种建设性的或创造性的元素。

当我们试图解释一种社会现象时，必须研究该现象所具有的功能，在这里之所以要用功能一词，是因为一般说来社会现象并不是为了它所产生的有用的结果而存在的②。清楚地认识海洋渔村民俗的功能是研究海洋渔村民俗的目的所在，用功能论的思想解读海洋渔村民俗是一定要做的工作。从马凌诺斯基和拉德克利夫 - 布朗的基本假设入手，运用具体的民俗事项验证功能论的基本观点，默顿的正、负功能及潜、显功能和在"结构性制约"下的替代功能，可帮助我们更好地理解海洋渔村民俗的功能。但在解读民俗功能时，我们必须要明白，不能排斥或摒弃那些明显具有负功能或零功能的民俗，任何一种民俗都会在适应性价值的连续线的某一点上失误。英国人类学家罗伊·埃伦曾经说过："文化的适应很少是所有可能的解决方案之中的最好一种，而且永远不会是完全理性的。"③

Marine Fishing Village Folk：The Concept，Classification and Function

Song Ning'er　　*Li Yunjie*

Abstract：Beginning with the concept of marine folk in fishing village，and

---

① 〔英〕马凌诺斯基：《文化论》，费孝通译，北京：华夏出版社 2002 年版，第 91 页。
② 〔法〕E. 迪尔凯姆：《社会学方法的准则》，狄玉明译，北京：商务印书馆 2007 年版，第 111 页。
③ 〔美〕塞缪尔·亨廷顿、劳伦斯·哈里森主编《文化的重要作用》，程克雄译，北京：新华出版社 2010 年版，第 186 页。

regarding these terms- folk, marine folk, marine culture, and marine folk in fishing village- as analyzing objects, this paper has tried to clarify the definition and connotation of marine folk in fishing village. The specific factor influencing the marine folk in fishing village – the ocean – contributes to the unique features of marine fishing village folk. But in thousands of years in China under the influence of traditional culture, marine fishing village not only has ocean unique folk custom, but also has some features of China's traditional folk, effected by land factors, Confucianism and Taoism, Buddhism. Using different types of marine fishing village folk as the distinguishing standard, functionalism theory is used to explain the social functions of different marine folks in fishing villages.

Key words: marine fishing village, marine culture, marine folk, marine fishing village folk

基于"国家—市场—社会"视角下的
海洋渔业转型研究[*]

吴　丽[**]

摘要：海洋渔业转型不仅仅是传统渔业向现代渔业的转型，也是一次由国家、市场与社会合力推动的社会系统转型。在渔业转型过程中，作为动力系统主体的国家、市场与社会分别扮演不同的角色。国家是海洋渔业转型的引导者，其主要从政策、制度、体制等宏观方面引导转型；市场是海洋渔业转型的重要推动者，生态资本运营和大力发展休闲渔业既是市场的客观要求，也是海洋渔业可持续发展的必然选择；社会则是海洋渔业转型的主要参与者，公众的社会选择、社会阶层结构及各种渔业组织等影响渔业转型的大趋势。海洋渔业转型需要国家、市场与社会的合力来推动，应充分发挥各部分的作用，积极推动海洋渔业转型目标的实现。

关键词：渔业转型　休闲渔业　生态资本　社会选择

一　研究问题的提出

海洋渔业资源日趋枯竭、水域污染严重、渔业产业结构不合理等多重矛盾的交织致使海洋渔业转型成为我国海洋渔业发展的一项迫切任务。海

---

* 本文系陈涛主持的中央高校基本业务科研费暨中国海洋大学青年教师专项基金"海洋渔业转型的环境社会学研究"（201213021）的阶段性成果。本文的写作得到了陈涛老师的悉心指点，无论是文章的立论还是文章的结构和形式都是在他的指导下完成的，在此笔者致以诚挚的谢意。当然，文责自负。

** 作者简介：吴丽（1989~　），女，汉族，湖北宜昌人，中国海洋大学法政学院社会学专业 2012 级硕士研究生，研究方向为环境社会学。

洋渔业转型从狭义上讲是指传统渔业向现代渔业的转型①，即由单一化向多元化、粗放式向集约式、品种向品牌、由内向外的渔业转变过程②。但从广义上来看，海洋渔业转型不仅指海洋渔业内部由传统向现代的转变，同时也包括与之相适应的社会环境、社会文化、社会心理等一系列外部因素的转型。目前我国的海洋渔业转型主要侧重于狭义上的转型，而要实现真正意义上的海洋渔业转型，必须更加注重广义上的由国家、市场与社会共同参与的社会系统转型。

目前我国部分学者对海洋渔业转型作了相关研究，如宋立清从产业结构演变理论、劳动力转移理论、公地悲剧理论和可持续发展理论对渔业转型进行了探讨③；王淼、秦曼提出了海洋渔业转型系统④；宋蔚通过确定海洋渔业转型系统的目标体系，构建了中国海洋渔业转型的系统动力学仿真模型⑤；等等。由于我国关于海洋渔业转型的研究起步较晚，目前研究成果还比较少，大部分集中在海洋渔业转型的背景、影响因素及路径等方面，且大多数从经济学的视角出发。社会学界也有少数学者（主要是农村社会学者⑥）对海洋渔业转型问题作了相关研究，但主要关注底层渔民的生计问题，并没有对渔业转型机制进行深入的分析，也没有从整体上进行把握。

本文从社会学视角出发，结合"国家、市场与社会"，即将国家、市场与社会看作一个相互补充与促进的互动机制来分析海洋渔业转型。国家对市场与社会具有统摄和渗透作用；市场既要契合政府目标同时也要满足社会需求；当渔业转型中的国家与市场作用双重失灵时，社会力量的发展可以弥合缝隙。通过"国家、市场与社会"的分析框架对海洋渔业转型问题

---

① 同春芬：《海洋开发中沿海渔民转产转业问题研究》，《海洋开发与管理》2008 年第 1 期。
② 徐胜、吕广朋：《试论我国传统渔业向现代渔业的转型》，《中国海洋大学学报（社会科学版）》2006 年第 3 期。
③ 宋立清：《中国沿海渔民转产转业问题研究》，青岛：中国海洋大学出版社 2007 年版，第 39～56 页。
④ 王淼、秦曼：《海洋渔业资源开发利益相关者的行为博弈》，《中国渔业经济》2007 年第 3 期。
⑤ 宋蔚：《中国现阶段海洋渔业转型问题研究》，博士学位论文，中国海洋大学，2009。
⑥ 陈涛：《海洋渔业转型路径的社会学分析》，《南京工业大学学报（社会科学版）》2012 年第 4 期。

进行深入分析，不仅能为海洋渔业转型研究提供新的分析视角与思路，使读者对我国海洋渔业转型过程中国家、市场与社会所扮演的角色有更加深入和透彻的理解，还能进一步动员社会各部分力量积极参与海洋渔业转型进程。

二 渔业转型中的"国家"

改革开放后，随着单位制的瓦解，市场和社会力量日益凸显，但总体而言，国家的主导地位依旧不可动摇。我国海洋渔业的转型，同样深刻地体现着国家力量的推动。国家是海洋渔业转型动力系统的重要主体。

从国家视角看渔业转型，即通过自上而下的思路，通过政策、制度和体制分析海洋渔业转型。随着《联合国海洋法公约》的实施，《中日渔业协定》《中韩渔业协定》和《中越北部湾渔业合作协定》的签订及海洋专属经济区制度的实施，"船多、海小、鱼少"的矛盾更加尖锐，大批渔船被迫撤出传统的作业渔场。同时，由于环境污染和过度捕捞，渔业资源日趋枯竭，渔民生计问题升级。迫于双重压力，2003 年，农业部颁布了《关于 2003~2010 年海洋捕捞渔船控制制度实施意见》，这标志着我国海洋捕捞渔船船数从"九五"计划期间的"总量控制"阶段进入了"总量减压"阶段。目前，我国海洋捕捞业实施的政策主要包括休渔制度、捕捞限额制度、捕捞许可制度以及"双控"和"零增长"制度等，具体如表 1 所示。这些制度和政策的实施，对调整海洋渔业结构、保护渔业资源起到了重要的作用，但始终没有从根本上解决捕捞强度自由增长的问题①。

表 1　我国海洋捕捞业主要实施政策

序号	政策名称	核心内容	发布单位
1	休渔制度	伏季休渔，规定某些作业在每年的一定时间、一定水域不得从事捕捞作业	农业部 1995
2	捕捞许可制度	从事捕捞业须经渔业行政主管部门批准	农业部 2002

① 王淼、宋蔚：《渔业转型中行为主体间关系的处理》，《渔业经济研究》2007 年第 6 期。

续表

序号	政策名称	核心内容	发布单位
3	海洋捕捞渔船控制制度	从"八五"开始对全国海洋捕捞渔船船数和功率实行总量控制("双控制度");1999年、2000年农业部分别实施了海洋捕捞"零增长"和"负增长"政策;农业部颁布《关于2003～2010年海洋捕捞渔船控制制度实施意见》标志着我国从"九五"期间的"总量控制"阶段进入了"总量减压"阶段	农业部
4	最小网目尺寸制度	禁止使用低于最小网目尺寸的网具从事渔业生产	农业部
5	捕捞渔民转产转业制度	2003年,农业部、财政部出台《海洋捕捞渔民转产转业专项资金使用管理规定》;渔民转产转业政策包括渔船报废拆解补助政策、渔民培训补助政策、渔民税费减免政策、渔民转产转业项目补助政策等	渔业主管部门
6	捕捞限额制度	根据捕捞量低于渔业资源增长量的原则,确定渔业资源的总可捕捞量	农业部
7	渔业资源增殖制度	从事捕捞业、养殖业的单位和个人须依照渔业资源增殖制度缴纳渔业资源增殖保护费	农业部

注:以上资料根据中国渔业政务网等进行搜集整理

近年来,随着渔业产业结构不合理、海洋渔业资源日趋枯竭等多重尖锐矛盾的不断升级,海洋渔业转型的步伐已势不可挡。国家虽然一直在不断积极推进海洋渔业转型工作,但目前来看似乎成效甚微,并未达到预期结果。2003～2012年这十年期间渔业情况大致如表2所示。

表2 2003～2012年渔业情况统计表

年份	渔业人口(万)	渔业从业人员(万)	渔业经济总产值(亿元)	增加值(亿元)	渔民人均纯收入(元)	渔船拥有量(万艘)
2003	2074	1316	5778.83	2529.52	5190	51.47
2004	2098.41	1301.83	6702.38	3006.34	5460	95.76
2005	2067.64	1290.28	7619.07	3256.33	5869	95.84

续表

年份	渔业人口（万）	渔业从业人员（万）	渔业经济总产值（亿元）	增加值（亿元）	渔民人均纯收入（元）	渔船拥有量（万艘）
2006	2040.05	1259.47	8578.29	3741.00	6176	96.05
2007	2111.54	1316.86	9539.13	4127.93	6937	99.84
2008	2096.13	1454.37	10397.50	4619.97	7575	103.94
2009	2084.56	1384.73	11445.13	5091.90	8166	104.24
2010	2081.03	1399.21	12929.48	5904.12	8963	106.56
2011	2060.69	1458.50	15005.01	6881.07	10011	106.96
2012	2073.81	1444.05	17321.88	7915.22	11256	106.99

注：以上数据均来自 2003～2012 年中国渔业统计公报（http://www.cnfm.gov.cn/）

渔业人口指依靠渔业生产和相关活动维持生活的全部人口；渔业从业人员指全社会中 16 岁以上，有劳动能力，从事一定渔业劳动并取得劳动报酬或经营收入的人员。

从表 2 可以看出，2003～2012 年这十年期间，我国渔业人口数量从总体上看呈现先减少再增加后又逐步减少的趋势，2003～2006 年逐渐减少，2006～2007 年又有所增加，2007 年之后逐步减少；渔业从业人员也从 2003 年到 2006 年逐渐减少，2007 年、2008 年大幅度增加，但 2009 年又有所减少，2009 年之后人数逐步回升。笔者认为呈现这种趋势的主要原因在于自 2003 年开始农业部捕捞许可制度、海洋捕捞渔船控制制度等一系列相关政策的出台，然而随着时间的推移和捕捞渔民转产转业专项资金管理规定的不断完善，渔民数量开始回升；渔业经济总产值和增加值增长幅度较大，十年期间几乎增长 2 倍；渔民的人均纯收入呈现逐年递增的趋势；渔船拥有量十年期间也呈现有增无减的趋势，每年都在逐步增加。表 2 反映这样一个事实：我国渔业发展在面临多重困境、形势严峻的情况下，国家积极引导和推进海洋渔业转型，在某种程度上取得了一定的成绩。但渔船拥有量和渔民人口数量表明国家倡导的渔民转产转业并没有发生根本性变化。造成这一现象的原因在笔者看来主要包括以下几个方面：（1）国家转型成本①的实际投入成效。在转型过程中，国家投入海洋渔业转型的各种成本，如政府为了实现渔业产业顺利转型而制定的相关优惠政策和扶持政策的决策成本、决策形成后具体的实施成本等，都影响着转型成效。（2）海洋渔业转

---

① 王淼、张晓泉：《海洋渔业转型的成本构成及支付》，《中国渔业经济》2009 年第 2 期。

型的推进过程，这实质上也是各利益群体之间相互博弈和力量角逐的过程，仅靠国家单方面的努力是远远不够的。国家、市场与社会任何一方的缺位都会导致渔业转型步伐的中断。（3）地方政府的经济理性选择。国家制定的海洋渔业转型宏观政策，其具体实施在于地方政府的配合和贯彻。地方政府在考虑实际经济利益和转型成本后，会倾向于采取获利最大的行动，这就造成国家政策与地方政府实施之间的"错位"，从而偏离其最初目标。（4）文本规范与实践规范的分离①。虽然国家出台了一系列的渔业转型政策和法规，使得渔民在转产转业过程中"有法可依"，然而渔民事实上并未严格按照规范来行事。对于渔民而言，遵守转型规范需要付出一定的物质成本、行为约束和心理成本等②，从理性人的角度而言，他们更愿意选择付出小回报大的行为方式，从而使得渔业转型规范实质上成为一种"稻草人"规范，并未取得预期效果。（5）"转出"与"引入"的双向同时进行。一方面，渔民在国家政策的引导下开始实行转产转业，逐步退出"渔业圈"；另一方面，"局外人"在不了解渔业圈内具体发展的情况下，转而加入渔业行业。圈内的转出与圈外的引入，致使渔业人口和渔业从业人员数量十年来基本持平，没有达到预期目标。

从底层视角来看，海洋渔业转型与渔民的转产转业成效息息相关。渔民转产转业是海洋渔业内部转型的重要方面，然而综观目前渔民的认知、态度和行为，似乎与国家的总体路线还存在许多差距。（1）从认知上来看，许多渔民还没有意识到海洋渔业转型的迫切性。虽然海洋渔业资源日趋枯竭，渔船可以作业的渔场也明显减小，但渔民自身所有的"固守渔场的传统观念"、对传统生产生活方式的依恋和"靠山吃山、靠水吃水"传统观念等的限制③，使得他们即使意识到转型的必要性，在传统观念的驱使下也不愿改变目前的生活方式和习惯。（2）从态度上来看，渔民对国家政策有其自身的见解。在某种程度上说，国家政策是从学术界和政策研究部门的政

① 陈阿江：《文本规范与实践规范的分离——太湖流域工业污染的一个解释框架》，《学海》2008 年第 4 期。
② 朱力：《遵守规范为什么十分困难？——关于规范与失范的理论命题探讨》，《学海》2010年第 5 期。
③ 耿爱生、同春芬：《海洋渔业转型框架下的海洋渔民转型问题研究》，《安徽农业科学》2012 年第 10 期。

策建议提升到政治议程的，包含一个复杂的运作过程：学界和政策研究界发现问题→研究问题→提出建议→政府接纳建议→纳入政治议程→具体实践。由于文化水平和利益格局不同，渔民群体对国家政策的态度不同于学者。在渔民看来，有些国家政策与其自身利益并不相符。有些政策的具体实施不仅没有给他们带来实际效益，甚至使矛盾变得更加尖锐。因而当国家渔业转型政策具体实行时，他们不愿积极配合，只是消极应对。（3）从行动上来看，对于一个理性的"经济人"来说，渔民从事渔业生产的目的是追求经济利益最大化，其转产转业行为也是在进行成本与收益比较下理性决策的结果①。渔民转产转业的问题在于其转型成本过大，渔民不仅要承担转产转业的风险成本和具体的实施成本，同时也承担再就业和适应新环境的心理成本。渔民世代从事捕捞业，习惯于靠海为生的捕捞生活，当他们进入其他领域，会出现不适应和无所适从的现象。因而政府虽一再号召、反复动员渔民转产转业，但仍有许多渔民按兵不动，宁愿亏损也不退出捕捞业。以上因素都阻碍了海洋渔业转型的步伐，是目前国家渔业转型未取得显著成效的重要原因。

三　渔业转型中的"市场"

市场是海洋渔业转型的重要支持子系统，是转型系统的外部环境②。随着市场经济的不断发展，市场的作用日益凸显。我国海洋渔业转型必须坚持以国家宏观政策为指导、以市场为取向的思路，同时建立合理的资源开发与增长模式。只有充分发挥市场机制的作用，将国家政策与市场机制有机地结合起来，才能实现海洋渔业转型的总体目标③。

（一）生态资本运营

生态资本是一种十分重要的可持续资本形态，是经济可持续发展的核

---

① 宋立清：《我国沿海渔民转产转业的成本收益模型分析》，《中国渔业经济》2006 年第 2 期。

② 王淼、秦曼：《海洋渔业转型系统的构建及关系分析》，《中国海洋大学学报（社会科学版）》2008 年第 1 期。

③ 徐胜、吕广朋：《试论我国传统渔业向现代渔业的转型》，《中国海洋大学学报（社会科学版）》2006 年第 3 期。

心资本①。实现海洋渔业可持续发展是海洋渔业转型的题中之义,离不开生态资本化。生态资本化的主要表现是对生态资本的经营,生态资本经营是一种对生态资本价值的运用和消费,是为了资本收益最大化而进行的市场投资活动②。随着海洋渔业转型步伐的不断推进及人民日益增长的物质文化需求,市场实现生态资本运营已成为社会可持续发展的必然趋势。

随着社会经济的发展,人们生活水平日益提高,对海产品的需求量越来越大,质量要求越来越高。海产品供应链模式一般为:海产养殖户→市场→消费者。因而实现生态养殖既是海产养殖户满足市场的需求,也是市场满足消费者需求的合理选择。生态养殖是一种多元立体综合养殖技术生产模式。比如,山东威海养殖户顺应市场需求,在全市大力推广升降式海珍品生态养殖深水网箱养殖技术。深水网箱具有科技含量高、抗风浪能力强、对海区环境污染小、使用年限长和经济效益高等特点,大型抗风浪深水网箱养殖一般在 15 米深线外的海区,深度大,水流畅通,排泄物和残饵能及时被水流冲走,可以保持优良的水质条件,养殖物基本无病害侵袭,成活率大大提高,无须使用抗生素或其他药物,养殖物的品质也与野生的相近,价值较高。该网箱适用于海参、鲍鱼、部分经济鱼类等海珍品养殖,其广泛应用是技术与绿色生态完美结合的具体呈现③。威海深水网箱的推广应用一方面有利于该市提高海产品的质量,扩大市场消费者群体,增加经济效益,另一方面也有利于威海渔业的绿色可持续发展。海洋渔业实现生态资本运营不仅能够带来可观的经济利益,同时也能带来良好的生态效益,可谓一举两得。

生态资本运营是海洋渔业实现可持续发展的内在要求和外在表现,海洋渔业的生态化转型离不开市场的推动作用。海产品供应链与生态养殖背后实质上存在各种复杂力量的博弈,通过市场的调节和优化配置作用,消费者和海产品养殖户之间形成和谐的供求关系链。随着人们对食品安全关注的持续升温,海产品供应市场实现生态资本运营已成为不可逆转的大

---

① 黄鹂、严立冬:《生态资本运营构成要素研究:功能论视角》,《河南社会科学》2013 年第 3 期。

② 严立冬、刘加林、陈光炬:《生态资本运营价值问题研究》,《中国人口·资源与环境》2011 年第 1 期。

③ 威海市海洋与渔业信息网:http://www.hswh.gov.cn。

趋势。

(二) 休闲渔业

休闲渔业是一种集休闲娱乐、观光旅游、文化餐饮等行业与水产养殖有机结合的一种新型产业，是对渔业资源、环境资源、人文资源的优化配置、合理利用①。农业部渔业局在 2000 年提出"在有条件的地方应积极鼓励、引导发展休闲渔业"，2003 年的《全国海洋经济发展规范纲要》也提到要把资源增殖与休闲渔业结合起来，积极发展不同类型的休闲渔业。随着我国海洋渔业发展中各种矛盾的日益尖锐，大力发展休闲渔业成为我国海洋渔业转型的必然选择途径。我国休闲渔业的发展实质上是"政策转移"和市场推动的结果。一方面，休闲渔业在其他国家发展的成功经验为我国所借鉴，从而成为海洋渔业转型的选择路径；另一方面，大力发展休闲渔业也是市场顺应社会发展趋势的客观要求。

休闲渔业具有投资少、见效快、经济效益高等优势，它是通过市场机制实现海洋渔业转型目标的重要途径。如山东省东营市顺应海洋渔业转型的发展要求，在"供求关系"的市场价值规律推动下，现置有休闲渔业点 20 余处，占地面积总计 150 万平方米。通过专业垂钓型，养钓结合型，浅海垂钓型和垂钓、餐饮、观光娱乐型等多种休闲渔业模式的结合，其年接待游客 41 万余人次，实现收入 7200 多万元，利润 2800 多万元，带动渔户 3239 家。仅 2013 年中秋、国庆"双节" 8 天假期期间，东营市休闲渔业基地接待游客总量就超过 10 万人次，实现旅游收入 1100 多万元②。休闲渔业的崛起既是解决不断升级的海洋渔业发展矛盾的必然出路，其实质也是市场发挥价值规律作用对海洋渔业资源进行配置的优胜劣汰。随着大众物质文化需求的日益增长，人们越来越注重精神享受。有了精神享受消费的市场需求，休闲渔业正好为其提供消费平台。市场需求的增长与休闲渔业的不断发展使得二者形成平衡的供求机制，从而促使休闲渔业崛起，带动市场经济的发展。

市场供求机制的推动与休闲渔业的可观利益促使我国沿海地区纷纷积

---

① 薛青：《休闲渔业：社会主义新渔村建设中的新兴产业》，《福州党校学报》2007 年第 3 期。
② 中国渔业政务网：http://www.cnfm.gov.cn。

极转向休闲渔业的建设。通过"文化搭台、经济唱戏"的形式①，休闲渔业为我国"已近黄昏"的海洋渔业发展注入了新的活力。虽然休闲渔业在推动市场经济发展的同时也存在重复建设、季节性问题等多重困境，但综合各方面因素来看，大力发展休闲渔业是我国海洋渔业转型的最佳选择途径。休闲渔业不仅能够带动第三产业的发展，促进国民经济的增长，同时也能为转产转业的渔民提供就业机会，缓解社会闲置劳动力压力。

市场是海洋渔业转型的重要推动者，是连接国家与社会的重要节点。通过市场的资源优化配置和"无形的手"的调控实现生态资本运营和大力发展休闲渔业成为我国海洋渔业实现可持续发展的优化选择。应充分发挥市场的催化剂作用，同时积极结合国家与社会各方面的力量，推动海洋渔业转型目标的实现。

四 渔业转型中的"社会"

社会是海洋渔业转型最重要的动力系统主体。这里的"社会"不仅仅指社会公众，同时也包括由公民及公民自发形成的各种民间组织和社区②。现代市民社会所具有的个人本位、自治精神等特征使得其在我国海洋渔业转型中表现出相应的特殊性。随着单位制的退场，我国逐步打破"强国家—弱社会"的社会治理模式，社会力量日益凸显。就我国海洋渔业转型而言，其中的"社会力量"也在逐步壮大，但从目前来看"社会"还没有上升到"主角"地位，而是一直充当着"替补"的角色。综观社会选择、社会阶层结构和社会组织的作用，"社会"对海洋渔业转型的影响非常之大且在不断增强。

(一) 社会选择的转型

我国海洋渔业转型初期，"社会"一直扮演着"走过场"的角色，具体表现为国家政策引导社会，市场影响社会，而并非社会影响国家、带动市

---

① 陈涛：《海洋渔业转型路径的社会学分析》，《南京工业大学学报（社会科学版）》2012 年第 4 期。

② 周晓虹：《国家、市场与社会：秦淮河污染治理的多维动因》，《社会学研究》2008 年第 1 期。

场的理想化模型。近几年来，由于公众环境意识和自治精神不断增强，人们对市场的导向作用越来越大。随着国民经济的不断发展和人民生活水平的不断提高，人们对水产品消费已不满足于单纯的生理需要，而是更加注重食品安全卫生、品牌和消费形式的心理体验[①]。"绿色消费""健康消费"已成为当前人们消费的主导观念，通过这些消费观念指导下的社会选择，"社会"推动市场生态养殖发展，引导海洋渔业生态化转型。

社会选择作为一个群体决策的过程，是在正式和非正式制度的制约下，在模仿从众等感性因素的制约下，各选择主体根据自身所掌握的资源，不断展开选择策略的动态过程[②]。"社会人"是理性选择的行为主体，其通常会根据实际情况选择利益最大化的行为。个人理性选择的结果时常与群体利益存在不一致，即所谓的"孔多塞效应"，此时理性选择会转向社会选择。海洋渔业转型初期，只有少部分人意识到生态养殖、绿色食品的重要性，他们根据自身利益倾向于选择食品安全程度高的海产品；随着环境问题日益突出和食品安全问题成为人们关注的焦点，越来越多的人倾向于选择安全程度高的海产品。这一阶段也有部分人意识到生态养殖的重要性，但从自身利益出发他们不倾向于作出同样的选择，或是认为转型成本过高，或是习惯于传统的生活方式不愿改变等。社会选择是社会行动的目的性与非目的性的统一，是各种社会要素（力量）不断组合调整的社会结果[③]。随着社会整合机制的不断运行，生态养殖、绿色食品最终会由部分人的理性选择成为群体的"社会选择"。

现代社会是一个中产阶层不断扩大的社会。公众对高品质、绿色健康商品的青睐带动了生态养殖和休闲渔业的发展。健康消费、休闲消费是目前中产阶层消费的主要趋势，一方面，他们对食品关注从"满足基本需求"到"饮食质量"的转变是海洋渔业由传统向生态化转型的重要推力；另一方面，他们对休闲消费投入的增加是休闲渔业发展的重要动力。

[①] 徐胜、吕广朋：《试论我国传统渔业向现代渔业的转型》，《中国海洋大学学报（社会科学版）》2006年第3期。

[②] 杨义凤：《超越社会选择研究的经济人假设——展开社会选择研究的社会学视野》，《河北学刊》2010年第1期。

[③] 林聚任：《论社会选择的基础和机制》，《山东大学学报（哲学社会科学版）》2003年第1期。

我国社会阶层结构的转变及中产阶层的逐步壮大加快了海洋渔业转型的步伐。休闲渔业的崛起和生态养殖的发展，既是海洋渔业发展面临多重困境、积极寻求"第三条道路"的结果，同时也是社会阶层结构转型、人们消费观念发生改变的结果。

（二）渔业协会的壮大

渔业协会即以自愿加入为基本原则、以从事渔业经济活动的渔民及利益相关者为成员所组成的一种产业性经济组织[①]。渔业协会的壮大在我国海洋渔业转型过程中具有重要意义，然而综观目前我国的渔业协会组织，其积极作用并没有充分发挥出来。我国海洋渔业转型要取得卓越成效，在一定程度上有赖于渔业协会扮演好政府与公众之间的"稳定器"角色。一方面，政府渔业转型政策的实施在某种程度上依赖于渔业协会的推进与引导；另一方面，当政府渔业政策与渔民群体的自身利益相悖而遭到抵制时，渔业协会可以扮演协调者的角色。渔业协会的壮大不仅有利于国家转型政策的积极推进，同时也有利于海洋渔业自身的进一步发展。

荣成市 1998 年 8 月应全市 10 万渔民的强烈要求成立了荣成市渔业协会，其成立后以"促进渔民增收、渔业发展、渔村稳定"为中心，坚持"上为政府分忧，下为群众解难"的原则，在为荣成市的海洋渔业由品种向品牌和名牌转型的发展中作出了巨大的贡献[②]。荣成市渔业协会为进一步加大市场开发力度，打响荣成海产品的金字招牌作出了重要贡献，其通过争取上级资金支持、发动会员单位出资，先后投资 200 多万元，在中央电视台、山东卫视等重要新闻媒体上开展了集群式的宣传推介，大大提升了荣成渔业和海产品的知名度。同时，依托荣成海带的产量和品质优势，以协会的名义申请注册"荣成海带"商标，以此加强海带产品的原产地保护，真正把荣成打造成国内外闻名的"海带之乡"。渔业协会的发展不仅能够缓解国家渔业转型政策与渔民群体之间的矛盾，同时能够加速海洋渔业现代化转型的步伐。

综上所述，笔者认为"社会"应是海洋渔业转型的主要承载者，其从

---

① 李晟、朱颖颖、杨正勇：《渔业协会、渔村社区组织及其渔业资源管理功能》，《渔业经济研究》2009 年第 3 期。

② 荣成市渔业协会网：http://www.rcyuxie.com。

环境意识、社会选择、社会结构等方面影响海洋渔业转型的发展，且其影响力在不断增强。然而，从目前我国海洋渔业发展情况来看，"社会"所扮演的角色并不理想。社会观念、价值文化、社会态度等主观因素的制约以及经济收入、自身利益、社会地位等客观因素的限制都阻碍着"社会"扮演我国海洋渔业转型的"主角"。

五　结论

海洋渔业转型是国家、市场与社会根据我国海洋渔业发展多重矛盾交织的现状所作出的理性选择。在海洋渔业转型过程中，作为动力系统主体的国家、市场与社会分别扮演着不同的角色，而海洋渔业的成功转型也有赖于国家、市场与社会各方面力量的合力推进。虽然当前我国海洋渔业转型取得了一定的成效，但仍然存在许多无法回避的问题。

首先，国家作为转型的引导者，并没有直接带动市场和社会积极参与海洋渔业转型。市场和社会在渔业转型过程中过分依赖于国家决策，其行为自主性受到了很大限制。市场扮演着一种"矛盾角色"，它既要契合政府目标也要满足社会需求，因此，其调节和优化配置能力严重受限。社会在渔业转型中的影响虽然越来越大，但其仍受到"强国家—弱社会"的社会治理模式的影响，而不能将效用"最大化"。海洋渔业转型需要国家、市场与社会的合力来推动，而理想化情境是国家、市场和社会各司其职，各尽其能。

其次，海洋渔业转型成本高、难度大。目前，渔民群体转产转业过程中存在的主要问题是渔民转产转业成本过高。渔民承担了转产转业的风险成本、具体的实施成本、再就业和适应新环境的心理成本，但政府作为海洋渔业转型的引导者在财政扶持和补贴方面的支持力度不够，难以有效推动转产转业政策的有效实施。而如何发挥市场在引导渔民群体转产转业过程中的催化和调节作用尤为重要，这也将是我们后续研究的重要问题。

最后，海洋渔业转型的实现需要建立一种互动式的合作模式。政府作为海洋渔业转型的引导者，需要界分与市场、社会之间的行为边界，从而发挥好各自的作用。一方面，应建立和完善社会力量对海洋渔业转型的参与机制，鼓励、支持各种民间组织和社区的发展，使"社会"上升到"主角"的地位；另一方面，国家应充分尊重市场配置资源的基础性作用，同时弥补市场的缺陷，将宏观政策与市场机制充分结合起来。国家、市场与社会这三个主体间的互动与合作是推动海洋渔业转型目标又好又快实现的重要保证，也是新形势下实现海洋渔业资源可持续发展和构建社会主义和谐社会的必然要求。

Sociology Study of Marine Fishery Transition

—An Analysis of Trinity of State, Market and Society

Wu Li

Abstract：Marine fishery transition is not only the transformation of traditional fishery to modern fishery, but also a transformation of social system, promoted by the Country, Market and Society. As the power-driven system, the Country, Market and Society play different roles in the process of the transformation of the fishery. The Country is the guide of the transformation, guiding the transformation from a macro point of view, such as policy, institution, system and so on. Market is an important promoter. The operation of ecological capital and the development of the leisure fishery are not only the objective requirement of the market, but also the inevitable choice of marine fishery. Society is the main participant in the marine fishery transition. The public preference, social stratum structure and various fishery organizations all affect the trend of marine fishery transition. Marine fishery transition needs to be promoted by the Country, Market and Society, so we should give full play to the role of each part, to promote the achievement of the goal of marine fishery transition actively.

Key words：marine fishery transition, leisure fishery, ecological capital, social selection

日本年轻海员离职与教育问题研究

松尾俊彦（著）　　孔令彩（译）*

摘要：沿海航运的货物运输方式对日本工业来说是必不可少的支持。然而据计算，沿海航运的海员数量在接下来的五年或十年之内将出现短缺情况，所以相关部门现在正在为雇用年轻海员采取对策。在考虑雇用年轻海员时，同样值得关注的是年轻海员的离职情况。本文的目的在于考察年轻海员离职的原因及海员培养情况。调查年轻海员离职原因的结果显示，年轻海员比较担心人际关系问题以及与老海员之间的协调问题，用人单位则担心年轻海员没有足够的忍耐力。本文指出了短期海员培养系统在培养海员忍耐力方面所存在的问题。

关键词：内航海员　海员短缺　就业　离职　教育

一　前言

在内航产业界存在两个高龄化问题。第一个问题是船舶老化，内航船舶的更新换代毫无进展，14 年以上的老船占船只总数的 74.4% 以上①；第二个问题是海员老龄化，50 岁以上的海员占 56.6% 以上②。因此，如果老海员退休，海员短缺问题会一下子表面化。

鉴于这些问题，内航产业界、海员教育·训练机构以及国家三方召开了"关于确保·培养海员（海事技术人员）的研讨会"，并于 2013 年 3 月

---

*　作者简介：松尾俊彦（1955～　　），男，日本广岛人，大阪商业大学综合经营学部教授，工学博士，研究方向为综合运输、物流政策。译者简介：孔令彩（1990～　　），女，山东临沂人，中国海洋大学外国语学院日语语言文学专业硕士生，研究方向为日本海洋文化。

①　日本内航海运工会联合会：《2012 年版　内航海运的活动》，日本内航海运工会联合会出版，2012，第 7 页。
②　瓦林康人：《内航海运的现状与课题》，《运输与经济》2013 年第 73 卷第 2 期，第 34 页。

公布了会议报告书。报告内容显示：到 2015 年，会短缺 800～2200 名海员；到 2020 年，会短缺 2100～5100 名海员①。

因此，可以预见的是，为了确保和培养海员，国家会采取修改海员法等措施。然而，一个普遍问题是年轻海员的稳定率比较低，这应该是与确保·培养海员的问题一起研讨的问题，但海员的离职问题在之前的研讨会报告书中并没有涉及。

本文围绕年轻海员的就业与离职情况，以年轻海员离职原因为焦点，探讨针对其离职原因采取教育上的对策的可能性。

另外，因没能搜集到与本次研究目的相关的先行研究，故无法与先行研究内容进行比较分析。

二 海员教育机构的就业情况

1. 内航海员人数的变化

1974 年内航海员人数超过 7 万。如果把当时的人数设定为 100，现在人数已减少至 40，现在人数不到 1974 年人数的一半②（参考图 1）。这是由内航船大型化和经济衰退导致的。

从内航海员的年龄结构来看，目前迎来了 50 岁以上的老海员占六成的老龄化阶段（参考图 2）。

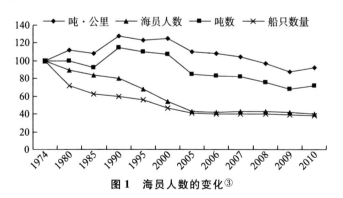

图 1 海员人数的变化③

---

① 《关于确保·培养海员（海事技术人员）的研讨会报告》。
② 根据交通省海事局的资料，内航海员人数 2011 年低于 20000，为 19999。
③ 此处把 1974 年的数据设定为 100。数据中包含预备海员数量值。

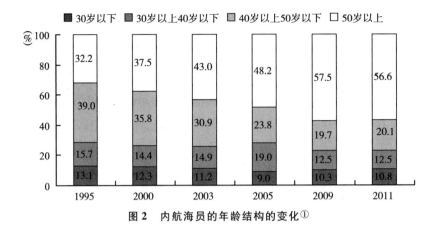

图 2　内航海员的年龄结构的变化①

2. 海员教育机构的就业率

尽管近几年来大学生、高中生的就业率一直不高，但商船大学、商船高等专科以及海上技术教育机构（海上技术大学、海上技术短期大学、海上技术学校）这三类海员培养机构的就业率却超过 90%，甚至有些年度的就业率达到了 100%（参考表 1）。总体来说，海员教育机构的就业率很高。

并且，从毕业生的就业单位来看，2012 年 4 月 1 日，商船大学就业人员中有 80% 的毕业生做了外航海员（参考表 2）。商船高等专科的毕业生大都在外航、内航及轮渡/客船就职，就职于陆地的近四成。作为海上技术教育机构，海上技术短期大学、海上技术学校以及海上技术大学有超七成的毕业生做了内航海员。

由此可以看出，商船大学毕业生主要就业于外航，而海上技术教育机构的三个机构的毕业生则主要就业于内航，商船高等专科的毕业生既有就业于外航的也有就业于内航的。值得注意的是，海上技术短期大学、海上技术学校的毕业生相比之下更多在轮渡/客船或者是政府机关就职。据说这是因为其工作时间比内航船工作时间短，并且可以当天去当天回②。

---

① 笔者根据内航海运工会联合会的资料自制图。

② 森隆行：《关于内航海运海员问题所在及其解决方案的研究》，《内航海运研究》2012 年第 1 期；松尾俊彦：《内航海运船员短缺问题的内情与课题》，《运输与经济》2013 年第 73 卷第 2 期。

表 1　海员教育机构毕业生的就业率①

（单位：%）

毕业年份	商船大学	商船高等专科	海上技术大学	海上技术短期大学 海上技术学校
2007	100.0	100.0	100.0	97.6
2008	100.0	99.2	96.0	96.3
2009	100.0	96.2	100.0	91.4
2010	100.0	98.4	100.0	97.9
2011	98.8	97.3	100.0	95.2

表 2　海员教育机构毕业生就业单位②

（2012 年 4 月 1 日　单位：人）

	就业人数	外航	内航	轮渡/客船	政府机关	水产	陆地
商船大学（2 所）	84	68	6	0	6	0	4
商船高等专科（5 所）	110	35	20	13	1	0	41
海上技术学校（4 所） 海上技术短期大学（3 所）	319	5	235	50	16	7	6
海上技术大学（1 所）	23	2	17	3	1	0	0

3. 对内航海运的供应能力和就业情况

如上所述，海上技术教育机构（海上技术大学、海上技术短期大学、海上技术学校）承担着内航海员的培养工作。海上技术短期大学和海上技术学校的规定人数为 350 名或者更多，除此之外，内航海员多来自东京海洋大学海洋工学部、神户大学海事科学部以及商船高等专科（5 所学校）等学校。

2009 年内航海员的录用人数为 509 名，来自海员教育机构 15 所学校的有 335 名，其他机构的有 174 名（参考表 3）。来自海上技术短期大学和海上技术学校的船员占 44.2%；排第二的是水产高中，占 29.4%。另外，根据 2011 年以 30 岁以下的年轻海员为对象所进行的调查，海上技术短期大学（29%）的海员最多，第二为普通初中（23%），然后才是水产高中（15%）③。

---

① 根据国土交通省"海员教育机构毕业生的招聘·就业情况"自制表格。
② 根据国土交通省"海员教育机构毕业生的招聘·就业情况"自制表格。
③ 海技教育财团：《2011 年　关于内航海员的就业趋势及海员教育内容的需求调查报告》2012 年，第 25 页。

　　水产高中作为富有供应能力的教育机构，作为新的供应源，备受海员研究小组的关注。也就是说，如表3所示，2009年应届毕业生就职于内航海运的509人中，有150人来自水产高中，而这个数字只占了水产高中规定人数的11.9%，研究小组认为水产高中在供应海员方面仍有余力。但是，根据森（2012）的调查，水产高中毕业生跟海上技术教育机构的毕业生一样，大多就职于拖船或者旅游船。因此，即使水产高中的毕业生就职于内航航船，他们也会倾向于驾驶一些特定船型的船舶，所以某种船型的船舶上海员短缺的问题极有可能仍然得不到解决。

表3　内航海运从业人员明细（以2009年毕业生为对象）①

内航海运就业人数	单位类别	详细内容		规定人数	占规定人数的比例
509人	海员教育机构335人（65.8%）	4人（0.8%）	商船大学（2所）	160人	2.5%
		46人（9.0%）	商船高等专科（5所）	200人	23.0%
		21人（4.1%）	海上技术大学（1所） 3级	30人	70.0%
		39人（7.7%）	新6级	40人	97.5%
		147人（28.9%）	海上技术短期大学（3所）	240人	61.3%
		78人（15.3%）	海上技术学校（4所）	140人	55.7%
	海员教育机构以外174人（34.2%）	8人（1.6%）	东海大学（1所）	20人	40.0%
		9人（1.8%）	水产大学（1所）专科	50人	18.0%
		44人（8.6%）	水产高中 本科	1264人	11.9%
		106人（20.8%）	专科		
		7人（1.4%）	其他（新6级）	—	—

三　内航海员的离职情况

1. 组织海员的离职情况

　　从2011年组织海员的离职率来看，内航海员为13.5%，高于外航海员的8.0%（参考表4）。非组织海员的工作条件比组织海员的工作条件要恶

---

　　①　根据第一届"关于确保·培养海员（海事技术人员）的研讨会"资料自制表格。

劣，通常被认为其离职率要高于组织海员离职率，根据厚生劳动省的雇用趋势调查数据，非组织海员 2011 年的离职率是 14.4%。因此，海员的离职率并没有想象中那么高。

表 4 组织海员的离职率的变化

年份	内航			外航		
	海员人数（人）	离职人数（人）	离职率（%）	海员人数（人）	离职人数（人）	离职率（%）
2002	5241	717	13.7	2156	499	23.1
2003	4852	559	11.5	1999	442	22.1
2004	4819	462	9.6	1850	236	12.8
2005	4624	447	9.7	1651	215	13.0
2006	4797	624	13.0	1472	174	11.8
2007	4820	671	13.9	1477	155	10.5
2008	4701	795	16.9	1444	134	9.3
2009	4469	576	12.9	1347	148	11.0
2010	4116	477	11.6	1241	113	9.1
2011	4034	546	13.5	1427	114	8.0

注：表中数据只是组织海员的数据。另外，退休与死亡不算作离职。

资料来源：笔者根据国土交通省海事局"海员供求综合调查结果"自制表格。

2. 年轻海员的离职情况

那么，接下来从海技教育财团①的调查结果来看一下年轻海员（30 岁以下）的离职情况。

作为调查对象的年轻海员是毕业于海上技术教育机构毕业生（参考表 5）。在调查期间离职的人员有 109 名，简单一算这些离职人员占总调查对象的比例高达 36.8%。并且，海上技术教育机构以外的毕业生离职比例也高达 39.0%。

---

① 这次调查是在 2008 年至 2011 年上半年进行，以接受海上技术学校和海上技术短期大学毕业生的 285 家船务公司、通过海事技术教育机构进行求职招聘的 243 家公司，以及从《船舶信息明细表》中随机抽取的 72 家公司（共计 600 家公司）为对象所作的问卷调查。问卷回收率为 38.5%，问卷有效回答率为 38.5%。

内阁府的调查①显示，30 岁以下的普通年轻人的离职率为 22.7% 。从这一点来看，可以说年轻海员的离职率比较高。

关于年轻海员离职问题，从其对自由式调查问卷的回答可以强烈感受到目前在职年轻海员的不安定情况。例如有调查对象回答：

> 很多新人并不知道进入公司该干什么，还不到一年的时间就辞职了。（24 岁）
>
> 很多人上岗之后，发现并不适合自己而辞职。（25 岁）

表5　录用以及离职时的年龄阶段及人数②

年龄阶段	录用		离职	
	海上技术教育机构毕业	其他应届毕业	海上技术教育机构毕业	其他应届毕业
20 岁以下	89	36	11	9
20 ~ 29 岁	209	205	98	85
30 ~ 39 岁	10	4	10	29
40 ~ 49 岁	0	1	1	7
50 ~ 59 岁	0	3	6	49
60 岁以上	1	0	1	8
合计	309	249	127	187

3. 年轻海员离职原因

数据显示年轻海员的离职率比较高，现在来看一下年轻海员的离职原因。

排在首位的原因是"收入"，并且这一原因占了所有离职原因的一半（参考图3）。排在第二位的是"人际关系""休假"两个原因，都占32.7%。"收入"作为离职原因还可以理解，"人际关系"能排在原因的第二位应该说是内航海员特有的情况。

---

① 内阁府：《2012 年版　儿童·年轻人白皮书》，内阁府出版 2012 年版，第 26 页。

② 根据海技教育财团《2011 年　关于内航海员的就业趋势及海员教育内容的需求调查报告》，2012 年，第 49 ~ 50 页的数据自制表格。

关于"人际关系"这一部分，从匿名调查问卷的回答可以窥探到海员在其工作岗位上存在的心理方面的难处。比较有代表性的回答有：

海员的人际关系非常难处理。（23 岁）

海员是在封闭的工作环境中工作。相互之间的关系也有合得来与合不来，无论如何乘船期间大家每天都是要见面的，精神上能受得了吗？我感觉是这一点区分了是否要留在公司里。（24 岁）

如今单位里 60 岁以上的人会很讨厌地说自己年轻时候这样那样的事，搞得工作环境非常令人厌烦。虽说年长的人在，可以指导工作，但同学中也有很多因为跟上司关系不好而换工作的。（24 岁）

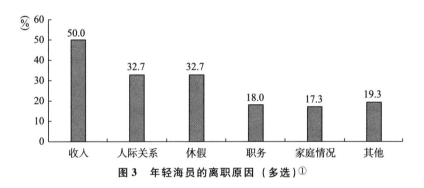

图 3　年轻海员的离职原因（多选）①

4. 年轻海员认为在职场中重要的事项

对于"年轻海员认为在内航船上工作的重要因素是什么？"这一问题的回答，排第一位的是"与上司和同事的关系"（38.6%），排第二位的是"舒适的工作环境"（22.4%），排第三位的是"工作意义"（17.0%）（参考图 4）。在离职原因中占据第一位的"收入"，其在年轻海员对工作单位重要因素的认识中却排在第四位（7.5%）。也就是说，对年轻海员而言，离职原因侧重于生活方面，而关于工作单位则侧重于心理层面。

---

① 根据海技教育财团《2011 年　关于内航海员的就业趋势及海员教育内容的需求调查报告》2012 年，第 107 页的数据自制图表。

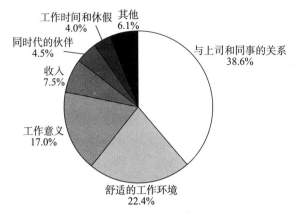

图 4　年轻海员认为职场中重要的事项（可填多个答案）①②

5. 用人单位在录用海员时所重视的事项

现在已经明确了年轻海员认为在职场上重要的是由"人际关系"而产生的心理层面的问题，那么用人单位如何看待呢？

在用人单位录用海员时认为比较重要的事项中，排第一位的是"协调能力"（20.8%）（参考图 5）。陆地上也是这样的，对于工作人员较少、共

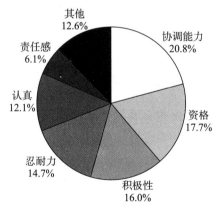

图 5　用人单位在录用海员时重视的事项（多个答案中排第一的事项）③

---

① 根据海技教育财团《2011 年　关于内航海员的就业趋势及海员教育内容的需求调查报告》2012 年，第 109 页的数据制图。

② 本图数据在海技教育财团提供之时，已从小数点后两位四舍五入为小数点后一位，因此造成合计 100.1% 的误差——作者注。

③ 根据海技教育财团《2011 年　关于内航海员的就业趋势及海员教育内容的需求调查报告》2012 年，第 59 页的数据制图。

同生活在一起的海员来讲这是比较重要的一方面。

排第二位的是"资格"（17.7%），排第三位的是"积极性"（16.0%），排第四位的是"忍耐力"（14.7%）。年轻海员比较重视人际关系，与此不同，用人单位要求海员具有忍耐力，这一点体现了海员这一职业的特点。

从以整个行业为对象所作的调查结果来看，用人单位所重视的排第一位的是"交际能力"（80.2%），"资格"（1.3%）排在第 21 位，而用人单位要求海员所具有的"忍耐力"并没有出现在调查结果中。

表 6　整个行业录用应届毕业生时重视的事项①

（多项选择）

名次	重视事项	所占比例（%）
1	交际能力	80.2
2	自主能力	62.1
3	协调能力	55.0
4	挑战精神	50.2
5	诚实	36.3
6	责任感	26.9
7	逻辑性	25.6
8	潜力	23.8
9	专业能力	21.7
10	职业观·就业意识	16.3
⋮	⋮	⋮
21	资格	1.3

四　离职问题与教育

1. 忍耐力与教育

年轻海员的离职一方面是因为"收入"，另一方面是因为"人际关系"，因这一心理层面的原因而离职也能够理解。

---

① 日本经济团体联合会"关于录用应届毕业生（2011 年 3 月毕业生）的问卷调查结果"（2011 年 9 月 28 日）。

那么，海员教育机构的教育是否能够解决年轻海员存在的"人际关系"问题和用人单位所追求的"忍耐力"这些问题呢？

桥本定男指明了为培养海员面对困难的忍耐力，教育应采取何种措施。他指出，"我们在观察孩子在学校、年级的生活时，明显察觉到他们有在'痛苦时刻'选择逃避的倾向。尤其是面对人际关系带来的烦恼或在人际交往中感到痛苦的时候，他们选择逃避的态度极为明显"。① 他还指出担任教育这些孩子的班主任也有类似的看法："在学校、年级生活中不可避免地会有'痛苦时刻'。身为教育者，要作好准备，把这种'痛苦时刻'当作教育的关键时刻，利用这个机会让孩子们自己努力克服这一状况。在实践中让孩子们度过他们的'痛苦时刻'，以此提高其忍耐力等素质。"

这样看来，海员所需具备的"忍耐力"可以在教育机构中通过体验"超越痛苦"来培养。因此，仅仅只是进行资格教育对于海员教育来说有失偏颇。

2. 早期海员培养和忍耐力教育

为了应对年轻海员短缺问题，国家正在着手进行短期内海员资格培养。要取得海洋技术许可证，有两种教育系统：一种是海上技术大学的讲座与航海训练所的实习相组合的"独立行政法人型"；另一种是民营海员培训学校与航运公司商船实习相组合的"民间运营完成型"。两种都是短期教育系统，半年左右即可结业，然后在航运公司工作半年，获得乘船经验证明，即可取得海事技术资格②。

以这两种系统的学习期限，对比现在的海上技术学校的教育期限 3 年、海上技术短期大学的教育期限 2 年、商船系高级专科的教育期限 5 年半以及商船大学的教育期限 4 年半，两种系统的海员培养期非常短，海员有可能会存在知识、技能均不足的问题。此外，从忍耐力与离职的关系来看，桥本所指出的提高"忍耐力"的体验能否在短期内实现，也是极其让人担心的方面。

如果不能解决离职问题，不得不说紧急培养海员这一措施对于解决海

---

① 桥本定男：《培养儿童度过困难期的忍耐力》，《儿童心理》2009 年第 63 卷第 14 期，第 1366 页。

② 详细记载见中国地方海运工会联合会·日本船舶管理者协会《与确保·培养日本海员相关学术机构共同调查研究会　研究调查结果报告书》，2012。

员短缺问题的效果也是有限的。

五　结语

内航海运的实际情况很难正确把握，原因在于内航海运小企业众多，并且所雇用的海员比较散乱，很多方面不能进行系统性把握。

本研究以年轻海员的离职状况为重点，内容仍然很不充分。尤其是因船的类型不同，离职情况也有很大的差别。笔者推测，化学品船的离职率比较高。有关这类问题本研究并没有分析。

另外，就教育相关问题来说，值得思考的是，通过教育培养海员的忍耐力可能不是问题，而要求海员有忍耐力的工作环境才是根本的问题。比如说，五名海员共同乘坐一条船，而饭菜却需要各自准备，这样的环境很难说是现代化的。对此，可以说要求海员有忍耐力才是问题所在。这是内航产业界结构上的问题，也是小型内航船残留的问题。

今后有必要通过讨论内航产业界的结构问题来研究年轻海员的稳定问题。

A Study on the Problem of Young Seaman's Retirement and Education in Japan

Matsuo Toshihiko

Abstract：The cargo transportation by coastal shipping is indispensable to support for Japanese industries. However, it is calculated that seaman of coastal shipping runs short within five or ten years from now. Therefore it is taking some measures to employ more young seamen. But it is important that we consider about the retirement of young seaman as well as the employment of seaman. In this paper it is aimed at examining the cause of young seaman's retirement and education. As a result of investigation through the examination of the cause of young seaman's retirement, young seaman has worried about human relations and cooperativeness with elderly sailors. And the employer has worried about the endurance of young seaman. Then the author offers that the short seaman's education system has a problem for the training of endurance.

Key words: seaman of coastal shipping, shortage of seaman, employment, retirement, education

海洋管理

OCEAN GOVERNANCE

海洋资源及其转化：对海洋软实力的新解读[*]

王　琪　　毕亚林[**]

摘要：要实现十八大提出的把我国建设成为海洋强国的战略目标，不仅要拥有强大的海洋硬实力，更需要拥有雄厚的海洋软实力。海洋软实力是指一个国家在国际海洋领域中通过运用吸引、同化与合作等柔性方式实现预期目标的能力。这种能力是国家行为体通过对有形与无形资源的转化而获得的。完整的海洋软实力概念包括产生海洋软实力的资源、对海洋资源的软实力转化以及海洋软实力的目的三方面内容。明确界定海洋软实力的概念，将为我国建设"海洋强国"奠定坚实的理论基础。

关键词：海洋软实力　海洋软实力资源　资源转换　概念界定

"软实力"[①]的概念，最早是由美国哈佛大学教授约瑟夫·奈于1990年在其著作《美国定能领导世界吗?》中提出的。这一概念一经提出，立刻引起许多国家的学者与政治领袖的高度关注。20多年来，"软实力"已成为世界各国流行的学术概念、政策术语和公众话语。

自"软实力"这一概念传入中国以来，受到中国学者的高度关注。近年来，软实力作为国家综合实力的重要组成部分，对其的相关探讨已从学

---

[*]　本文系国家社科基金项目"和平崛起视阈下的中国海洋软实力研究"（11BZZ063）、中国海洋发展研究中心重点项目"海洋强国建设中如何加强海洋软实力研究"（AOCZD201306）的阶段性成果。

[**]　作者简介：王琪（1964~　　），女，山东高密人，中国海洋大学法政学院教授，博士，研究方向为海洋行政管理。毕亚林（1989~　　），男，山东滨州人，中国海洋大学法政学院研究生，研究方向为海洋行政管理。

[①]　"soft power"概念诞生后，国内学界围绕这个词语，长期存在着"软力量""软实力""软权力"和"软国力"等不同中文译法，这些译法之间并没有明确的区别，本文统一采用"软实力"的译法，对该词的讨论也包括对其他译法的讨论。

界进入政界决策的层面。党的十八大报告提出，"全面建成小康社会，实现中华民族伟大复兴，必须推动社会主义文化大发展大繁荣，兴起社会主义文化建设新高潮，提高国家文化软实力"。这说明我们党越来越重视软实力，必须从战略高度提升国家软实力，从而提高我国的综合国力。"海洋软实力"作为"软实力在海洋领域的体现"这一学术命题虽已提出，但学者对这一概念解读的视角不同，这导致对海洋软实力的内涵缺乏一致的认识。本文拟在对一些观点评述的基础上，提出自己的观点，以期对海洋软实力这一概念有比较全面的认识。

一 "海洋软实力"概念的提出及梳理

21世纪是海洋的世纪。海洋事关国家安全和长远发展，世界上的主要海洋国家都将海洋权益视为核心利益所在。我国也不例外，着眼于未来的发展，党的十八大报告首次明确提出了"建设海洋强国"，阐述了"海洋强国"是未来中国发展的又一战略主线。所谓"海洋强国"是指在开发海洋、利用海洋、保护海洋、管控海洋方面拥有强大综合实力的国家。

回顾历史我们不难发现，西方列强在成为"海洋强国"的过程中走的是一条军事扩张、殖民掠夺的道路。这一道路给其他国家尤其是广大的发展中国家带来了深重的灾难。我国的国情、国家体制以及和平发展战略决定了我国绝不会走西方列强的老路。未来中国将坚持通过和平发展的方式走上海洋强国之路，和平发展之路不仅不会对周边国家构成威胁，而且将为我国与其他国家提供进行海上合作、谋求共同发展的机遇。要实现海洋和平发展这一目标，离不开强大的海洋软实力。

进入21世纪，国际政治外交形势风云变幻，这使得我国海洋权益面临更为错综复杂的形势，许多矛盾日益凸显。美国全球安全战略东移，在亚太地区对我国进行全方位的战略围堵与遏制。在东海、南海，我国与周边国家的海上权益争端日趋激烈，我国岛屿不断被侵犯，海洋资源不断被掠夺，区域外大国不断介入，爆发冲突的潜在危机正逐渐加大。面对如此严峻的海上形势，面对我国海洋权益被严重侵犯的事实，传统的军事手段受其自身运用成本与外部国际环境的约束，已不再是维护我国海洋权益的最佳选项，海洋软实力作为对硬实力手段的有效补充，其作用日益受到重视。

基于建设"海洋强国"的战略选择与维护我国海洋权益的现实需要，"海洋软实力"日益受到学界的关注。构建海洋软实力，应该首先明确何谓软实力，何谓海洋软实力，对海洋软实力这个概念有一个明确的界定。

何谓软实力？按照约瑟夫·奈的观点，一个国家的综合国力，既包括由经济力量、科技力量、军事力量等表现出来的硬实力，也包括文化、意识形态、政治价值观的吸引力和民族凝聚力所体现出来的软实力。硬实力是一种通过强制性的"经济胡萝卜"或"军事大棒"威胁利诱别人去干他们不想干的事情的力量；软实力则是一种通过精神和道德诉求，影响、诱导和说服别人相信或同意某些行为准则、价值观念和制度安排，以产生自己所希望的过程和结果的力量。归根结底，"软实力"是价值观念、生活方式和社会制度所产生的吸引力与感召力，是建立在此基础上的同化力与规制力。约瑟夫·奈指出："同化式实力的获得靠的是一个国家思想的吸引力或者是确立某种程度上能体现别国意愿的政治导向的能力。这种左右他人意愿的能力和文化、意识形态以及社会制度等这些无形力量资源关系紧密。这可以认为是软力量，它与军事和经济实力这类有形力量资源相关的硬性命令式力量形成鲜明对照。"①

何谓海洋软实力？我国学者从不同角度对海洋软实力的概念作出了界定。冯梁教授在研究中华民族海洋意识的内涵与地位时，第一个提出了"海洋软实力"这一概念，他指出："国家海洋软实力是国家软实力在海洋方面的体现，它主要表现在海洋文化、海洋价值观的吸引力，海洋政策和管理机制的吸引力，国民的整体形象等方面。"② 这一界定只着重分析了海洋软实力的表现与海洋意识在海洋软实力中的作用，而对于海洋软实力何以生成及其运用目的则没有作进一步论述。此后，学者孙璐在探讨中国海权的内涵时提到了海洋软实力概念。他将海洋实力分为两部分：一方面是海洋硬实力，包括海军及其舰队的数量和作战力、海上作战武器以及海上防卫空间和预警机制装备情况等；另一方面是海洋软实力，包括海洋战略、

---

① 〔美〕约瑟夫·奈：《美国定能领导世界吗？》，何小东等译，北京：军事译文出版社1992年版，第25页。

② 冯梁：《论21世纪中华民族海洋意识的深刻内涵与地位作用》，《世界经济与政治论坛》2009年第1期。

海洋意识、海洋人力资源、海洋管理体制等①。

第一位系统提出"海洋软实力"这一概念的是王琪教授，她在相关项目基础研究中将海洋软实力界定为："国家在国际海洋事务中依靠非强制的方式实现海洋权益维护的一种能力，它是由从内到外的三个层面要素构成的一个有机系统。中国要建设海洋强国，不仅需要具备强大的'海洋硬实力'，更需要拥有能够实现'不战而屈人之兵'的'海洋软实力'。"这一界定不仅指出了海洋软实力运用的目的是维护国家的海洋权益，而且提出了实现这一目的需要依靠非强制的方式。在此基础上，王印红教授认为："海洋软实力是各国在海洋治理、维护海洋权益、与海洋和谐共处时的文化、价值观、法规制度、生活方式所产生的吸引力和感召力，是建立在此基础上的认同力与追随力。"② 随后王琪与季晨雪指出："海洋软实力是一国在国际国内海洋事务中通过非强制的方式运用各种资源，争取他国理解、认同、支持、合作，最终实现和维护国家海洋权益的一种能力和影响力。"③ 这一论述较之前学者的界定更为全面，但其将软实力等同于一种能力和影响力则有待商榷，影响力本身即是实现和维护国家海洋权益各种能力中的一种，两者是包含关系而非并列关系，因此将软实力既等同于能力又等同于影响力存在逻辑不清的问题。

纵观上述观点，学者们从不同的角度对海洋软实力这一概念进行了阐释，为人们更加全面地了解这一概念提供了帮助，也为海洋软实力这一理论体系的进一步发展与完善提供了坚实的理论基础。但不可否认的是，这些界定也都存在一定程度上的不足与缺陷，比如单纯以资源的有形、无形区分海洋软实力，将海洋软实力等同于海洋软实力的资源或其中的某项资源，或者以列举的方式来解释海洋软实力等。

二 现有"海洋软实力"界定中存在的两个问题

明确海洋软实力的概念是对其进行深入思考的基础，辨析概念中存在

---

① 孙璐：《中国海权内涵探讨》，《太平洋学报》2005 年第 10 期。
② 王印红、王琪：《中国海洋软实力的提升途径研究》，《太平洋学报》2012 年第 4 期。
③ 王琪、季晨雪：《海洋软实力的战略价值——兼论与海洋硬实力的辩证关系》，《中国海洋大学学报（社会科学版）》2012 年第 3 期。

的问题则是对海洋软实力进行界定的前提。目前学界对"海洋软实力"的界定尚不够深入全面，表述也不尽科学完整。

问题一：海洋软实力资源等同于海洋软实力。

在上文提到的海洋软实力概念中，学者孙璐认为一个国家海洋软实力的强弱取决于国家是否有系统灵活的海洋战略，国家政策制定者是否重视海洋开发和利用，学界是否重视对海洋问题的研究和探索，是否有高技术高素质的新型海军指挥人才，甚至包括全民的"海洋意识"（海洋领土意识、海洋危机意识等）的广度与深度①。这一观点深受国际关系理论中现实主义学派的影响。现实主义大师汉斯·摩根索在其著作《国家间政治：权力斗争与和平》一书中明确地将国家权力的要素归结为地理、自然资源、工业能力、战备、人口、民族性格、国民士气、外交的素质和政府的素质这九个方面②。新现实主义基于其结构主义以及实力分布决定国际结构形态的基本观点进一步发展了资源即权力的观点。肯尼思·华尔兹认为，国际体系的结构取决于单元能力的分配。国家在自助系统中运用综合实力来维护自身的利益，"它们的地位取决于它们在以下所有方面的得分：人口、领土、资源禀赋、经济实力、军事实力、政治稳定及能力"③。按照这一观点，如果一国拥有发达的海洋文化、健全的海洋管理制度、完善的海洋发展模式，那么它就拥有强大的海洋软实力。这种定义的优点在于，它能够使海洋软实力具体化，有助于人们对海洋软实力的理解。但是这一定义对于现实世界缺乏足够的解释力，一个拥有丰富海洋资源的国家并不一定同时具备强大的海洋软实力。正如约瑟夫·奈所说："当人们把权力等同于能够产生结果的资源时，他们常常会遇到困惑，那些拥有最多权力资源的国家并不总是能得到他们想要的结果。"④

因此，仅仅从软实力资源的视角界定海洋软实力是不全面的。对海洋软实力的界定还需要借助权力研究的运用视角或"关系"视角。罗伯

---

① 孙璐：《中国海权内涵探讨》，《太平洋学报》2005 年第 10 期。
② 〔美〕汉斯·摩根索：《国家间政治：权力斗争与和平》，徐昕等译，北京：北京大学出版社 2006 年版，第 148～188 页。
③ 〔美〕肯尼思·华尔兹：《国际政治理论》，信强译，上海：上海人民出版社 2008 年版，第 139 页。
④ 〔美〕约瑟夫·奈：《权力大未来》，王吉美译，北京：中信出版社 2012 年版，第 8 页。

特·达尔的权力概念得到了西方学界的广泛认可，他认为，"A 对 B 有权力即意味着 A 能让 B 做其本不愿意做的事"①。这一界定是从"运用"的视角来认识权力的。在其他一些学者看来，"权力是一种相对性的实力，它通过提供或撤回资源，或者实施惩罚的方式改变其他行为体"②。在此影响下，国际关系的学者试图将权力的资源和运用整合起来，"既把权力视为国家实力和禀赋的集合，又把权力作为发挥影响力的一个过程"③。基于这一研究视角，笔者认为海洋软实力不是一种或几种资源的简单集合，而是通过对实力资源的软应用来形成，通过对一国中所有可用的海洋资源的柔性应用，海洋软实力才能形成。海洋软实力转化——将海洋软实力资源转化为行为结果——是一个关键的中间变量，仅仅拥有海洋软实力资源并不能保证一个国家得到想要的结果。将资源转化为海洋软实力并获得想要的结果，还需要对海洋资源进行柔性应用。

总之，应将海洋软实力同海洋软实力资源进行必要的区分。海洋软实力资源是海洋软实力产生的基础，而不是海洋软实力的全部。海洋软实力资源丰富可以在一定程度上增强海洋软实力，但各种资源结合在一起能否产生想达到的效果还要取决于海洋软实力资源的转化行为。正如一辆汽车，如果我们不懂得如何驾驶它，那么不管它有多么豪华的配置都无法把我们载往目的地。

问题二：以资源的属性作为判断海洋实力属性的唯一标准。

通过对第一个问题的辨析我们了解到海洋软实力是由海洋软实力资源转化而来，海洋软实力资源是海洋软实力的基础。如果要对这一概念进行更为深入的思考，那么探究什么样的资源会产生海洋软实力就显得必要。

我国学者对这一问题的研究大多沿用了约瑟夫·奈的观点，即把"有形""无形"作为划分海洋软实力与海洋硬实力的重要标准。学者普遍认为，有形的、可计量的海洋军事、海洋经济实力是"海洋硬实力"，而无形的、难以测量的海洋文化、海洋管理制度、海洋价值观是"海洋软实力"。如，冯梁认为"海洋软实力主要表现在海洋文化、海洋价值观的吸引力，

---

① Robert A. Dahl，"The Concept of Power"，*Behavioral Science*，2（3），1957.

② Dacher Keltner，Deborah H. Gruenfeld，Cameron Anderson，"Power, Approach, and Inhibition"，*Psychological Review*，110（2），2003.

③ Bruce Russett，*World Politics：The Menu for Choice*，Peking University Press，2003，p. 98.

海洋政策和管理机制的吸引力，国民的整体形象等方面"①。王印红指出"海洋软实力是各国在海洋治理、维护海洋权益、与海洋和谐共处时的文化、价值观、法规制度、生活方式所产生的吸引力和感召力，是建立在此基础上的认同力与追随力。其主要来源于海洋硬实力、海洋意识、海洋文化"②。王琪与季晨雪认为海洋软实力主要表现在"由海洋文化及海洋价值观等所产生的吸引力；由海洋发展的相关制度以及海洋发展模式所形成的同化力；在国际海洋事务中对国际规则和政治议题的创设力；在处理国际海洋事务时对其他国家和组织的动员力。海洋软实力主要来自三个最为突出的方面：天人合一的海洋文化、和平发展的海洋价值观以及与负责任大国相匹配的海洋政策"③。

从上述学者的观点中我们可以看出，现有对海洋软实力的界定一方面认为"吸引力"是软实力的重要内涵，另一方面又将海洋软实力的内涵指向具体的无形资源，这就造成了对海洋软实力概念界定的相互矛盾，即认为只有无形资源才可以产生吸引力、感召力等软实力，而有形资源只能产生威慑力、强制力等硬实力。

笔者认为，约瑟夫·奈对软实力与硬实力简单的"一刀切"式的划分是造成这一错误认识的根本原因，他将软实力定义为"一种通过吸引而不是强制、利诱达成目标的能力"④。这个定义认为"吸引"是软实力，"强制、利诱"即通常说的"胡萝卜加大棒"不是软实力。约瑟夫·奈从两个层面对硬实力与软实力作出了区分：其一是"行为范畴"，硬实力的行为包括强制、引诱、命令，而软实力的行为包括议程设置、吸引、吸纳；其二是"最可能的资源"，硬实力最可能的资源包括武力、利诱、制裁、贿赂，而软实力最可能的资源是制度、价值观念、文化、政策。约瑟夫·奈从行为层面对"硬""软"实力进行的区分非常明确，但从资源层面进行的区分却显得不够清晰，容易混淆。武力是利用军事资源的方式，利诱是利用经济

① 冯梁：《论21世纪中华民族海洋意识的深刻内涵与地位作用》，《世界经济与政治论坛》2009年第1期。
② 王印红、王琪：《中国海洋软实力的提升途径研究》，《太平洋学报》2012年第4期。
③ 王琪、季晨雪：《海洋软实力的战略价值——兼论与海洋硬实力的辩证关系》，《中国海洋大学学报（社会科学版）》2012年第3期。
④ 〔美〕约瑟夫·奈：《软力量：世界政坛成功之道》，吴晓辉、钱程译，北京：东方出版社2005年版，第7页。

资源的方式，贿赂也是利用经济资源的方式，而制裁可以是军事制裁也可以是经济制裁，也是利用资源的方式。约瑟夫·奈对软实力资源的理解正是国内学者经常引用的几个方面。制度、价值观念等是资源本身，与武力、制裁、贿赂等利用资源的方式并不是按同一标准划分的，而如果从武力、利诱、贿赂推导出军事资源、经济资源是硬实力也是牵强的，这是对资源和使用资源的方式的混淆。

把海洋军事、海洋经济、海洋科技实力归为海洋硬实力，而将海洋文化、海洋价值观念、海洋管理制度、海洋政策等归为海洋软实力，正是沿用了约瑟夫·奈的观点。这种划分方法尽管已经被广为接受，但其在理论层面产生的混淆已经在以上讨论中有所体现。而在实践层面，如果把海洋软实力建设仅仅理解为海洋文化建设、海洋政治建设、海洋制度建设，甚至把提升海洋文化软实力作为构建海洋软实力的唯一途径，那就把一国海洋软实力产生的源泉过于窄化了，也限制了提升海洋软实力的努力方向。笔者认为应该从行为主体利用资源的行为方式、追求的效果以及实际产生的效果来区分海洋硬实力和海洋软实力。海洋军事、海洋经济、海洋科技、海洋文化等资源本为中性，只有当被行为主体怀着不同目的、采用不同方式使用并产生不同效果时，才产生海洋硬实力或者海洋软实力。

三 "海洋软实力"概念的三重属性：
资源、转化与目的

通过对上述两个问题的辨析，我们不难发现软实力资源仅是构成"海洋软实力"的来源与基础而非全部。海洋软实力是一个复杂的作用系统，不能简单地以其资源概括。笔者认为，海洋软实力概念包括产生海洋软实力的资源、对海洋资源的软实力转化以及海洋软实力的目的三方面内容。

首先，从资源的角度来说，产生海洋软实力的资源涵盖了国家所有涉海资源。这既可以避免在海洋软实力研究过程中对资源进行不必要的软、硬划分，因为有些资源根本无法进行绝对意义上的软、硬形态划分，同时，也可以避免仅从某种或几种资源的角度去认知和界定海洋软实力，有助于从整体上研究和把握海洋软实力。虽然有形资源在总体上倾向于被转化为命令式的硬实力，但如何实现有形资源的软实力转化正日益受到各国的关注。例如，2010 年美国海军制定了《21 世纪海权合作战略》，重点关注美国海军与其他国家合作维护海洋自由以及建立集体机制促进相互信任的职能。该战略涉及联合训练、技术援助以及提供人道主义援助的能力。因此，在构建我国海洋软实力的过程中应打破思维定式，转变思想，不仅重视对无形资源的开发与转化，更需要重视对有形资源的软实力转化。

其次，海洋软实力来自对涉海有形与无形资源的转化。对于一个国家而言，即使拥有再多的资源，如果不能被其他国家了解和认知，就无法对其他国家产生吸引力。在这种情况下，这个国家就没有吸引其他国家的软实力。就我国的海洋领域来说，我国拥有丰富的海洋软实力资源，如天人合一的海洋文化、和平发展的海洋价值观、与负责任大国相匹配的海洋政策以及在海洋科技与海洋军事领域取得的诸多成就，但这些资源不会自动生成海洋软实力，要产生海洋软实力还要对上述资源进行转化。对海洋资源的转化，从国家主体的角度可分为主动性转化和非主动性转化两种。主动性转化是指主体针对特定的对象，主动运用资源以实现某种既定目标，例如，我国举办国际海洋文化节以及派遣"和平方舟"号医疗船对其他发展中国家进行医疗援助；非主动性转化是指主体没有专门针对某个或某些特定对象运用自身的资源，但有关主体的相关信息和情况通过其他渠道与途径从侧面被其他国家自觉不自觉地认知和了解，主体也可能会对其他国家产生吸引。

最后，构建海洋软实力的根本目的是在国际海洋领域运用柔性手段实现国家的预期目标、维护国家的海洋权益。明确构建海洋软实力的根本目的，有助于我们正确把握海洋软实力的作用。第一，获取影响力、吸引力或趋同力不是构建海洋软实力的根本目的。尽管海洋软实力通常表现为在海洋领域的同化力、吸引力，但这并不是海洋软实力的根本目的，而只是海洋软实力在争取他国的理解、认同进而实现目标的过程中所表现的不同形态。从本质上说，在海洋领域的影响力、吸引力、同化力只是海洋软实力的组成部分，是海洋软实力的表现形式而非根本目的。第二，海洋软实力的根本目的也不是影响、吸引他国。能够影响、吸引他国并不一定能够获得他国在具体目标上的支持与认同。例如，深受中国文化熏陶的日本，尽管在每个生活层面都充满了中国文化的影子，但是依然对中国发动侵略。能够在国际海洋领域中通过影响、吸引他国以实现本国预期目标、维护国家海洋权益才是构建海洋软实力的根本目的，由于这一目的的实现需要对各种海洋资源进行积累与运用，因此吸引、劝导、同化是实现这一目的的过程与方法而非目的本身。

这里需要指出的是，尽管同海洋硬实力一样，海洋软实力也是实现国家预期目标的手段，但由于这一目标的实现是建立在获得他国的理解、支持与认同的基础上的，因此在实现目标时并不会产生零和博弈的现象。也就是说，一国在通过海洋软实力实现其预期目标时并不会像硬实力那样必然损害其他国家的海洋权益，而是会实现不同国家海洋权益的共赢。例如，在海洋科技领域，我国积极参与全球性海洋科研活动，包括全球海洋污染研究与监测、热带海洋与全球大气研究；在国际海洋法律领域，我国连续举办了三届大陆架和国际海底区域科学与法律制度国际研讨会；在维护世界海洋安全方面，我国于 2008 年首次派遣海军护航舰队前往亚丁湾护航。通过在这些领域运用海洋软实力，一方面提高了我国在国际海洋事务中的话语权，使我国得到了世界各国的认同，获得广泛赞誉，更好地维护了国家的海洋权益，另一方面也为国际海洋争端的妥善解决、世界海洋的安全与稳定以及全球海洋科技合作作出了积极努力。

四　结论

综上所述，笔者认为，海洋软实力是指一个国家在国际海洋领域中通过运用吸引、同化与合作等柔性方式实现其预期目标的能力。这种能力是国家行为体通过对有形与无形资源的转化而获得的，并表现为该国在海洋领域对他国的吸引力、感召力和动员力。海洋软实力资源只是海洋软实力产生的基础，而绝不是软实力的全部。此外，不仅无形资源可以产生海洋软实力，一些有形资源也能产生软实力。比如一个国家的海洋经济发展水平虽然是一个相对较直观的方面，但它可以使人向往，产生归于软实力效果的吸引力，我们也可以将其归到软实力的范畴。因此，不能以资源的有形或无形来定义海洋软实力。

以此定义海洋软实力概念对于我国通过提高海洋软实力解决与周边国家在海洋领域的争端、维护我国海洋权益、建设"海洋强国"具有一定的引导意义。其一，对海洋资源与海洋软实力作出了必要的区分，完善了对海洋软实力的认识，有利于更为充分地发挥海洋软实力的作用。资源丰富可以在一定程度上增强软实力，但决定一国软实力大小的不只是资源，对资源的软实力转化也发挥重要作用。我国在提升海洋软实力的过程中不仅要注意对各种海洋资源进行积累与开发，更要加强对各种海洋资源的软实力转化。只有将我国拥有的海洋文化、海洋经济、海洋科技等资源通过国家间的经济合作、民间交往、学术交流等方式成功转化为对他国的影响力、吸引力与同化力，才能真正充分发挥海洋软实力的作用，即运用吸引、合作等非强制手段解决海洋权益争端。其二，为我国提升海洋软实力拓展了资源基础。我国在提升海洋软实力的过程中，不仅要注重对无形资源的转化，也要注意对有形资源的转化。近年来我国在海洋科技、海洋军事等领域取得了长足的进步，吸引了世界的目光，我国应充分利用这一契机，与其他国家在相关领域开展交流与合作，并在这一过程中积极运用我们取得的军事、科技成就提高我国的影响力与吸引力，进而增强我国的海洋软实力，提高我国在处理国际海洋事务中的话语权。海洋软实力是一个复杂的系统，明确其概念仅是构建这一系统的第一步，未来仍需学者继续深入研究，精心谋划，唯此才能不断提升我国海洋软实力，实现以和平发展建设"海洋强国"的伟大目标。

New Understanding of Ocean
Soft Power

—Based on Marine Resource and Its Transformation

Wang Qi   Bi Yalin

Abscract：In 18th CPC Central Committee report，Hu Jintao explicitly proposed the goal to build China into a maritime power. In order to achieve this goal，our country should not only have ocean strong power，but need more ocean soft power. Ocean soft power refers to the ability that allows a country to achieve its expected goal in the international marine field by using flexible ways like attraction，assimilation and cooperation，etc. This ability is obtained through transformation of tangible and intangible resources taken by national behavior. Full concept of ocean soft power contains three parts: the resources of ocean soft power, the transformation of marine resources, and the purpose of ocean soft power. Clarifying the definition of ocean soft power will lay a solid theoretical foundation for the construction of "maritime power" in China.

Key words: ocean soft power, resources of ocean soft power, transformation of resources, concept definition

我国增强在北极区域实质性存在的必要性与可行性[*]

杨振姣　朱　烨[**]

摘要：中国作为近北极国家，无论是在政治、经济、社会还是环境方面都与北极息息相关。本文从航运、资源能源、生态环境等角度论证了北极对中国的重要意义，说明了中国增强在北极地区实质性存在的必要性。然后以与北极相关的国际法、国际治理北极的机制和中国的北极科研成果为支撑，进一步证明了中国增强在北极地区实质性存在的可行性。最后针对北极地区国际治理现状和中国国情为中国参与北极治理和开发的下一步行动提出了几点具体建议。

关键词：北极　实质性存在　必要性　可行性　建议

一　引言

北极地区是指北极圈以北至北极点之间的广大区域，总面积约为 2.11×10^7 平方千米，约占地球总面积的 6%[①]。北极地区包括北冰洋海域，北冰洋沿岸亚、欧、北美三个大陆北部，以及北冰洋中的许多岛屿。北极地区地

[*]　本文系杨振姣主持的教育部人文社会科学研究青年基金项目"中国海洋生态安全治理模式研究"（11YJC630258）、教育部人文社会科学重点研究基地中国海洋大学海洋发展研究院资助项目"我国增强在北极区域实质性存在的理论依据及实现路径"（2013JDZS03）、中国海洋发展研究中心海大专项"北极海洋生态安全与中国国家安全"（AOCOUC201105）的阶段性成果。

[**]　杨振姣（1975～　），女，辽宁丹东人，中国海洋大学法政学院副教授，博士，研究方向为公共管理、海洋政策。朱烨（1989～　），女，湖南长沙人，中国海洋大学法政学院土地资源管理硕士研究生，研究方向为海洋国土资源管理。

[①]　王越、王磊：《中国如何应对北极地区形势新变化》，《当代经济》2013 年第 3 期。

处要塞，其中北冰洋包含的许多海域介于几个重要的大陆之间，是这些区域海上交通往来的捷径。另外，北极地区还是北冰洋与大西洋、太平洋沟通的要道，是著名的"北方航道"和"西方航道"的终点。在行政区位上北极地区被八个"北极国家"——俄罗斯、加拿大、美国、丹麦、挪威、瑞典、芬兰、冰岛所包围。近年来，随着全球气候变暖，北极冰盖加速融化，北极正处在大气、海洋、陆地、环境和社会等的急速变化之中，北冰洋丰富的自然资源和不断变化的气候以及由此带来的机遇和挑战正改变着人们对北极的看法，使其成为各国间进行积极的政治经济合作与竞争以及科学研究的中心，相关利益国都在从不同领域争夺北极事务主动权。我国虽然不是北极国家，但是由北极变暖所引发的一系列地缘政治的变化对我国诸多领域产生了复杂的连锁影响，特别是在航道、资源、能源、环境等领域产生了与我国国家利益最直接最显著的密切关系，我国应密切关注北极形势的发展，积极应对北极地区变化对我国产生的可能影响，把握在北极地区的主动权。

二　中国增强在北极地区实质性存在的必要性

我国在北极虽然没有国土和管辖海域，但作为北半球的近北极国家，无论是从国际关系的地缘政治还是国家利益方面来说，中国与北极都存在息息相关的联系。中国在航运、资源能源、生态环境方面与北极有直接联系，这三个方面也最能体现北极对中国的重要意义。

（一）　北极对中国航运的意义

在全球变暖的影响下，北极地区气候增暖加速、冰盖消融、海冰融化，使得北极航道得以成为现实。北极航道，是指穿越北冰洋连接大西洋和太平洋的海上航道，目前主要包括"东北航道"与"西北航道"。2011 年中国进出口总额达 3.6 万亿美元，而其中的国际贸易货物运输量的 90% 依靠海上运输，海洋如同血液一样支持着我国国民经济的高速发展[①]。长期以来，我国的海上生命要道依赖于马六甲海峡、巴拿马运河以及苏伊士运河

---

① 潘正祥、郑路：《北极地区的战略价值与中国国家利益研究》，《江淮论坛》2013 年第 2 期。

等敏感和不稳定区域。中国远洋航运航线迂回、周期长、运输成本高，还受到猖獗的海盗威胁，大大增加了远洋航运的风险。另外，美国等西方国家谋求控制海上战略通道的做法也使得我国传统的海洋航运隐患重重。我国海上战略通道已经面临传统安全和非传统安全威胁，开辟新的远洋运输航道势在必行，北极航道无疑是最佳选择。第一，与传统航道相比，北极航道大大缩短了中国与欧洲和北美洲的航运里程，极大地节省了运输成本。有学者计算比较了在传统航线和北极航线中，我国重要港口至世界重要港口的里程数。如表1所示，以天津到纽约为例，通过传统的马六甲海峡和好望角、苏伊士运河和直布罗陀海峡、巴拿马运河航道，分别需要15135、12876、10777海里，而如果利用北极航道只需要8876海里，比传统航道分别节约了近41%、31%和18%的距离，这些数据直观地显示了中国利用北极航道到主要贸易区所节省的运输距离①。海运成本的降低主要在于航程缩短节省油耗。因为油耗占到海运成本的50%以上，油价越高，油耗在海运总成本中所占的比重越大。据计算，北冰洋航线比传统远洋航线节约11.6%~27.7%的运费成本②。中国海运运费支出一般占外贸进出口总额的10%左右，据计算2020年中国对外贸易总额将达到5.3万亿美元，海运运费约为5300亿美元，如能利用北冰洋航线则可节省614亿~1468亿美元③。第二，北极航道的开通，将对我国的能源运输、对外贸易以及国内经济布局产生重大影响，为我国经济发展带来新的国际合作与交流。在地理上，北极地区比非洲、南美洲更为接近中国，北冰洋航线的开通有助于该地区丰富的能源和资源的开发，从而有助于改变目前中国石油和天然气等能源主要依靠从政局不稳的中东和非洲地区进口的格局。另外，中国极地研究中心研究员王建忠指出，中国地处西北太平洋，北极的变化会对中国工业中心重新布局产生重大影响，将给中国北方城市经济的发展带来更多的机遇。对于中国北方港口来说，利用北极航道能够缩短传统航线的25%~55%的航程④，并且越往北的港口该优势越明显，这将极大地促进北方沿海港口城市的发展。除此之外，北冰洋航线开通后，必然会引发北冰洋沿岸

---

① 柳思思：《"近北极机制"的提出与中国参与北极》，《社会科学》2012年第10期。
② 李振华、徐剑华：《洲际集装箱船航线即将进入北极航路》，《中国海事》2009年第1期。
③ 肖洋：《北冰洋航线开发：中国的机遇与挑战》，《现代国际关系》2011年第6期。
④ 杨庆亮：《北极冰融对中国意味着什么》，《瞭望东方周刊》2008年第30期。

港口、仓储、道路、管道、冰区船舶、炼油基地等基础设施的大规模建设及移民。这将为中国与有关国家开展建筑材料、工业产品的出口贸易和工程承包等领域的合作提供新的机遇。

表1 从中国重要港口到世界重要港口的海上距离①

单位：海里

航线	经马六甲海峡和好望角	经苏伊士运河和直布罗陀海峡	经巴拿马运河	经北极航道
天津—纽约	15135	12876	10777	8876
天津—摩尔曼斯克	16043	12574		6728
天津—汉堡	14771	11320		8172
上海—纽约	12548	12289	10567	8632
上海—摩尔曼斯克	15456	11987		6508
上海—汉堡	14184	10715		7952
厦门—纽约	14026	11767	9197	9197
厦门—摩尔曼斯克	14934	11465		6915
厦门—汉堡	13662	10197		8359
香港—纽约	13814	11555	11212	9289
香港—摩尔曼斯克	14722	11253		7167
香港—汉堡	13450	9981		8611

（二）北极对中国资源能源的意义

除了节约航运成本等经济意义外，北极地区还具有丰富的资源能源价值。北极地区蕴含大量的自然资源，包括矿产资源、能源、生物资源、航道资源、水力资源、风力资源以及森林资源等。其中以石油、天然气、矿产等资源最为引人注目。根据美国地质调查局对北极自然资源的最新评估，北极地区未探明的石油储量达到900亿桶，天然气47.3万亿立方米，可燃冰440亿桶。北极地区仅挪威可采铁矿就有3000万吨，钛1800万吨，加拿

① 表格系作者使用海运里程数据库的数据（http://www.dataloy.com/），再根据MapInfo与ArcGIS等地理信息系统软件估算而成（参考柳思思《"近北极机制"的提出与中国参与北极》，《社会科学》2012年第10期）。

大巴芬岛的玛丽河铁矿可采储量为 4.5 亿吨。此外,北极地区还藏有丰富的有色金属资源,如铜、镍、钴、铅、锌、锡、锑、铋、汞、铝,稀有金属类的钛、钨、钼、铍、锂、铌、钽、锆和镧系元素,贵金属类的金、银和铂族金属,非金属矿产类的金刚石、石墨,以及战略性矿产资源铀和钍等①。目前研究表明,北极地区资源勘探开发程度很低,有相当大面积的地区尚未进行勘探,但资源潜力巨大,可能成为人类社会对未来资源的重要勘查目标。众所周知,我国是人口大国,人均量少、结构不合理是我国最大的资源能源国情。尤其是近些年来中国外向型经济的不断发展导致日益攀升的资源能源需求,2004 年中国为世界 GDP 总量贡献了 4.4%,但是中国也消耗了当年世界铁矿石产量的 30%,煤产量的 31%,钢铁产量的 27% 以及铝产量的 25%②。根据国际能源机构 2008 年的统计,中国的能源消耗增长率和中国在全球最终消耗总量中所占的份额都比世界其他地区要高得多。资源能源安全已经成为中国经济发展、社会稳定和国家安全的关键战略问题。中国早已将能源安全作为国家利益的重要组成部分,这也是实现到 2020 年国内生产总值比 2000 年翻两番的国家目标的前提。而以上所提到的资源能源都是北极地区的优势资源,北极地区代表的是一种巨大的经济和地缘战略资产,这也是北极地区对全球社会的核心吸引力所在,北极地区将因为这些资源能源而产生一系列复杂而激烈的政治经济乃至军事冲突。中国从保护自身国家利益的角度出发,应该尽快制订自身在北极地区的资源能源战略计划,积极参与北极资源能源的开发,推动国际合作,尽快使自己在纷争日益激烈的北极地区站稳脚跟。

(三) 北极对中国生态环境安全的意义

虽然从表面上看中国在北极地区最直接最核心的利益是经济利益,但是近些年北极地区的环境变化给中国生态安全带来的影响也是不容忽视的。作为全球生态环境系统中关键而脆弱的一环,北极的环境变化与中国的生态环境安全息息相关。北极地区环境变化主要包括气候、淡水、海冰的变化,通过海—冰—气的相互作用产生全球性的气候效应。中国在地理位置

① 潘正祥、郑路:《北极地区的战略价值与中国国家利益研究》,《江淮论坛》2013 年第 2 期。
② 张胜军、李形:《中国能源安全与中国北极战略定位》,《国际观察》2010 年第 4 期。

上是近北极国家，对北极环境的变化甚为敏感。第一，北极冰盖融化使中国气候变化异常，自然灾害增加。大量的研究认为，北极的气候系统影响着中国大部分经济区域的旱涝风霜和季节交替。以北京师范大学龚道溢博士为首的研究小组研究发现，"当北极涛动处于较强的正位相时，东亚冬季风减弱，冷空气对我国冬季气候的影响也减弱，我国大部分地区气温偏高；研究还发现北极涛动对我国长江中下游地区夏季降水量的年际变化有显著影响"①。近年来中国冬季的异常低温、北方的连续干旱、冬春季节频发的沙尘暴以及各种极端气候现象和毁灭性的自然灾害就是这种影响的结果。第二，从长期来看，北极冰盖消融导致海平面上升，威胁到中国沿海领土安全。中国国家海洋局发布的 2007 年《中国海洋环境公报》，其中有数字表明，近 30 年来中国沿海海平面总体上升了 90 mm②。杨华庭指出，"按照国际通用标准，海拔 5m 以下的海岸区域为海平面上升危险区域。中国沿海共有这类低洼地区 14.39 万平方公里，占沿海地区总面积的 11.5%，人口逾 7000 万，占全国沿海总人口的 14.9%，约为全世界处于这类危险区域人口总数的 27%"③。第三，北极地区是目前全球受人类活动和环境污染影响最小的地区，是观测和研究人类活动对地球变化影响的理想场所，是对全球变暖、大气臭氧减少、海平面变化等全球性环境变化现象进行监测的天然实验室，并且由于北极环境变化与我国气候的联动性，北极地区还可以作为预测我国短期气候变化的强信号。而这一切必须建立在北极优良的自然环境上。随着各国对北极治理与开发的加速，北极地区的环境将不可避免地遭到人类活动的破坏，这也将成为北极地区科研领域的一大隐患。

三　中国增强在北极地区实质性存在的可行性

全球气候变化改变了北极地区的地缘政治环境，将北极这块宝地推向北半球各大强国的争夺之中。中国虽然是北极棋盘上迟到的选手，但在过去 30 年中一直在不遗余力地加强对北极地区的影响。无论是从现有的国际法、北极治理机制还是中国已经取得的北极科研成果来看，中国都具有增

① 《北极涛动与中国气候》，《科技日报》2003 年 6 月 27 日。

② 赵柠：《关于海平面上升的几组数据》，《百科知识》2009 年第 14 期。

③ 杨华庭：《中国沿岸海平面上升与海岸灾害》，《第四纪研究》1999 年第 5 期。

强在北极地区实质性存在的可行性。

（一）中国参与北极治理与开发具有合法性

目前，北极地区除了北冰洋公海以外，其他陆地、岛屿和水域的主权权利归属基本明确，分别属于北冰洋沿岸和北极圈经过其陆地领土的国家，即我们所称的"北极八国"。但是这种划分方法仅仅适用于陆地行政区，剩下广大的北冰洋海域的划分主要依据《联合国海洋法公约》（以下简称《公约》）。而《公约》中已经明确规定：一国可把其海岸线 200 海里（约 370公里）以内的水域当作专属经济区，可以根据大陆架的自然延伸，将专属经济海域由 200 海里扩大到 350 海里[1]。如果环北极国家能证明其大陆架在地理上与北极海床相连，就可以对北极领土提出更多的要求。但迄今为止，还没有一个北冰洋沿海国家的大陆架远到足够名正言顺地对北极提出主权诉求（俄罗斯的申请就被联合国拒绝）。因此根据国际法的规定，在环北极国家主权属地和北极之间，是由国际海底管理局监管的中立区，北冰洋是国际海域，不是只属于某个国家的领海。另外，依据《公约》的精神，用于国际航行的海峡实行"过境通行制度"，即外国船舶和飞机享有以连续不停地迅速过境为目的的航行和飞越自由。这为我国开通北极航道提供了法律上的支持和保障。

（二）中国参与北极治理与开发具有合理性

关于北极的治理与开发问题，目前在学界主要存在三种观点：第一，扇形机制。即依照"扇形原则"来明确北极的法律性质，将其瓜分后纳入北极国家的领土主权管辖范围。加拿大参议员帕斯尤可·普瓦里耶首次提出"扇形机制理论"，他声称，位于两条国界线之间直至北极点的一切土地应当属于邻接这些土地的国家，这就是"扇形机制"[2]。在这个机制中，加拿大和俄罗斯因其领土优势成为最大的受益国，它充分体现了某些大国企图私占瓜分北极的野心，但是遭到其他环北极国家的强烈反对，而且这种机制违背了《公约》中关于公海的规定，因而被长期搁置。第二，共同管理

---

[1] 中华人民共和国海事局：《联合国海洋法公约》，北京：人民交通出版社 2004 年版，第13 页。

[2] 王军敏：《关于北极法律地位的新动向》，《理论前沿》2009 年第 20 期。

机制。"北极八国"源自 1990 年 8 月 28 日在加拿大的雷索鲁特市由八个环北极国家成立的国际北极科学委员会①。然而这种所谓的共同管理仅仅是指环北极国家的共同管理,还是企图将北极的管理垄断在少数几个大国之中,仍然遭到国际社会的反对。第三,全球共同管理机制。这种机制强调了北极完全的全球性,将北极列为与海底、月球性质相同的"人类共同遗产",或是具有同南极相似的国际法地位。其主张让北极国家将对北极的具体权益无条件、无偿让渡出来,北极完全由全球共管。这种观点在学界颇有影响,但是为所有环北极国家所排斥,在实践中也很难实行。在诸多分歧和争论中,有学者还提出了一种"近北极机制"的治理办法。这是适用于所有环北极国家与近北极国家共同治理北极的机制。我国无论是从地理位置上还是与北极的相关程度上都符合"近北极国家"的标准。北极地区广袤的地理范围和海量的科学问题,决定了开发北极不是哪个国家单凭一己之力就能完成的,需要不同国家进行国际合作,降低风险。另外,从保护人类生态环境的角度出发,也必须进行国际合作。相较于北极国家而言,我国更关注的是关于北极的航道使用、合作开发能源与环境保护等具体领域。因此我国在北极问题上应当享有相应的权益并承担对称的义务。

(三) 中国是北极治理与开发不容忽视的科学力量

1995 年春,中国第一次派出了一支由中国科学院组织的北极科学考察队,对北极进行了一系列初步探索,拉开了我国北极科考的序幕。这次科考使得中国顺利加入了国际北极科学委员会,在国内外引起了巨大的轰动。1999 年 7 月,"雪龙"号的破冰之旅取得了大量宝贵数据,这标志着我国进入大规模北极科考时代,开始实质性地认识北极,进入北极科学领域。2003 年 7 月,中国进行了第二次北极科学考察,确定了明确的科学目标。在这次考察中,中国科考队获得了更大的进步,通过探寻北极海洋、海冰、大气的主要异变现象和规律来研究全球和区域气候变化的成因,开展北极地区变异对中国影响的可预测性研究。2004 年,中国建立了第一个北极科考站——黄

---

① Marcel de Haas, "Russia's Arctic Strategy – Challenge to Western Energy Security", *Bimonthly Review* (2009): 64.

河站，从此开始了定点的北极长期连续观测研究。2008 年，中国在第三次北极科考中取得了里程碑式的重大成果。这次考察针对具体的科学问题，涉及了北极变化研究中的若干核心研究方向，采用了大量先进观测手段，使得中国的北极考察成为国际北极考察体系的一部分，对全面认识北极的变化作出了重要贡献。紧接着 2010 年、2012 年分别进行了第四次和第五次科学考察，在这两次科考中，中国科考队硕果连连，还与北极周边国家建立了良好的科学合作环境。2012 年 8 月 16 日至 8 月 26 日，"雪龙"号应冰岛总统邀请对冰岛进行了正式访问，并联合召开了第二届中冰北极科学研讨会和阿克雷里北极合作研讨会，首次实现了中国船舶跨越北冰洋航行，获得了北极航道航海和海洋环境实测资料，为中国开发利用北极航道开展了有益探索和实践。2013 年，在北极理事会第八次部长级会议上，八个理事国宣布批准中国成为该组织正式观察员国。虽然比起南极，中国的北极科学考察起步整整晚了 11 年，但是经过北极科学研究人员的不懈努力和国家的积极投入，中国在北极的科学研究之路上正一步步走向辉煌。中国也深知在科学领域中国际合作的重要性。在五次科学考察中，中国都提供了一定数量的国际合作名额，中国科学家还广泛参与了北极的国际合作，多次搭载外国考察船考察北极，与美国、加拿大、德国、挪威、芬兰、法国有密切的合作。国际合作不仅增进了中国科学家与国际研究力量的融合，促进了中国研究水平的提高，更保证了北极科学的进步，为中国参与北极治理与开发提供了科技支持。

四 对中国增强在北极地区实质性存在的建议

前文已经论证了中国增强在北极地区实质性存在的必要性和可行性，那么我们就可以针对北极地区国际治理现实情况和中国国情提出切实可行的下一步行动计划，即探索中国进入北极事务的身份、制度、技术等具体路径。为了找出这些路径，我们必须了解分析北极地区的形势和矛盾。有学者指出，在北极的治理与开发中存在三对基本矛盾：一是北极资源开发与该地区自然社会生态保护之间的矛盾；二是北极国家的权利主张与人类共同继承财产之间的矛盾；三是各类行为体活动的迅速拓展与北极治理机制相对滞后之间的矛盾①。中国必须仔细研究这几对矛盾，针对每一对矛盾找出解决方案，在各个击破的基础上进行综合，从而制定出符合中国国情和顺应国际社会发展的北极战略。针对上述情况笔者认为，可以首先从科技、治理机制、国际合作这三个角度出发，以此作为中国增强在北极地区实质性存在下一步行动的突破口。

（一）应以科考作为介入北极事务的入口，加大科技投入

在北极治理问题上，北极国家无疑有更大的权利、义务与责任，从严格意义上讲，中国属于北极域外国家，与北极国家相比，中国在北极地缘政治中处于明显劣势。因此中国要想更为有效地参与北极治理，需妥善应对敏感的国际关系。其中最好的办法就是避开主权问题，从科学等其他领域入手。科考既是当前中国在北极治理中最为关切的利益之一，同时也是中国有效介入北极事务的最佳方式。域外国家在北极事务上的发言权和影响力，在很大程度上取决于该国以科研为主的北极知识储备的获取和转化能力②。虽然我国的北极科考发展很快，实现了基站和远洋动态考察的协同推进，但对比北极国家，甚至一些"近北极"国家，我国在北极科研的投入和实力上与它们仍存在一定差距。极地科考没有国内水平，只有国际水平，许多问题涉及国际前沿领域，因此需要中国最优秀的科学家参与进来。当然，世界上还没有哪个国家可以包揽北极科学问题的研究，包括美国在内的发达国家在北极都是量力而行，重点发展。我国在北极的科学研究也必须遵循有所为、有所不为的原则，确立与我国关系密切的重大科学问题。所以，我国必须要有针对性和适应性地制定北极科研战略，加强北极地区科学调查和研究的力度，有针对性地选择研究的重点领域和路径。加强在北极科研调查和人才培养上的投入力度，深化在北极科研上的国际合作，以提升我国北极科研水平，进一步提高在北极事务上的研究话语权，强化我国在该地区以科研为核心的软权力存在。

（二）积极构建"近北极机制"，推动其具体化、程序化

北极博弈结构极端复杂，涉及多个不同的层次——国际、区域（环北

① 程保志：《当前北极治理的三大矛盾及中国应对》，《当代世界》2012 年第 12 期。
② 程保志：《中国参与北极治理的思路与路径》，《中国海洋报》2012 年 10 月 12 日第 4 版。

极)、国家和地方，治理机制繁多。长期以来，北极国家力图建立以自己为主导的排外性北极管理模式，它们在应对非北极国家介入时存在一定的共同利益。但北极的战略价值吸引了众多域外国家和国际组织介入其中，这不可避免地与北极国家产生矛盾。同时，虽然非北极国家在涉足北极事务上拥有共同利益，但由于存在介入北极成本收入比和受北极环境变化影响的差异，加上一定程度上各自为政，非北极国家间在该问题上也存在许多矛盾与竞争。无论从自身利益还是从世界经济协调发展来看，中国都应该在北极新秩序的构建过程中发挥作用，在尊重北极国家的主权主张的基础上，积极联合所有近北极国家构建北极地区"近北极机制"新秩序。在任何一种机制中，中国都必须有自己鲜明的态度，要从中国的具体国情和国际利益出发，站在国际社会的立场上，推动北极问题向合理公正的方向发展。中国在北极拥有重要利益，应该像当年积极参与南极法律制度构建那样参与北极地区新制度与新秩序的建构，加强国内社科法律界对北极制度建构的研究，发挥中国的主动性，将自身利益和全人类共同利益诉求反映到北极制度建构中去，并尝试介入涉及北极事务的地区性、领域化的制度设计，提供相应的制度性公共产品，以扭转中国长期在国际法上的被动适应角色。此外，中国还可利用在相关全球机制（联合国、国际海事组织等）中的影响力，取道全球治理发挥自身在北极新制度建构中的作用。

（三）加强国际合作与交流，理智选择战略合作伙伴

北极地区国际合作的发展促进了北极地区意识的兴起，无论是冷战结束前一些零星具体的合作，还是冷战结束后从北极环境保护战略到北极理事会的形成，都在强化这样一种观念，即北极有着其地区的整体属性。这种整体感是以北极为核心、周围为边缘的一种地理观念的建构。冷战期间这种整体感曾经中断，但冷战结束后，在北极地区国际合作机制的推动下，全球对北极地区的关注不断增加，北极作为一个地区的意识进一步得到了强化[①]。从地缘的角度看，与北极相关的国家可以划分为两类：环北极国家和近北极国家。这两者在北极的利益诉求是截然不同的，而且每个国家具体的北极政策也大不相同。中国首先应当合理定位自己的近北极国家地位，

---

① 陈玉刚、陶平国、秦倩：《北极理事会与北极国际合作研究》，《国际观察》2011年第4期。

明白自己的利益诉求，再分析和总结其他国家的北极政策，根据自身的优势和需要寻找合适的战略合作伙伴与合作契机。例如，在北极资源领域，中日韩都是地理上的近北极国家，在很多地区纬度相近，又都高度依赖外来的石油、天然气等资源。无论在北极潜在的油气资源联合开发上，还是北极航道的开辟利用上，日本和韩国都是中国可以重点联合的力量。当前欧盟在北冰洋的实体控制力与影响力都不大。欧盟的北极目标是维护北极与人类的和谐关系，推动北极资源的可持续利用，致力于加强北极多边治理，这在一定程度上与中国的立场接近，也是中国可以靠近联合的对象。另外北极地区还有一支不容忽视的力量，北极土著居民以带有高度组织性的"第四世界"的身份渗透在以上层次中，作为一种独立的政治力量在北极事务上发挥着越来越重要的作用。中国应当重视他们在北极多方博弈格局中的作用，努力将其转变为中国介入北极事务的积极力量和契机。可以通过派出中国企业进驻北极地区，尊重地区组织的主导地位，帮助其改善民生，力争经济、社会、环境效益的"均衡发展"和各参与方的"多赢"，以树立中国良好形象。总而言之，中国近北极国家的特殊身份，要求中国在创造性介入时兼顾北极国家和其他非北极国家的利益诉求，合理有序而又有区别地发展同它们的关系，最终实现自身利益和全人类利益的统一。该路径的创新之处在于中间身份空间中的利益平衡，以此巧妙地游刃于"当局者"和"旁观者"之间，达到"立业"与"立德"的双赢。

五　结语

北极地区的重要战略地位不容置疑，面对新一轮的北极"圈地运动"，中国的参与势在必行。令人欣喜的是，随着近年来综合国力大增，中国具备了介入北极地区事务的强大实力，也已经开始了这一进程。中国作为与北极极具利害关系的大国应围绕本国在北极的国家战略目标和政策，突出重点，选择正确的突破口；要加强外交、海洋、矿产、交通、农业、科学技术等相关部门的协调与配合；要积极开展北极外交的相关研究工作，着重加强与北极国家和相关国际组织的合作，理智地选择战略合作伙伴，积极推动"近北极机制"的实现，从而改变我国在北极国际事务中的不利地位，在国际组织中提升话语权，用自己的努力让国际社会知晓北极的治理需要中国的参与，北极的发展离不开中国的贡献。

The Feasibility and Necessity of Strengthening China's Substantial Participation in Arctic Regions

Yang Zhenjiao　　*Zhu Ye*

Abstract: As a subarctic country, China is closely related to Arctic in politics, economy, society and environmental protection. This article demonstrates the importance that the Arctic shows to China from the aspects of shipping, resource, energy and ecological environment. It could explain the reason why we should strengthen China's substantial participation in Arctic regions. Furthermore, the current international law and governance mechanism and China's scientific research achievements will strongly prove the feasibility of China's substantial participation in Arctic regions. At last, based on the international governance and China's national condition, we come up several suggestions for China to take part in Arctic issues.

Key words: Arctic, substantial participation, feasibility and necessity, suggestion

海洋战略下我国海洋国土的开发利用[*]

杨　洋[**]

摘要： 21 世纪是人类开发利用海洋的新时代，中国实现可持续发展必须依靠海洋。党的十八大报告将建设海洋强国提升至国家发展战略高度，引起了国内外社会各界的广泛关注。树立海洋国土观念，增强海洋国土意识，安全、高效、可持续地开发利用海洋国土，不仅是对世界强国发展战略的借鉴，也是当代中国发展道路的必然选择。在梳理海洋国土观念变迁过程、认清我国海洋国土基本国情的基础上，本文系统分析了当前我国海洋国土开发利用过程中面临的巨大挑战，并从海洋战略出发提出了相应对策措施，为促进我国海洋国土的合理开发利用提供参考。

关键词： 海洋国土　开发利用　海洋战略

2003 年 5 月 9 日，国务院印发的《全国海洋经济发展规划纲要》首次提出建设海洋强国的奋斗目标[①]。自 2005 年纪念郑和下西洋 600 年以来，学术界、新闻媒体对海洋强国建设给予了高度关注[②]。2012 年底，党的十八大报告将建设海洋强国提升至国家发展战略高度，强调要提高海洋资源开发能力，坚决维护国家海洋权益。在海洋战略下，我国海洋国土的开发利用迎来全新的机遇，但同时也面临巨大的挑战。

---

[*] 本文系杨洋主持的中央高校基本科研业务费青年教师科研专项基金项目"基于夜间灯光数据的山东土地城市化空间格局优化研究"（201413037）的阶段性成果。

[**] 作者简介：杨洋（1984~　），女，湖北黄冈人，中国海洋大学法政学院讲师，博士后，研究方向为海洋国土资源管理。

① 吴高峰：《海洋强国建设与我国海洋高等教育的科学发展》，《浙江海洋学院学报（人文科学版）》2010 年第 3 期。

② 郁志荣：《建设海洋强国，须科技引领》，《社会观察》2012 年第 12 期。

一 海洋国土观念的变迁

国土是指一个国家主权管辖的地域空间。它有两层含义：一是指国民赖以生存和生活的场所；二是指这个地域范围内的全部资源。严格意义上的国土又称领土，即该国领有全部主权的疆域。根据国际法，国土取得和变更的传统方式主要有5种：先占、添附、时效、割让和征服①。对于世界上大多数国家而言，在很长的历史时期内，国土只包括内陆和其上的湖泊、河川，近代才加进了领海和领空，《联合国海洋法公约》生效以后，又加进了国家管辖海域。从陆地扩展到海洋，从近海扩展到远海，从平面扩展到立体，国土观念在内涵基本保持的情况下，外延逐步增加。

海洋国土观念是随着沿海国家的兴起而产生的。16世纪中叶以前，海洋国土观念尚处于萌芽阶段。随着航海事业的发展，海洋的交通价值和地理发现价值逐渐受到关注。16世纪中叶到19世纪，随着海外贸易和殖民掠夺的兴盛，海洋国土观念逐渐形成，海洋主权问题被开始提到理论层面上进行争论。自美国宣布其领海为3海里（约为最好火炮的射程）之后，许多国家争先效仿，单方面宣布了各自的海上疆域。20世纪以来，各国开始较多地注意到海洋自然资源和国家战略利益，尤其是第三世界国家为了发展本国海洋资源经济，保护民族利益，开始要求扩大领海宽度。除了领海的扩张，"毗连区""大陆架"等新的国土概念也产生了。1958～1973年，联合国先后召开了三次国际海洋法会议。在多个国家的博弈之下，在历时9年的第三次国际海洋法会议上，《联合国海洋法公约》得以通过，海洋国土扩张和法定化的阶段已经到来②。伴随着《联合国海洋法公约》的实施，世界各国纷纷重新建立本国的领海、毗连区、专属经济区、大陆架等海洋制度，由此掀起了一场"蓝色圈地运动"。当前，海洋国土的概念日益明晰，获得较多认同的观点为：海洋国土是沿海国家和群岛国主权管辖范围内的全部海域，包括内海水、港口、领海、毗连区、专属经济区、大陆架的海床、底土及领海上空，它是根据该国政府主张和国际海洋法规定而确

---

① 张莉：《海洋国土的特征及中国海上安全问题》，《中国海洋大学学报（社会科学版）》2008年第4期。

② 徐质斌：《海洋国土论》，北京：人民出版社2008年版，第6页。

定的。

二　我国海洋国土的基本国情

我国于 1982 年 12 月 10 日签署了《联合国海洋法公约》。公约已于 1994 年 11 月 16 日生效。根据该公约，我国应有两部分专属经济区：一部分是中国海内大陆岸线以外 200 海里的范围；另一部分则是中国海 6500 多个岛屿所属的范围，每个岛屿岸线以外 200 海里的面积也是我们的管辖海域①。但是，专属经济区需要与相邻和相向国家共同商讨解决。这就要求我们根据《联合国海洋法公约》，在充分调查研究我国海洋国土资源的基础上，审慎地制定与邻国划界的战略和策略，为保卫我国的海洋国土、维护我国的海洋权益而奋斗。

根据《联合国海洋法公约》《中华人民共和国领海及毗连区法》《中华人民共和国专属经济区和大陆架法》等法律和我国政府的主张，从广义上说，我国的"海洋国土"包括：（1）拥有完全主权的内水和领海，约 38 万平方公里；（2）拥有海域管理权和资源主权权利的毗连区、专属经济区和大陆架，约 300 万平方公里。《联合国海洋法公约》规定，沿海国在领海的主权及于领海的上空及其海底和底土，沿海国在其专属经济区内和大陆架有勘探开发、养护和管理自然资源的主权权利，以及管理海洋科研、防止海洋污染等一系列特定事项的管辖权。

我国是海洋"大国"，同时也是海洋"小国"。从总量来看，我国的海岸线长度为世界第 4，大陆架面积为世界第 5，200 海里专属经济区面积为世界第 10。然而，从人均水平来看，我国人均海域面积不到世界平均水平的 1/10（排在世界第 122 位），人均海洋资源只有世界平均水平的 1/30，人均大陆架盆地面积只有世界平均水平的 1/40②。因此，我国应对有限海洋国土的安全、高效、可持续开发利用给予高度重视。

---

① 张莉：《我国海洋国土资源特征及可持续开发利用对策》，《资源开发与市场》2003 年第 2 期。
② 何传添：《中国海洋国土的现状和捍卫海洋权益的策略思考》，《东南亚研究》2001 年第 2 期。

三 我国海洋国土开发利用面临的挑战

(一) 海洋国土划界和岛礁归属存在争端

我国在海洋国土的开发利用中面临的最大挑战是邻国的海洋国土划界和岛礁归属争端。基本匀质、浑然一体的茫茫大海，没有像大陆上山川河流那样有明显和固定的划界标志，这使得归属模糊性成为海洋国土的一大重要特征。中国邻接渤海、黄海、东海和南海四大海区，但仅有渤海是我国的内海，我国拥有其完全的主权。黄海地处亚欧大陆东端、亚洲大陆与太平洋接合部位，是历史上沙俄由北向南扩张陆权和美日由东向西扩张海权而激烈碰撞的核心区域。在这一地区的国际关系舞台上，除了黄海周边的中、朝、韩、日四国以外，还包括北方的俄罗斯和充当"世界宪兵"的美国，都在进行博弈[1]。在东海，其划界涉及中日韩三国，其中，中日之间的划界尤其是大陆架划界最为复杂，它不仅有冲绳海槽决定性地影响大陆架的划界，而且在划界过程中必须考虑与之密切相关的钓鱼岛群岛的主权归属及其法律地位问题[2]。在 20 世纪 70 年代以前，关于南海的归属以及疆界划分几乎没有任何争议，中国对南海的主权也是被国际社会所公认的。但是随着南海丰富的石油天然气资源的发现，越南、菲律宾、马来西亚等国开始以军事手段占领南沙群岛的部分岛礁，在南海海域进行大规模的资源开发活动，南海主权争端由此产生。并且，由于《联合国海洋法公约》赋予沿海国家以 200 海里专属经济区，南海周边各国开始纷纷提出各自的专属经济区和大陆架主张，并把我国的南沙群岛及其附近海域划入其领土范围之内。以南海海域的划界以及南沙群岛诸岛的归属为核心，掺杂了域外国家的利益在内的局势就形成了今天的南海争端[3]。

(二) 海洋国土观念淡薄，海洋管控能力不足

我国国民的海洋国土意识整体上非常淡薄，对海洋国土与海洋权益缺

---

① 李靖宇、刘琨：《关于环黄海区域的国家安全问题探讨》，《东北亚学刊》2012 年第 1 期。

② 孙传香：《单一划界在中日东海划界中的适用问题研究》，《求索》2011 年第 3 期。

③ 李金明：《南海争议现状与区域外大国的介入》，《现代国际关系》2011 年第 7 期。

乏应有的关注。从地理上看，中国是一个陆海兼备的国家；但从文化传统上看，由于经历了长期的农耕社会，中国文明的主流是一种"黄土文明"，而非"海洋文明"。13 世纪 70 年代开始，封建统治者甚至推行海禁政策和闭关锁国政策，"片板不准下海"。新中国成立后，海洋事业发展进入了一个新的历史阶段，海洋国土意识在一些有识之士（包括国家领导人）心目中率先成熟起来。但许多国人仍然觉得海洋离自己遥不可及。据连云港师范高等专科学校的调查数据可知，作为教师预备队的师范生其海洋国土观念也很淡薄，仅有 41.6% 的人了解中国国土面积，仅有 38.6% 的人能够正确说出中国海岸线长度①。海洋国土意识的淡薄，导致我们对海权的忽视，进而使得我们对海洋管控能力建设重视不够。这也是造成我国从客观实力地位来看本应为"海洋大国"，事实上却是一个对海洋问题发言权很小的"海洋小国"的根本原因之一，这会导致非常严重的后果。

（三）粗放型开发利用普遍存在，导致效率低下

由于长期实行"重陆轻海"政策，我国海洋国土开发利用起步较晚，相关技术设施、管理体制相对落后，除了对近海渔业资源利用过度之外，粗放型开发利用问题普遍存在，具体表现在以下几个方面：（1）海洋国土资源开发规模较小，利用水平较低。2012 年，全国海洋生产总值为 50087 亿元，仅占国内生产总值的 9.6%，与发达国家相去甚远。（2）海洋科技储备严重不足，致使海洋资源的开发利用率低，资源浪费严重，未形成规模优势②。如全国 100 多处滨海沙滩资源，只有 39 处作为海水浴场被利用。在多种海洋动力资源中，我国只开发了潮汐能，其他如波浪能、海流能等仍处于试验和探索阶段。再如，上海有 140 处古迹旅游点，开发利用的只有 17 处，仅占 12%；山东有 115 处滨海旅游景观，已开发的只有 50 处，仅占 43%③。（3）海洋产业结构优化程度虽然在不断提高，但还有待进一步优化。据 1997~2010 年我国海洋经济数据，海洋产业中第三产业的比重越来越不具备成为主导产业的优势，原因在于，一方面，第二产业发展迅速，

---

① 徐质斌：《海洋国土论》，北京：人民出版社 2008 年版，第 38~42 页。
② 孙悦民：《中国海洋资源开发现状及对策》，《海洋信息》2009 年第 3 期。
③ 陈国生：《海洋资源的开发利用与保护》，《网络财富》2010 年第 3 期。

占据了市场的较大份额；另一方面，第三产业的发展进入了瓶颈阶段①。

（四）海洋灾害频发，生态环境破坏严重

我国是世界上海洋灾害最严重的国家之一，海洋灾害种类多、影响范围大，这导致我国损失严重。在过去的十多年里，虽然工程性防灾减灾措施使海洋灾害灾情得到了一定的控制，但中国海域海事活动不断增多、海岸带经济密度快速提高，大大增加了海域及海岸带承灾体对海洋灾害风险的暴露，又由于海岸带及近海海域污染加重，海洋生物灾害发生的可能性增大，使中国海域面临的灾害风险趋于上升②。除了由海洋自然因素诱发的台风、风暴潮、海冰、海上大风、海浪、地面沉降、海平面上升外，近年来出现了许多主要由人为因素诱发和加剧的海洋灾害，如海水入侵、海岸侵蚀、赤潮、溢油事故等。据估计，海洋灾害损失在沿海地区的生产总值中占10%左右，成为我国海洋资源和环境可持续利用的重要制约因素③。

与此同时，我国近海海域污染日趋严重，尤其是辽东湾、渤海湾、莱州湾、长江口、杭州湾、珠江口历年污染严重，辽东湾、莱州湾、青岛近岸、苏北近岸和广西近岸海域沉积物中石油类含量呈显著上升趋势。造成我国近岸海域污染的主要原因：一是全国沿海地区陆源污染物排海量以每年约7%的速度增加，在排放入海的陆源污染物中，有机物、营养盐、石油三类主要污染物占入海量的95%以上；二是突发性污损事件发生频繁，因船舶溢油事故而给旅游业、海水养殖业、盐业造成的经济损失平均每年超过10亿元；三是海上油气田开发等活动超标排污。局部海域日趋严重的环境污染及由此引发的海洋生态环境的恶化，造成渔场外移、滩涂养殖场报废、海产品质量降低、鱼贝死亡、赤潮频仍等，这在极大程度上影响制约海洋国土资源的安全、高效和可持续开发利用。

---

① 俞立平、万崇丹、赵丙奇：《中国海洋经济发展的分类、结构与地区差距分析》，《华东经济管理》2012年第8期。

② 叶涛、郭卫平、史培军：《1990年以来中国海洋灾害系统风险特征分析及其综合风险管理》，《自然灾害学报》2005年第6期。

③ 张莉：《我国海洋国土资源特征及可持续开发利用对策》，《资源开发与市场》2003年第2期。

四 海洋战略下我国海洋国土的开发利用对策

建设海洋强国，不但为我国的可持续发展提供巨大动力，更是中华民族走向海洋文明进而实现伟大复兴的必由之路。在海洋战略下，应立足基本国情，以安全、高效、可持续为目标导向，合理应对我国海洋国土的开发利用问题。

（一）妥善处理归属争端问题，完善海洋立法工作

应调动一切积极因素共同妥善处理我国的海洋国土归属争端问题。在国家层面，应本着"近详远略"的原则，制定出我国海洋国土争端问题的近期及中长期应对战略，制定并保障实施海洋权益维护的战略步骤及明确的维权目标，设定维权底线。在学术层面，要加强对我国享有钓鱼岛、南海诸岛主权的研究，重点是发掘史料、国际资料，以提供有力的法律证据，在国际学术界发出强有力的声音；同时，还应加强对周边国家历史及有关立法、行政执法和司法动向的研究，做到知己知彼，了解他国的关切诉求和相应理由。在民众层面，可依法鼓励组织居民对无居民岛屿的实际占有和控制，建立健全无居民岛屿开发的国内法律制度，有步骤地开放户籍制度，实现民事上的居住占有开发利用。

为保障各项举措能够顺利进行，应积极向日本、美国等国学习，加快制定我国的"海洋基本法"，确立中国海洋国家的法律地位，保全维护我国的海洋资源和海洋空间。同时，要加快我国海洋法规与国际海洋法规的接轨，扩大海洋立法方面的国际合作与交流，完善我国海洋法律体系。应尽快在《渔业法》《水产资源繁殖保护条例》等基础上制定"海洋国土资源开发管理法"，使海洋资源开发工作有章可循，有法可依。在相关法律的支持下，加强渔政海监监督管理力度，对在我国海域的违法犯罪行为依法进行管辖，实行常态化管理，以开发建设体现实际存在和权益；积极行使海洋司法管辖权，依法行使我国作为沿海国、港口国和船旗国的司法管辖权。

（二）树立全民族的海洋国土观念

长期以来，中华民族"重陆轻海"观念根深蒂固，海洋国土意识十分

淡薄，这在相当程度上制约了我国海洋国土的开发利用。国民海洋意识淡薄的根本原因在于，公众不具备海洋基本知识。例如，在很多国民的概念里，领海以外就是公海，他们对于"专属经济区"和"大陆架"这些概念都很陌生。当前，必须从战略高度认识海洋国土的重要性和必要性。要在国民中进行广泛的海洋国土教育，加强海洋国防动员，通过设立"海洋国土节"、将海洋国土意识培育纳入中小学教育等方式，强化全民的海洋国土意识，普及海洋国土基本知识，树立正确的海洋国土观，增强国民对"海洋国土"的忧患意识，合理开发利用海洋国土资源，促进海洋经济健康持续发展。

（三）建立陆海统筹的综合管控机制

目前，中国对海洋国土的管理基本上根据自然资源属性及其开发产业，按行业部门进行计划管理，这种管理模式是陆地各种资源开发部门管理职能向海洋的延伸，各部门从自身利益出发考虑资源开发与规划，使得海洋资源的综合优势和潜力不能有效发挥。我国现行的行业管理体制，不能适应海洋资源、环境的有效管理。因此，改变传统的管理模式、完善海洋资源综合管理体制势在必行，应从全局出发，制定管理政策，采取宏观调控，引导沿海地方政府在海洋资源开发过程中牢固树立全局观念，考虑长远利益和整体综合效益，协调多方利益相关者之间的关系，更有效地解决好各种海洋资源开发活动之间的矛盾冲突。具体地，我们可以通过比对陆域和海域国土资源、环境保护、产业经济、公共事务等相关部门的法规、政策、条例、标准等，找出二者的结合点和差异处；借鉴国际上成熟的法规和管理经验，结合国内外陆海统筹管理的成功案例，进行吸收和再创新，提出适合我国国情的陆海统筹综合管控机制。

（四）走科技兴海之路，促进粗放利用向集约利用转变

全面贯彻"科技兴海"战略，加强海洋国土开发利用的科技含量，为对海洋国土的全面认识、研究和开发提供坚实基础。首先，要积极推动遥感（RS）、地理信息系统（GIS）、全球定位系统（GPS）3S一体化在海洋国土开发利用中的作用。加强海洋国土的动态监测，对海洋国土的动态利用和变化趋势进行模拟分析，为合理开发利用海洋国土提供快速、准确、

有效的信息咨询和决策支持。其次，在海洋国土资源的大规模开发利用中，必须加大科技含量，减少资源浪费，尽量降低对生态环境的负面影响，促进以往粗放式的开发利用方式向未来集约型的开发利用方式转变。要加强海洋科学研究与技术开发，如海洋生物遗传工程技术、海水养殖增殖技术、超声波生态遥测技术和生物加工技术等，以满足海洋国土开发利用与海洋生态环境保护的要求。

（五）建立海洋灾害综合风险管理体系

基于风险理论，风险与致灾因子强度、承灾体脆弱性以及孕灾环境稳定程度有关。一般情况下，致灾因子强度越大，承灾体越脆弱，孕灾环境越不稳定，风险越大①。通过对海洋灾害系统各个要素（即影响灾情大小的致灾因子危险性、承灾体脆弱性或恢复性、孕灾环境稳定性等）进行综合管理，提高安全水平，形成海洋灾害系统综合风险管理体系。第一，对海洋灾害致灾因子进行事前、过程和事后控制，降低其危险性。建立和完善海洋灾害预报与预警体系，编制海洋致灾因子风险区划图，尽可能规避致灾因子可能带来的风险；建立海洋致灾因子区域联合监测体系、区域间及国家间（尤其是中日韩三国）海洋灾害信息共享平台与机制，对海洋灾害进行实时过程监控和通报；建立不同行政级别、不同区域的海洋灾害应急响应系统，加强海洋灾害的应急响应能力建设。第二，对海洋灾害承灾体进行管理，降低其灾害脆弱性，提高其灾害恢复力。加强沿海地区海洋灾害减灾工程建设；建立适应海洋灾害风险时空分布特征的海岸带及近海海域的海洋经济产业结构；建立和完善大规模海洋灾害管理桌面演练机制；建立健全应对突发重大自然灾害紧急救助体系和运行机制；将减灾能力建设纳入政绩考核体系。第三，对海洋灾害孕灾环境进行改造，提高其稳定性。建立海域管理的中央直属协调机构，以协调相关部门，形成合力，改良影响海洋孕灾环境的因素，促进海域生态环境的良性循环。

（六）注重海洋国土开发利用中的生态文明导向

在海洋国土资源的开发利用中，要以生态文明为导向，努力维护海洋

---

① 史培军：《四论灾害系统研究的理论与实践》，《自然灾害学报》2005 年第 6 期。

国土的生态平衡与可持续利用。加强对投放人工鱼礁、人工放流苗种等人工增殖资源措施的管理。加大海洋资源自然保护区的建设力度，要在现有的少量海洋自然保护区基础上，增建一批海洋资源自然保护区，如红树林自然保护区和珍稀濒危物种自然保护区等。重视海岸带这一特殊地理区域的生态环境保护，进行海岸带及主要入海河流的污染控制，协调经济发展与环境保护，减少海洋污染，维护海岸带生态系统，保障海岸带的生态安全。

The Development and Utilization of Marine Territory in China under the Oceanic Strategy

Yang Yang

Abstract: The 21st century is a new era for the development and utilization of marine territory. It is necessary to rely on ocean for achieving the sustainable development of China. The construction of sea power has risen to a national development strategy at 18th Party Congress. Therefore, it is very important to establish the concept of marine territory, raise awareness of marine territory, and get a safe, effective, and sustainable development and utilization. This is not only drawing lessons from the sea power in the world, but also the inevitable choice of development way of China. There are four parts in the paper. Firstly, the change process of the concept of marine territory is reviewed. Secondly, the basic national conditions of marine territory in China are recognized. Thirdly, the challenges on the development and utilization of marine territory in China are analyzed. Finally, the corresponding solutions of the development and utilization of marine territory in China are proposed. This paper will provide a reference for the development and utilization of marine territory in China under the oceanic strategy.

Key words: marine territory, development and utilization, oceanic strategy

海洋政治

OCEAN POLITICS

国家繁荣与制海权

——读《海权对历史的影响》[*]

王书明　张晓宇[**]

摘要：马汉海权理论以 17～19 世纪国家海权发展过程，尤其是英国海上霸权的建立为分析对象。首先，马汉对制海权与国家繁荣的关系进行了阶段性的总结，但这种系统地解释海权的阶段性总结具有一定的局限性。其次，马汉总结了 19 世纪之前国家海权建立的一般过程，其中海洋军事实力和经济相互促进的思想在当下仍具有借鉴价值，但那个时期海权发展因受多方面社会因素的影响而带有的强烈扩张性质并不符合当下海权的建设内涵。再次，马汉海权理论对美国实践对外开放政策和建立世界霸权起到重要推动作用。最后，既要根据马汉总结的海权发展思路，寻找中国海权力量薄弱的原因，同时也要反思不同时代海权的内涵差异和中国的海权发展战略。

关键词：马汉　海权　制海权　国家繁荣

海权在国家和民族的发展过程中一直扮演重要角色，在 17～19 世纪 300 年间，沿海国家通过向外扩张获取本国缺乏的生产资料，或者通过建立海外市场为本国的商品寻找销路，在这一过程之中，商业与海上军事力量相辅相成，互相促进彼此的发展。无论是 18 世纪英国霸权建立还是 20 世纪美国的霸权，均与其海外扩张及对海域的强力控制密不可分。马汉对于海权以及国家建立海上霸权的分析以 17～19 世纪的海上强国发展史为事实依

* 本文系王书明主持的中央高校科研专项基金项目"国土资源管理视角下南海问题研究"（201362005）的阶段性成果。

** 作者简介：王书明（1963～　　），男，山东蓬莱人，中国海洋大学法政学院教授，哲学博士，研究方向为海洋国土资源管理、环境政策与管理。张晓宇（1995～　　），女，山东聊城人，中国海洋大学法政学院硕士研究生，研究方向为海洋国土资源管理。

据，强调一国只有实现对海域、海上航线、重要海上战略据点以及海外殖民地的绝对控制才能发展成为海上强国。马汉及其著述在 20 世纪之初最为直接的目的和最为显著的成果就是成功地唤起了美国政府及其民众对发展海权、海洋战略的认识，并且作为一个重要的推动力量促进了美国海上霸权的建立。不同的区域或者国家有不同的发展目的，也采取不同的发展战略，马汉所强调的通过海上军事力量建设以及对海域的绝对控制来建立一国的海上霸业既能够带给我们一些启示，也应当引起我们足够的反思。

一 马汉对制海权与国家繁荣关系的阶段性总结

马汉认为，海权在民族和国家的发展中扮演极其重要的角色。依照马汉的逻辑，强大的海权包括两方面：一是国家能够建立起通畅、稳定、覆盖广泛甚至必要时具有排他性质的海上商船运输体系；一是国家拥有强大的海军力量用以保护海上航线。海军舰队和商船队相辅相成，构成国家海上力量的重要内容。海上商船航运能力不是单纯的运输或者航线的问题，在更深层次上分析，海上商运是一国经济模式甚至国家战略的外在表现之一。海洋国家经济模式的一个基本属性就是"依赖海洋通道的外向型经济结构"①，在 17～19 世纪的世界格局中，外向型经济最为普遍的表现就是海外殖民。一国采取海外殖民的战略必然需要强大的海军力量的支持，既要实现对本土之外的殖民地的控制，也要保证海上航线的安全。

在帝国主义疯狂掠夺的历史时期里，建立海外殖民地是一国发展的"首选"模式。一个国家，在自身资源并不充足的情况下，要获取充足的发展资源或者为本国商品找到稳定的销路，就要建立海外殖民地，宗主国与殖民地之间的殖民关系以及商品的互通有无赖于一条或者多条海上交通线路，为了确保海上航线的顺畅无阻就需要海上军事力量的保护。若一个国家能使某条航路完全为己所用，充分具有排他性，那么这个国家就会比其他国家拥有更多的优势和资源，当然这也同时意味着要派出更多的军事力量对航路进行保护。数量更多、运作更优的海外殖民地意味着更多的机会和资源，通过贸易就会获得更多的财富，这又会支持国家进行更广泛的

---

① 倪乐雄：《文明转型与中国海权》，上海：文汇出版社 2011 年版，第 30 页。

殖民活动和建立更强大的海军力量。马汉的海权理论建立在对 18、19 世纪的总结和对 20 世纪的展望上，当时各个国家面临的是频繁和广泛的战争，在这样的背景之下，马汉提倡的海外贸易、海军、海上航线和殖民地各个要素形成了一个节奏紧凑的良性循环过程。马汉对于海权的重视，以及将海权的重要性提升至国家战略层面的这一思路，对 19 世纪末 20 世纪初的美国甚至全世界都产生了重大影响。因为他从一个军事家和战略家相结合的角度，分析了 17～19 世纪世界霸权的产生过程和这些霸权国在面临战略选择时对海权的侧重。尤其是在对英法战争的详尽描述中，无论是涉及国家宏观的海陆战略选择，还是具体战役中两国海陆军力的对抗，马汉均向读者展示了一国外向型的扩张战略和强大的海军对于建立霸权的重要性。

马汉多次提及海洋相对于陆地的优势所在，海上交通的运载量比陆地交通运输量大得多，而且陆地运输需要的开支远高于海洋运输，因为陆地运输不仅受到地形的限制，而且还需要加宽道路、增修铁路等多项开支①。正是因为海洋的优势以及获取海外资源的重要性，在马汉看来以牺牲海洋实力来支援或者发展陆上实力的国家战略选择和军事行为都是不明智的，而且以此为由解释英法战争中法国的失败境遇②以及英国在 18 世纪的全球霸权。但这种解释只是建立在阶段性的史实之上，尤其是对 1660～1815 年英国霸权建立过程的分析基础之上。首先，在 17～18 世纪工业革命之前，由于科学和技术发展水平的限制，陆上交通不比海上运输有优势③。而且人们获取资源的效率有限，这使得通过建立海外殖民地从而在量上获取更多的资源成为国家迅速繁盛的可行之举。所以，马汉以这个时期的历史为基础，就不可避免地放大海上通道、海外资源以及海上军事实力的作用。而对于在科技发展水平和对陆地资源的依赖程度远高于工业革命之前的现代国家而言，当时海上强国所具备的种种优势已不再成为国家强大的决定性因素。其次，马汉对促成英国霸权的原因分析并不全面，且过分地强调英

---

① 〔美〕A. T. 马汉：《海权对历史的影响：1660～1783》，安常容等译，北京：解放军出版社 2006 年版，第 34 页。
② 〔美〕A. T. 马汉：《海权对历史的影响：1660～1783》，安常容等译，北京：解放军出版社 2006 年版，第 96～97 页。
③ 吴征宇：《海权、陆权与大战略——地理政治学的大战略内涵》，《欧洲研究》2010 年第 1 期。

国的海军实力以及海上商贸能力。单纯的海权并不足以成就英国的霸权，正如葡萄牙和西班牙的短期强盛，仅依靠海军实力和海外殖民地并不是英国维持长达百年的世界霸主地位的充分条件①。良性的国内经济发展结构和社会制度是最重要的内因，而整个欧洲大陆的均势局面也是必不可缺的外因。英国的成功在于它能够将围绕海权的良性循环过程有效地融入整个国家内部体制以及应对外部挑战的军事力量建设中，不能简单地将其理解为海权的单一作用结果。虽然马汉的海权决定论对于当时的美国和日本也起到了重要的警示和鼓励作用，但是从当下的视角来分析马汉的海权思想，不能忽视其历史局限性，尤其是在海洋实力与国家建立霸权的联系方面，更要批判性地采纳其理论。

二 18、19 世纪国家发展海权的一般过程

18、19 世纪海权的建立依赖于诸多条件，马汉将其归纳为：国内生产、海上航运以及殖民地。生产的目的在于交换；交换依靠航运才能进行；殖民地则方便并扩大了航运的行动，并通过大量的安全区域对航运进行保护②。首先，国内生产发展的主要推动力量源自资源的充足、技术的先进以及劳动者的整体素质，对于本国资源充足的国家而言，资源可以大部分甚至完全取自国内，但是对于英国以及日本这种岛国来说，正是对资源的需要使得它们"被迫走向海洋"。但是一旦从海洋的角度来评价这些地区，它们又有了大陆国家无可比拟的优势，而这些可能是维护海权的决定性因素。

其次，完善海上交通航线是一个起着重要连接作用的环节，在和平时期，这些航线是商业运输的要道，而到了战时，对这些航线的控制甚至会对战争的胜负产生影响。马汉通过两条航线证明这一点，一条是沿大西洋东岸的非洲大陆海岸线经由好望角再穿越印度洋的漫长航线，另一条是通过地中海和苏伊士运河途经红海再向东航行。这两条航线相比较，由于前者航线较长，所以英国的首选是苏伊士航线，而且英国经由苏伊士运河在

---

① 刘中民：《海权发展的历史动力及其对大国兴衰的影响》，《太平洋学报》2008 年第 5 期。
② 〔美〕A. T. 马汉：《海权对历史的影响：1660～1783》，安常容等译，北京：解放军出版社2006 年版，第 37～38 页。

地中海和红海之间进行调动很保险①。另外，从对海洋价值的分析中，也能看出马汉对于海上交通线的重视，他认为"海洋的价值体现在被运输的商品上，商品交换的利润促进了国家的繁荣发展"，"从政治和社会的观点来看，海洋本身最重要的是其可以充分利用的海上航线"②。

最后，海外殖民地的建立不仅能够带来短期的经济利益，其作为据点也能提供便利，同时殖民地还体现了一个国家整体的、长远的战略与政策。马汉如此总结："所有殖民地的形成和发展都不是天然的，它们的产生和发展是建立在这个国家政策的基础之上，并逐渐演变成正规的、政治性的海洋历史的一部分。"③ 19世纪之初美国占主导地位的"门罗主义"，其精髓就是"减少美国与欧洲国家的纠缠……而把主要精力放在保持国内秩序的稳定和国家的建设上"④。当然美国后来改变了这种政策而开始了对外扩张之路。海外殖民地不仅仅包括延伸一国统治权力的目的地，在更广泛和更现代的意义上讲，还包括一国所占据的港口据点和军事基地，商船可以以此为停泊点，军舰可以以此为补给库。例如直布罗陀、马耳他、路易斯堡这类港口就是极具战略意义的据点。在马汉对于巴拿马运河重要性的分析中，也能看出美国人对于这种重要据点的重视。这些据点是海上交通路线的纽带和桥梁，在茫茫大海上航行如果没有这些据点给予船只一定的保护，海洋的价值将会骤减，因为陆地和海洋就是一个矛盾的对立面，彼此抗争的同时，彼此依存。

虽然强调海上军事力量的建设和国家海上霸权的建立，但不容忽视的是，马汉的海权理论同时也遵循了一个逻辑：海军的建设和经济的发展是相辅相成的，海军舰队和商船队也是相辅相成的，它们共同构成了国家海上力量的重要内容⑤。国内学者在分析我国建设海权的思路时也指出，海权关注的首要对象是军事手段，但这只是国家海洋战略中的一种工具而已，如果一国有合理甚至是优越的体制，就能够形成海军战略、海洋战略和整

---

① 佚名："Suez Canal"，http：//en. wikipedia. org/wiki/Suez_ Canal。
② 〔美〕A. T. 马汉：《海权对历史的影响：1660～1783》，安常容等译，北京：解放军出版社 2006年版，第34页。
③ 〔美〕马汉：《海权论》，一兵译，北京：同心出版社 2012年版，第18页。
④ 〔美〕马汉：《海权论》，一兵译，北京：同心出版社 2012年版，第91页。
⑤ 刘永涛：《马汉及其"海权"理论》，《复旦学报（社会科学版）》1996年第4期。

个国民经济的良性协调关系①。从中国经济发展模式的角度分析，是中国从内向型经济向外向型经济模式的转变将海上运输航线的安全保障问题、海军力量建设问题提升到了更为急迫的位置②。一个更有力的佐证是莫德尔斯基和汤普森将国际政治长周期理论与康德拉季耶夫经济长波曲线结合后得出的结论：世界霸权国不仅都是世界海军最强大的国家，而且它们同时也是世界经济领先产业的主导国③。总而言之，一国海军力量的发展并不必然造成对经济的拖累，国家良好的发展体制会协调军事和经济发展的资源配置，而且也只有能够保证军事与经济同步发展的国家才能最终建立持续发展的强大海权，而不是像早期的西班牙只是通过海外掠夺而没有通过海上贸易实现财富的累积。这是马汉的海权建设理论中至今仍具有借鉴和指导意义的思想。

但不容忽视的是在不同的历史时期，海权应该有不同的内涵：在国家不同的发展阶段，海权有不同的战略地位；科技的革新意味着海权的实现有不同手段和工具；国际环境的和平抑或战争状态也将导致海权表现形式的差异。英国海上霸权时期的大国竞争实践是马汉整套海权理论体系的最主要的直接研究对象，在这段时期中，民间的商业性航海活动以及国家海上军事力量的建设与国家繁荣有着极为密切的关系。同时，正如上文分析中所提到的，由于受技术等的限制，这段时期的海权发展带有强烈的扩张性和侵略性色彩。而马汉对这种扩张性的海权发展模式并不质疑，反而在一定程度上持积极认可的态度。有学者对马汉之所以形成这套理论系统的原因进行了社会文化背景层面的分析，19 世纪后半叶是马汉著书立说的重要时期，而此时在欧美盛行的社会达尔文主义人文思潮，在一定程度上促使作为军事家的马汉在总结海上作战原则的同时，将强烈的帝国扩张主义和社会达尔文主义思想带入了政治战略的部署中④。总而言之，就马汉本身而言，其并未排斥这种扩张主义的海权发展模式，甚至在一定程度上予以赞成并认为这种模式应该成为美国"门户开放"的战略路径。

---

① 刘新华、秦仪：《现代海权与国家海洋战略》，《社会科学》2004 年第 3 期。
② 倪乐雄：《文明转型与中国海权》，上海：文汇出版社 2011 年版，第 17～27 页。
③ 曹云华、李昌新：《美国崛起中的海权因素初探》，《当代亚太》2006 第 5 期。
④ 刘永涛：《马汉及其"海权"理论》，《复旦学报（社会科学版）》1996 年第 4 期。

三 马汉对美国局势的分析

马汉对于海权的研究最为主要和直接的目的就是呼吁美国重视海权、建设强大的海军。19 世纪末 20 世纪初的美国作为刚刚崛起的国家在之前的"门罗主义"的影响下，在对保守的孤立主义和海外扩张道路的进行选择时并没有更加青睐后者。在很大程度上，正是马汉海权理论对美国的鼓励以及美国政府对马汉海权理论的支持和宣扬，"把美国带到了辽阔的海上"①。马汉所提出的通过发展海权使国家走上繁荣道路的思想在很大程度上起到了唤起美国政府和一般民众重视海洋价值、增强海洋意识的作用，适应了帝国主义对外侵略扩张的需求，对美国放弃孤立主义政策、走上争夺海洋之路起到了积极的推动作用。马汉认为"美国只有走出来，融入国际竞争，才能使自己永远充满活力"②。第一次世界大战中，威尔逊总统也是依据马汉的思想，促使国会通过著名的"海军法案"，建成了世界上第一流的海军舰队，从而取代了英国海洋霸主的地位。

马汉的贡献绝不能仅用"鼓动"来总结，比这更重要的是他对当时美国国内发展状况和国际战略选择的理性分析。根据他所总结的海上霸权建立的三要素——国内生产、海上航线以及殖民地，当时的美国只在第一方面拥有优势。但也恰恰是在真正实现了国内发展这一最重要的环节之后③，美国才能将另外两个要素的建设视为挑战中存在机遇，而非仅仅是挑战。海上航线建设最重要的任务是为美国有效实施"门户开放"政策提供安全保障，即提升海军实力；而殖民地建设对 20 世纪的美国而言既无必要也无可行性，但海外军事基地以及战略要点的规划和占领却是十分必要的。

首先，马汉对于夏威夷的战略地位予以肯定，夏威夷在海洋中的位置相对孤立，它构成澳大利亚、新西兰向美洲、亚洲环绕的中心。美国如果控制了夏威夷，就既能直接增强美国的商业安全和美国的海洋控制力，又能防止该地区被其他强国占据而造成威胁。马汉指出"美国占领夏威夷同

---

① 倪乐雄：《文明转型与中国海权》，上海：文汇出版社 2011 年版，第 44 页。
② 刘永涛：《马汉及其"海权"理论》，《复旦学报（社会科学版）》1996 年第 4 期。
③ 〔美〕A. T. 马汉：《海权对历史的影响：1660～1783》，安常容等译，北京：解放军出版社 2006 年版，第 107～108 页。

美国西海岸的防御能力密切相关，同美国必须控制的贸易通道密切相关，同美国控制太平洋、特别是北太平洋的商业和军事密切相关"。美国要发展太平洋地区的实力，夏威夷群岛对美国的商业活动和军事有着重要的战略意义，同时它也是美国通向东亚的必经之地，而当时的美国由于"门户开放"政策的实施，急需这样的据点来支持其在太平洋海域的海上交通线。

其次，马汉也强调巴拿马运河的重要性，它极大地缩短了其东西海岸的航程，比绕道合恩角缩短了 10480 公里①，航线的缩短对于商船的航行和海军力量的集中意义重大。事实证明了美国控制中美地峡的重要性，几乎一半的美国进出口商品要经过巴拿马运河和墨西哥湾。从美国向该地区所提供的援助可见其重要性非同一般，美国国会曾要求向该地区提供 16 亿美元的经济援助，占当时美援总额的 11%。

最后，马汉强调了巴拿马运河周围的一片海域——墨西哥湾和加勒比海以及海域上的两个岛屿：古巴和牙买加②。"这两片水域有着重要的政治作用和军事价值。……地中海和加勒比海都是由陆地围绕而成的海域，都是东西方交通的重要环节。"③ 马汉正是看到当时在地中海地区海上强国（包括英国、法国和意大利）与陆上强国（德国、奥地利和俄国）的对峙局面，才以此为鉴，提醒美国务必确保对加勒比海的控制权，防止多方争执局面难以调解。马汉认为评价一个海军据点的标准有三个：地理位置、军事力量、资源状况。"天然形成的地理位置最为重要，因为它是人力所不能改变的；后两方面的欠缺可以得到后天的弥补，修筑堡垒可以增加据点的军事实力，囤积物资可以改变资源匮乏的状况，地理位置则是无论如何也变动不了的。"古巴的自然资源以及优越的地理位置使其成为一个独一无二的岛屿④。牙买加与古巴相比虽然没有后者更有优势，但是二者对于控制墨西哥湾和加勒比海均有着十分重要的意义。

美国的海权发展有其背后的推动力量。19 世纪美国国内发展急需寻求海外市场，1890 年代的"生产过剩"大危机使美国人深刻地感受到中国将成为美国大量剩余产品的最大的潜在市场。帝国主义列强掀起的瓜分世界

① 佚名："Panama Canal"，http：//en. wikipedia. org/wiki/Panama_ Canal。
② 甄炳禧：《美国对第三世界的援助及其影响》，《世界经济》1987 年第 11 期。
③ 〔美〕马汉：《海权论》，一兵译，北京：同心出版社 2012 年版，第 224 页。
④ 〔美〕马汉：《海权论》，一兵译，北京：同心出版社 2012 年版，第 226 页。

的高潮也使得美国坚决地加入海外扩张的浩荡队伍中。当时的美国在这样的国内与国际条件之下，有了扩张的意愿和能力，还有一位站在时代转折处的充满智慧的战略家为美国提供了对外扩张的理论、计划和措施。从 19世纪末至 20 世纪初的 20 年里，美国海军建设经历了巨变，由旧海军时代跨入新型海军时代，1898 年在美西战争中夺取了古巴和菲律宾，继而兼并夏威夷，之后夺取了巴拿马运河的独占权，美国海军最终成为太平洋上的威慑力量①。美国的经历说明，海上力量的建立与发展绝不是偶然，也不是一蹴而就的。强大的经济后盾是美国发展海军的依托，寻找海外市场是美国走向海外的原始动力，而国家的霸权战略又为美国海权的后续发展提供了源源不断的智力支持。

四 马汉海权理论的启示

无论是像英国这类岛国，地理位置优越，但是自身资源不充足，需要从海外获取资源；还是像美国一样在国内发展到一定程度之后，为本国商品寻找销路，寻求广阔的海外市场，两者的共性是都需要确保海上航线的畅通无阻，而这有赖于强大的海军舰队的保护。贸易需要海军，海军保护贸易，贸易支持海军，海上强国就有可能在这个过程中塑造而成。如果按照这个思路分析，也许能在一定程度上找出中国未能建立强大海权的部分原因。中国在改革开放之后经济快速发展，商品的出口和进口都发生在和平年代，至少战争并未波及中国的海外运输，海峡和港口基本是安全的，或者说中国与其海上航线途经的关键国家基本保持着和平友好关系，除了在为数不多的几个海域偶尔存在他国的侵扰，可以说海上航线基本通畅。在欧美国家竞争海上实力的时候，中国人民在半殖民地半封建社会的水深火热之中进行着自身的革命与解放；在中国选择了正确的道路走向经济繁荣并需要海外市场的时候，世界格局大局已定，海上力量经过一番角逐也已有了新的霸主，中国要做的就是接受这个战后的"和平世界"，建立自身的和平发展战略。总之，没有形势严峻的海上局势催促中国建立强大的海军，发展强大的海权。直到现在，我国在东海、南海的多处海域争端才引

---

① 司美丽：《马汉与美国的海外扩张》，《河南师范大学学报（哲学社会科学版）》1991 年第 3 期。

起了学术界、媒体、社会公众对海洋的关注和对我国建立海权的呼吁。

当然，外部环境的影响只是其中的一个原因，还有更多复杂的因素也影响了中国制海权的发展。如果从历史溯源，1405～1433 年郑和七下西洋，先后有 208 艘船和 2.78 万人参加，足迹遍布 30 余个国家和地区，当时的中国拥有了世界上最为先进的航海力量和航海技术，即便如此，郑和下西洋并未与葡萄牙和西班牙的海外冒险所取得的光辉成果一样成为影响世界的重大事件，中国也并未卷入这一轮的世界瓜分狂潮，当然也从未成为海上巨头。这一切都是因为大陆文明附属的海上活动和海洋文明推动下的海洋探险、大陆文明与海洋文明有着根本性的区别，根深蒂固的大陆文明远不是一次或几次郑和航海所能撼动的。这种大陆文明也印证了马汉所强调的国民特征对一国制海权的影响——人民满足于本国资源下的生活状态，统治者缺乏经营海外的战略眼光，军事将领对海战知之甚少，这些因素都牵绊了中国的海权之路①。

五 对马汉海权理论的反思

时局变化是一个不容忽视的因素，同样是强调海权、重视海洋，因时代的不同而有着巨大的内涵差异。第一，马汉认为海洋本身并无价值，海洋的价值是作为通道、载体支持航运和连接大陆而体现的。马汉所处的时代，至少是马汉海权理论所总结的时代基本处在工业革命之前，陆路运输的技术和承载量远不如海上运输，这使得海洋作为载体的价值被放大。但现在看来，这是一种因科学和技术落后而导致的不可避免的视野局限。在今天，海洋除了作为通道，它更为重要的价值属性是资源和财富的来源。正如中国南海的争端，最根本的激发因素之一就是对海洋油气资源的争夺。这就意味着，马汉海权论中强调的"占有"和"控制"已不是实现海权的唯一手段，甚至在不久之后这种手段的重要性还会降低。一旦将海洋视为资源，比掌控更重要的是开发和利用。占有权和控制权必须具有排他性才能使所有者更有优势，但利用和开发却意味着合作的可能性。

第二，马汉海权理论中的贸易尤其是殖民贸易已不是当下经济的唯一

---

① 叶自成、慕新海：《对中国海权发展战略的几点思考》，《国际政治研究》2005 年第 3 期。

重点。彼时，贸易是国家财力的决定性因素。而此时，单纯的贸易已不再具有 19 世纪之前的影响力。经济的内涵远远地超出了贸易的范畴，以国家综合实力为基础、以科技创新为重点的经济涵盖了更广泛的领域。虽然目前在数据上来看，贸易额依旧占国内生产总值相当大的比重，但是通过增加对外出口国的数量扩大贸易出口额已完全不可行。可行的方案是通过技术革新和产业升级改善一国在世界经济体系中的位置，从边缘地带进入中心地带需要依靠整个国家经济结构的转变，而绝非单纯扩大贸易这么简单。而且，与海洋相关的经济形式也因海洋本身作为资源的价值属性的凸显而变得更加丰富，绝不局限于以海洋为通道的贸易形式。

第三，在资本主义扩张阶段的海权必然顺应当时的社会趋势，即以海上争霸为最终目的。但对外扩张甚至成就海上霸权并非海权发展的唯一形式，尤其是对中国而言，中国要建立自身认可的具有中国特色的海权，不走美国式的海上霸权之路，但是这并不会阻止中国发展成为一个海洋强国。以海上霸权为目的的海权必然要强调军事力量的重要性，加之马汉本身作为军事学家的身份，这使得马汉的海权理论不可避免地把建设强大的海军作为海权最主要的目标。21 世纪的海权建设，尤其是中国的海权建设，虽然需要重视海军，但强大的海权仅靠海军是不可能实现的。军事力量也不能用于追求海上霸权，而应该限定在为国家利益提供安全保障。对海权的认识应当是理性的和系统的。

目前对于中国而言，最为紧迫的任务就是建立本国的海洋战略，十八大报告指出中国要建设海洋强国，将这个宏大的目标转化为可行的战略是我国海洋发展的当务之急。首先，要明确对于我国这样一个传统的陆权国家，要集中多少资源、在多长时间内实现什么样的海洋发展目标，明确的和切实可行的战略规划是行动的前提；其次，要完善海洋法律体系，最为急迫的任务就是如何对那些荒无人烟、远离大陆的岛屿有效地宣示和维持主权，如何对海上捕捞作业进行有效的法治化管理；再次，充分和合理利用海洋资源，发展海洋经济，从濒海的大陆型国家转变为海洋经济占据重要地位的国家，同时要确保对海洋资源和环境的保护；其次，理性地建设国家海军力量，确保国家海域安全和对外贸易海上航线的通畅；最后，增强全民的海洋意识，不要将人们对海洋的认识局限于海域争端，因为海洋还意味着资源、可持续发展和全球化的视野。总之，要使海洋战略成为国家整体战略的一部分，至少在当前我国海权发展与陆权发展极不平衡的背景之下，要从国家战略的角度思考我国的海洋力量的建设与发展。十八大报告明确指出，提高海洋资源开发能力，坚决维护国家海洋权益，建设海洋强国。海洋强国的建立将会是一个长期的、艰辛的过程，面临来自国内和复杂国际局势的各种挑战。中国要在全球化背景下、在世界和平与冲突共存的局势中，以和平为基本前提，发展本国海域控制能力、海洋经济实力和海洋软实力，从而建立具有中国特色的强大海权。

The Prosperity of a Country and Its Sea Power

—The Review on "The Influence of Sea Power upon History"

Wang Shuming   Zhang Xiaoyu

Abstract: The sea power theory proposed by Mahan is based on the analysis of nations' sea power building process in the period from the seventeenth century to the nineteenth century, especially Britain's hegemonic experience over the sea and the whole world. Firstly, Mahan concludes the relations between a country's mastery of the seas and its prosperity within a particular period. However, this conclusion based on periodic history has some limitations to explain sea power systematically. Secondly, Mahan explains the general process of developing a country's sea power. The idea that military capability and economic power mutually promote each other is still valuable nowadays, while the expanding characteristic in that era is not appropriate today. Thirdly, Mahan's sea power theory has an essential influence to the implementation of America's open-up policy and the establishment of its hegemony in the twentieth century. Finally, this paper tries to find out the reasons of China's failure to establish a strong sea power in accordance with Mahan's sea power logic, and analyze different implications of sea power in different periods, especially China's sea power strategy.

Key words: Mahan, sea power, the control of maritime space, the prosperity of a country

新国家安全观视阈中的中国国家安全问题

——兼论中国国家安全委员会的设置与职能

王晨光　孙　凯[*]

摘要： 在中国崛起的背景下，中国的国家安全问题正受到越来越多的关注。巴里·布赞的新国家安全观从国际、国内两个维度，军事、政治、经济、社会、环境五个领域认识国家安全，启示中国必须在多维度、多领域建设"强国"和"强国家"，全面提升国家安全质量。中国共产党十八届三中全会作出了设立国家安全委员会战略部署，为中国国家安全建设提供了新的契机。中国国家安全委员会必将成为一个综合性的安全体系，承担起为中国崛起保驾护航的历史职责。

关键词： 巴里·布赞　新国家安全观　国家安全委员会　中国国家安全建设　中国崛起

2013 年 11 月，中国共产党十八届三中全会公报指出，设立国家安全委员会，完善国家安全体制和国家安全战略，确保国家安全[①]。这无疑"是顺应当前国内、国际两个大局的发展，更好地协调国内各领域、各部门的力量，共同服务于国家安全这一重要任务所采取的积极举措"[②]。安全是人类追求的基本目标之一，无论是个人、国家，还是国际社会都离不开对安全问题的关注。而在中国崛起的历史背景下，探讨中国的国家安全问题则更

---

[*] 作者简介：王晨光（1990～　），男，山西太原人，中国海洋大学法政学院国际关系专业硕士研究生，研究方向为国际关系理论、中国外交。孙凯（1976～　），男，山东青岛人，中国海洋大学法政学院副教授，研究方向为国际关系理论、极地政治、环境外交。

[①] 《中国共产党十八届三中全会公报发布（全文）》，新华网 2013 年 11 月 14 日，http：//news.xinhuanet.com/house/tj/2013-11-14/c_118121513.htm，最后访问日期：2014 年 1 月 20 日。

[②] 胡昊、王栋：《如何看待设立国家安全委员会》，《瞭望新闻周刊》2013 年第 46 期。

具有理论意义和现实价值。在国际层面，"中国崛起"触动了安全研究领域内一项古老的理论命题，即大国崛起以及由此出现的"权力转移"将导致国家间的冲突和战争。而从国内来看，处于转型期的社会暴露出了大量的矛盾和问题，对国家的稳定与发展构成了极大的威胁和挑战。当前，安全研究领域最具影响力的当属以巴里·布赞为代表的"哥本哈根学派"所提出的新国家安全观。本文将以此为理论视角，考察中国国家安全建设所面临的挑战，并在此基础上分析中国国家安全委员会的建设及其职能，进而更好地理解中国国家安全委员会的设立。

一　巴里·布赞的新国家安全观

国家安全是一个经典的研究话题。在国际关系领域，当今世界仍是一个以主权国家为主构成的体系，"所以说到底，安全的基本单元还是'国家'"[①]。但国家安全是一个莫衷一是的概念[②]。阿诺德·沃尔弗斯曾对"安全"概念的多维性进行阐述，称其是一个"模糊的符号"[③]；查尔斯·舒尔茨也指出，"国家安全这个概念本身并不意味着人们对它拥有统一而精确的界定"[④]。对此，笔者选取弗兰克·特雷格和弗兰克·西蒙尼的认识：国家安全意味着政府的某些政策能够营造适宜的国内和国际政治环境，这些环境有利于核心国家价值的保护或存续并使它们不受现时和潜在敌人的破坏[⑤]。

在古希腊时期，历史学家修昔底德对伯罗奔尼撒战争的解读是，"正是

---

① 李少军：《国家安全理论初探》，《世界经济与政治》1995 年第 12 期。

② 有关安全、国家安全的概念，可参见〔英〕巴里·布赞《人、国家与恐惧——后冷战时代的国际安全研究议程》，闫健、李剑译，北京：中央编译出版社 2009 年版，第 20~23 页；任晓：《安全——一项概念史的研究》，《外交评论》2006 年第 5 期；孙晋平：《国际关系理论中的国家安全理论》，《国际关系学院学报》2000 年第 4 期等。

③ Arnold Wolfers, *National Security as an Ambiguous Symbol*, Discord and Collabortion 7 (Baltimore: Johns Hopkins University Press, 1962), ch. 10.

④ Charles L. Scheltze, "The Economic Content of National Security Policy", *Foreign Affairs*. 51. 3 (1973): 529.

⑤ Frank N. Trager and Frank L. Simonie, "An Introduction to the Study of National Sectional Security", in *National Security and American Society* (Lawrence: University Press of Kansas, 1973), p. 36.

雅典力量的增长及其引起的斯巴达的恐惧，使得战争不可避免"①。这一认识被现实主义者所吸收，他们倾向于将安全视为权力的衍生物：拥有足够实力并占据主导地位的行为体自然将获得安全。而理想主义则从和平角度进行探讨，即倾向于将安全视为和平的结果：持久的和平将为所有国家带来安全②。这种基于权力或和平之上的安全及其维护的研究经不断发展，形成了威慑理论、均势理论、霸权稳定、安全合作、军控和裁军等分支。但这些研究基本都着眼于传统的安全领域，即"将安全等同于军事问题和武力使用"③，属于巴里·布赞眼里的"狭窄"研究路径。

以巴里·布赞为首的"哥本哈根学派"主张从"宽泛"的路径研究安全，旨在提出一种新的安全分析框架④。这种新的安全分析框架主要包括以下两个方面。第一，对安全研究领域的拓宽。沃尔兹在其著作《人、国家与战争——后冷战时代的国际安全研究议程》中将国际关系分为个人、国家和国际体系三个层次，巴里·布赞借用这一方法，将安全的主体以国家为准，向下延伸到了个人，向上延伸到了整个国际体系⑤。但国际体系仍是一种无政府结构，因而人们自然会将安全的关注点投向体系中的单元。既然国家是国际体系中的主要单元，那么国家安全便是人们关注的中心问题⑥。因此在分析层次上，国家仍然是首要的安全主体⑦。对于国家安全，巴里·布赞认为不应仅仅局限于传统的政治—军事领域，而应考虑五方面的因素，即军事、政治、经济、社会和环境。"概而言之，军事安全涉及两个层次的互动，即国家的武装进攻和防御能力同国家对彼此意图的感知之间的互动。政治安全是指国家组织体系、政府体系以及意识形态（它赋予

---

① 〔美〕小约瑟夫·奈、〔加〕戴维·韦尔奇：《理解全球冲突与合作——理论与历史》（第九版），张小明译，上海：上海人民出版社 2012 年版，第 22 页。

② 〔英〕巴里·布赞：《人、国家与恐惧——后冷战时代的国际安全研究议程》，闫健、李剑译，北京：中央编译出版社 2009 年版，第 3 页。

③ 〔英〕巴瑞·布赞等：《新安全论》，朱宁译，杭州：浙江人民出版社 2003 年版，第 2 页。

④ 〔英〕巴瑞·布赞等：《新安全论》，朱宁译，杭州：浙江人民出版社 2003 年版，第 6 页。

⑤ 〔英〕巴里·布赞：《人、国家与恐惧——后冷战时代的国际安全研究议程》，闫健、李剑译，北京：中央编译出版社 2009 年版，第 32 页。

⑥ 〔英〕巴里·布赞：《人、国家与恐惧——后冷战时代的国际安全研究议程》，闫健、李剑译，北京：中央编译出版社 2009 年版，第 24 页。

⑦ 〔英〕巴里·布赞：《人、国家与恐惧——后冷战时代的国际安全研究议程》，闫健、李剑译，北京：中央编译出版社 2009 年版，第 33 页。

前两者以合法性）的稳定。经济安全指获取资源、金融和市场的能力——无论资源、金融还是市场，它们对于维持特定福利水平和国家实力是必不可少的。社会安全指语言、文化、宗教、民族认同和习俗的传统模式不仅具备可持续性，而且具备进一步发展演进的条件。环境安全指区域或全球生物圈的维持能力——作为一种重要的支撑体系，生物圈是其他所有人类活动的前提条件。"① 这五个方面分别突出了安全问题群中的某个关键点，并非彼此孤立，而是相互交织于一个强大的关联网络之中②。在此基础上，巴里·布赞认为"所有的国家都面临着军事威胁和环境威胁的问题；几乎所有的国家都面临着程度不一的经济威胁；还有许多国家承受着政治与社会不安全的煎熬"③。

第二，对安全研究维度的明确。在进一步分析中，巴里·布赞把国家观念、国家制度和国家的物质基础视为国家的组成要素。对于各个国家来说，三个要素不同，结合方式迥异，因而其面临的威胁也就各不相同，这就使得国家安全成为一个多维度的问题④。为了更好地说明国家安全问题的多样性，巴里·布赞提出了"强国家""弱国家"的概念。强国家与弱国家（strong or weak states）不同于强国与弱国（strong or weak powers），前者的区别主要在于其社会—政治凝聚力的强弱，而后者的区别主要在于其军事和经济实力的强弱，前者并不取决于后者⑤。对于强国家而言，国家是权威的唯一来源且在民众中拥有广泛的合法性，国家观念、国家制度以及国家的领土界定明晰且保持稳定，因而国家安全的首要目标就是确保国家的各个组成要素免受外部的威胁与干涉。而弱国家没能形成稳定的政权和广泛的共识，无法消除国内政治中暴力频发的现象，此时国家安全的首要任务就在于应对源自国内的诸多威胁。但弱国家的国内安全问题经常与其对外

---

① 〔英〕巴里·布赞：《人、国家与恐惧——后冷战时代的国际安全研究议程》，闫健、李剑译，北京：中央编译出版社 2009 年版，第 25 页。
② 〔英〕巴里·布赞：《人、国家与恐惧——后冷战时代的国际安全研究议程》，闫健、李剑译，北京：中央编译出版社 2009 年版，第 25 页。
③ 〔英〕巴里·布赞：《人、国家与恐惧——后冷战时代的国际安全研究议程》，闫健、李剑译，北京：中央编译出版社 2009 年版，第 102 页。
④ 〔英〕巴里·布赞：《人、国家与恐惧——后冷战时代的国际安全研究议程》，闫健、李剑译，北京：中央编译出版社 2009 年版，第 102 页。
⑤ 〔英〕巴里·布赞：《人、国家与恐惧——后冷战时代的国际安全研究议程》，闫健、李剑译，北京：中央编译出版社 2009 年版，第 103 页。

关系纠缠在一起，因此"弱国家长期忍受着不安全，这几乎是弱国家的本质使然"①。巴里·布赞还区分了"威胁"与"脆弱性"。脆弱性是国家应对威胁的能力，与国家实力有关，也与国家—社会凝聚力有关。巴里·布赞认为"不安全是威胁与脆弱性的'综合'反映"，而国家降低不安全感的途径有二，"要么减轻自身的脆弱性，要么防止或减轻威胁"②。可见，国家安全包括内部与外部两个维度，而内部安全又是外部安全的基础，因此国家安全必须从"强国"和"强国家"两个方面进行考察。

二　新国家安全观下的中国国家安全现状

巴里·布赞的国家安全理论体现了国际安全和国内安全两个维度，突出了军事、政治、经济、社会和环境五个领域，构建了一个综合性的安全概念。依其理论来看，中国属于"强国"（strong power），也在一定意义上属于"强国家"（strong state），但当前中国面临的安全形势异常严峻和复杂。一是内部安全与外部安全交织，二是传统安全和非传统安全交织，三是突发事件和长期隐患交织。在此，笔者试图从上述的两个维度、五个领域出发，对中国的国家安全现状进行分析。

（一）军事安全

军事安全是国家需要保障的最基本安全，在传统的国家安全考量中居于核心地位。布赞认为，"军事安全议程主要考虑政府为维持它自身统治而反对内部和外部的军事威胁的能力，但是它也可能包括为保卫国家或政府、防卫对其生存的任何非军事威胁的军事力量使用"③。军事威胁的程度不一而足，从渔船的侵扰到领土占领和大规模入侵都可囊括在内；对象也可能是间接的，即只是威胁到其国外利益，如航运线、战略资源等④。由于军事

---

① 〔英〕巴里·布赞：《人、国家与恐惧——后冷战时代的国际安全研究议程》，闫健、李剑译，北京：中央编译出版社 2009 年版，第 112 页。

② 〔英〕巴里·布赞：《人、国家与恐惧——后冷战时代的国际安全研究议程》，闫健、李剑译，北京：中央编译出版社 2009 年版，第 114～115 页。

③ 〔英〕巴瑞·布赞等：《新安全论》，朱宁译，杭州：浙江人民出版社 2003 年版，第 68 页。

④ 〔英〕巴里·布赞：《人、国家与恐惧——后冷战时代的国际安全研究议程》，闫健、李剑译，北京：中央编译出版社 2009 年版，第 120～121 页。

安全的特殊性，几乎所有国家都维持了一定的军事力量并把其当作基础建设，通过防御或是报复以对抗威胁。

从当前局势看，中国的军事威胁主要来自国外，特别是与主要大国的摩擦。中国的快速崛起对美国的地位和其领导下的世界体系构成了挑战，美国在对华保持接触和沟通的同时并没有放弃防范与遏制，尤其是在其高调"重返亚太"、实施"亚太再平衡"战略之后。因此，"美国强大的军事实力和它在亚洲地区的军事存在，依然是对中国未来国家安全的主要威胁"①。如增强在亚太地区的军事实力；加强同日本、韩国、菲律宾等国之间的同盟体系；介入中国与周边国家的海洋领土争端，在钓鱼岛事件与南海危机中扮演特殊角色；保持对台军售，是"台独"势力的最大"保护伞"和两岸统一的主要障碍；等等。日本对中国的崛起也一直心存戒备，近来的海上领土争端更加重了两国的"历史性敌意"②，使中日关系跌到了冰点。虽然中日在可预期的未来发生直接军事对抗的可能性较小，但考虑到与日本的各种纠纷将长期存在，中国始终应对日本的军事大国化举动有所防备。另外，作为世界上拥有邻国最多的国家，中国的领土主权特别是海洋权益屡遭侵犯。而在走向世界的过程中，中国在保护境外投资、确保海上航运安全等方面的能力也亟待增强。

（二）政治安全

政治安全的对象是"国家的组织稳定性"③，同军事安全相比，其"关注的核心问题是对主权的非军事威胁"④。在巴里·布赞看来，"政治威胁的目的或是在某一特定政策上给政府施压，或是密谋推翻政府，或是鼓噪分离主义势力，或是破坏国家的政治结构以便在军事进攻之前弱化其能力。

---

① 王逸舟：《和平崛起阶段的中国国家安全：目标序列与主要特点》，《国际经济评论》2012年第3期。

② 巴里·布赞认为，在很大程度上，过去所经历的冲突往往使历史因素影响现在对军事威胁的认知。历史性敌意（historical enmity）的存在和反复的战争常常放大了国家当前对威胁的认知。参见〔英〕巴瑞·布赞等《新安全论》，朱宁译，杭州：浙江人民出版社2003年版，第81页。

③ 〔英〕巴里·布赞：《人、国家与恐惧——后冷战时代的国际安全研究议程》，闫健、李剑译，北京：中央编译出版社2009年版，第121页。

④ 〔英〕巴瑞·布赞等：《新安全论》，朱宁译，杭州：浙江人民出版社2003年版，第191页。

一般而言，国家观念尤其是国家认同与其支撑性意识形态，与作为国家观念载体的制度，是政治威胁的主要目标"①。国家本质上是一个政治实体，因而政治威胁并不比军事威胁来得小，对于弱国家尤其如此。但即使是强国家，政治威胁也不容忽视。

中国的政治安全建设是一项长期而艰巨的任务。在全球化的冲击下，中国的意识形态呈现多样化、复杂化的局面。又由于中国在现代传媒、文化传播等方面处于相对劣势以及西方国家的渗透，很多人"对西方文化产生亲近感、信任感，错误地认为社会主义不如资本主义，从而动摇了对社会主义和共产主义的信仰，削弱了社会主义意识形态的主导地位"②。意识形态安全是国家安全的重要保证，其"不仅仅是统治阶级的信仰和统治合理性的理论依据，更重要的是它具有维护国家政治制度的功能"③。而西方国家更是没有放弃"和平演变"的努力，试图"搞垮中国的社会主义制度，实现所谓的'资本主义全球化'"④。此外，分裂势力、暴力恐怖势力和极端势力也不断制造事端，如西藏"3·14事件"、新疆"7·5事件"、北京"10·28"暴力恐怖袭击事件等，给人民群众的生命财产安全带来了损失，对地区稳定和国家安全造成了恶劣影响。

（三）经济安全

"在国家安全的框架下，经济威胁无疑是一个最棘手和最困难的问题。"⑤ 巴里·布赞认为，在市场体系下，经济威胁大多存在于正常的生活当中，当其后果超出了严格意义上的经济领域而外溢时，国家安全问题就会浮出水面⑥。首先，一国的军事能力取决于战略物资供给和工业基础，经

---

① 〔英〕巴里·布赞：《人、国家与恐惧——后冷战时代的国际安全研究议程》，闫健、李剑译，北京：中央编译出版社2009年版，第121页。

② 卢新德：《文化软实力建设与维护我国意识形态安全》，《山东大学学报（哲学社会科学版）》2010年第3期。

③ 田改伟：《试论我国意识形态安全》，《政治学研究》2005年第1期。

④ 韩玉贵、安秀伟：《当前中国国家安全面临的挑战及应对策略》，《理论学刊》2009年第12期。

⑤ 〔英〕巴里·布赞：《人、国家与恐惧——后冷战时代的国际安全研究议程》，闫健、李剑译，北京：中央编译出版社2009年版，第126页。

⑥ 〔英〕巴里·布赞：《人、国家与恐惧——后冷战时代的国际安全研究议程》，闫健、李剑译，北京：中央编译出版社2009年版，第128页。

济衰落时国家实力也会相应衰落。其次，经济是"国家物质基础的一个组成部分，但同时它也与国家支撑性意识形态以及国家制度有着很强的联系"①。最后，在各国相互依赖日益复杂的情况下，"许多国家都无力承受商业贸易和金融的崩溃"②。

改革开放以来，中国的经济建设取得了举世瞩目的成就，中国已成为世界第二大经济体。但中国经济仍是欠发达的，经济的整体状况虽是"基本安全"，但安全程度并不高③。韩德强教授曾粗略列举了中国经济面临的内忧外患。内忧有：两极分化，内需不振，失业率居高不下，财政赤字庞大，银行巨额呆坏账，对外依存度过高，外资控制了绝大部分技术和大部分产业，产业结构停留在低技术、低附加值，产业布局过度向沿海地区集中，资源消耗过多，环境污染严重；外患有：发达国家的贸易保护主义压力上升，主要矿产资源依赖进口，外国资源方操纵资源价格，资源运输通道控制在他国手中，美国经济双赤字不断增长，国际货币体系动荡不安④。在这些威胁因素中，单个因素爆发就可以引起中国经济运行的不安，而如果多项因素同时爆发，相互作用，则足以使中国经济在短时间内陷入动荡甚至崩溃。发展是中国国家安全的首要需求，在日益遭受国际金融市场、贸易市场的冲击，国内又经历艰难的产业结构升级、经济体制改革的情形下，中国的经济安全形势越发严峻。

（四）社会安全

巴里·布赞认为，社会领域最基本的概念是"认同"。基于此，他把研究对象对准民族，把社会安全定义为"关于巨大的、自我持续'认同'的群体安全，这些群体在时间和空间上都处于变化之中"⑤。社会威胁来自国外和国内两个维度。"在国家间关系中，对社会层面的重大外部威胁同时也

① 〔英〕巴里·布赞：《人、国家与恐惧——后冷战时代的国际安全研究议程》，闫健、李剑译，北京：中央编译出版社 2009 年版，第 127 页。

② 〔英〕巴里·布赞：《人、国家与恐惧——后冷战时代的国际安全研究议程》，闫健、李剑译，北京：中央编译出版社 2009 年版，第 131 页。

③ 赵英、李海舰等：《大国之途——21 世纪初的中国经济安全》，昆明：云南人民出版社 2006 年版，第 301 页。

④ 韩德强：《中国经济安全到了建国以来很危险的时期》，《探索》2006 第 6 期。

⑤ 〔英〕巴瑞·布赞等：《新安全论》，朱宁译，杭州：浙江人民出版社 2003 年版，第160 页。

是对国家认同的一种威胁，因而社会威胁很容易危及政治领域。"① 而如果将"社会安全理解为在保持传统语言、文化、宗教认同、种族认同和习俗的存续的同时，为它们的进一步演化创造可能的条件"②，那么威胁就更多来自国家内部。

按照巴里·布赞对社会安全的认识，中华民族面临的社会威胁一方面来自西方文化的冲击，另一方面来自社会道德素养的滑坡和文化产业发展的滞后。"文化是一个国家和民族的命脉所系，文化安全关系民族的繁荣昌盛和国家的长治久安。"③ 西方文化在对中国传统文化造成冲击的同时更威胁着政治领域的意识形态安全，而社会道德素养滑坡、文化产业发展滞后，则在很大程度上削弱了民族自信和民族认同。从"群体认同"的角度来看，中国更大的社会安全问题来自阶层固化、对立所带来的不利影响。资源在社会成员中的不平等分配出现了阶层分化，阶层间流动不畅又导致阶层固化，使各阶层成员形成了各自的认同。在此情形下，贫富对立、官民对立、城乡对立、劳资对立等不断加剧，社会在仇富、仇官等心态下潜藏着分裂和动荡的隐患，这从近年来频发的群体性事件中就可窥见一斑。对此，刘跃进教授就认为"公平正义问题、收入分配问题、教育问题、医药问题、上访问题等等，都是影响我国国家安全特别是社会安全的因素"④。

（五）环境安全

由于人类活动的不断扩张，环境问题不再仅仅是随机的命数问题，而逐渐成为国家安全议程的主题⑤。如气候变化，无论是变冷还是变暖都"将完全改变人类的生存格局，进而摧垮许多国际体系中现存的社会和政治结构"⑥。这种环境问题往往会危及全人类，因而"环境安全的基本逻辑是通

① 〔英〕巴里·布赞：《人、国家与恐惧——后冷战时代的国际安全研究议程》，闫健、李剑译，北京：中央编译出版社 2009 年版，第 125 页。
② 〔英〕巴里·布赞：《人、国家与恐惧——后冷战时代的国际安全研究议程》，闫健、李剑译，北京：中央编译出版社 2009 年版，第 125 页。
③ 叶金宝：《文化安全及其实现途径》，《学术研究》2008 年第 8 期。
④ 刘跃进：《国家安全体系中的社会安全问题》，《中央社会主义学院学报》2012 年第 2 期。
⑤ 〔英〕巴里·布赞：《人、国家与恐惧——后冷战时代的国际安全研究议程》，闫健、李剑译，北京：中央编译出版社 2009 年版，第 134 页。
⑥ 〔英〕巴里·布赞：《人、国家与恐惧——后冷战时代的国际安全研究议程》，闫健、李剑译，北京：中央编译出版社 2009 年版，第 135 页。

过一种全球视野来观察的"①。对于国家来说，地震、海啸、洪水等灾害带来的损失不亚于一场战争，对资源的争夺也可能导致国家间的冲突，环境威胁"能损害国家的物质基础，或许还会在相当程度上伤及国家的观念和制度"②。

就中国而言，来自生态环境方面的威胁格外之重。从自然条件来看，作为世界人口第一大国，中国面临巨大的人口压力；山区占国土总面积的三分之二以上，而西部地区的生态环境更是脆弱。从经济模式来看，由于长期采取粗放型的经济增长模式，在环保方面意识淡薄、行动迟缓，更降低了中国的环境安全系数。当前，中国的环境安全形势可以从三个方面考察。在全球层次上，受到海平面上升、气候变化等全球性环境问题的威胁；在国际层次上，海洋、国际性河流的污染以及酸雨、沙尘暴等，可能引起与周边国家的环境摩擦，影响与邻国的关系；在国内层次上，环境恶化和资源枯竭不仅影响经济的可持续发展，而且可能引发人民群众的不满和社会冲突，特别是在内地边远省份，环境问题可能影响国防建设③。国内层次是国家环境安全建设的重点，也是解决其他层次问题的基础。当前，中国的生态环境安全主要表现在大气安全、水资源安全、国土资源安全和生物物种安全等方面④。另外，近年来频发的自然灾害更使生态环境安全建设变得迫在眉睫。

三 新国家安全观下的中国国家安全委员会建设

安全是国家发展的前提和核心，"无论社会如何发展，安全永远是最不可或缺的公共产品"⑤。面对当前如此复杂、严峻的国家安全挑战，中国国家安全委员会（以下简称"国安委"）应运而生，这"标志着国家安全工作

---

① 〔英〕巴瑞·布赞等：《新安全论》，朱宁译，杭州：浙江人民出版社 2003 年版，第111 页。
② 〔英〕巴里·布赞：《人、国家与恐惧——后冷战时代的国际安全研究议程》，闫健、李剑译，北京：中央编译出版社 2009 年版，第 134 页。
③ 徐华炳：《非传统安全视野下的环境安全及其中国情势》，《社会科学家》2006 年第 6 期。
④ 徐岩：《我国国家生态安全问题之根源探究》，《前沿》2011 年第 3 期。
⑤ 余潇枫：《中国社会安全理想的三重解读》，《新疆师范大学学报（哲学社会科学版）》2013 年第 5 期。

进入了'中央强有力统筹，跨部门整合，从战略上主动运筹'的历史新阶段"①。

从全球范围内看，美国早在1947年就根据《国家安全法》设立了国家安全委员会，整合了外交、国防、情报等多个部门，俄罗斯、法国、印度等国也设有类似的机构。可见，设立统一的国家安全机构协调各个部门，采取综合手段处理和应对国家安全问题是世界各国的惯常举措。对于中国国安委来说，虽然实质性、具体性的方案还有待出台，但它必将是一个"层级高、范围广、兼管内外事务、以协调为主、决策权力在中央"②的机构，包含军事、公安、国安、外交、交通、民政等多个部门，解决当前中国维护国家安全的力量分散在政府、军队等，无法统筹协调、形成合力的问题。就职能而言，其"主要重心在决策制定维护国家安全的中长期顶层战略，同时也可发挥应对重大突发事件的协调指挥作用，作出快速反应"③。总之，作为一个综合安全体系，国安委应坚持"内外兼修、统筹兼顾、全面推进"的原则，统筹国内安全与国际安全、传统安全与非传统安全、现实威胁与长远挑战，在各领域承担起战略部署、常态管理、应急处置等职能。

在军事安全领域，国安委应有效协调外交与国防力量，制定较为明确的国家对外战略。在外交上，首先要处理好与大国之间的关系：努力构建"不冲突、不对抗，相互尊重，合作共赢"的中美新型大国关系；深化与俄罗斯的"全面战略协作伙伴关系"；促进中欧互利平等合作；完善与"金砖国家"的互信合作机制等。其次要注重周边外交：加强上海合作组织建设，在处理争端上表现出更高的智慧，落实习近平总书记坚持与邻为善、以邻为伴，坚持睦邻、安邻、富邻，以亲、诚、惠、容的理念为中国国内建设创造良好的周边环境④的战略部署。最后应坚持"和平共处五项原则"，加强与广大发展中国家的交往与合作，维护日益扩展的海外利益。在国防上，

---

① 陈向阳：《抓紧运筹新时期中国国家安全战略》，《瞭望新闻周刊》2013年第48期。
② 《中央设国家安全委员会　安全形势复杂防患于未然》，中国新闻网2013年11月13日，http://www.chinanews.com/gn/2013/11‒13/5494939.shtml，最后访问日期：2014年1月21日。
③ 《设立国家安全委员会是战略顶层设计》，新华网2013年11月14日，http://news.xinhuanet.com/comments/2013‒11/14/c_118135218.htm，最后访问日期：2014年1月21日。
④ 习近平：《让命运共同体意识在周边国家落地生根》，新华网2013年10月25日，http://news.xinhuanet.com/2013‒10/25/c_117878944.htm，最后访问日期：2014年1月21日。

首先要扎实推进军事现代化，加强军队信息化建设与高科技武器装备建设，增强国防实力与军事威慑力；其次要继续坚持从严治军，抑制军队腐败，使军费向"能打仗、打胜仗"聚焦，强化、细化军事斗争准备；最后要积极拓展军事外交，增强军事互信与合作。

在政治安全领域，国安委应"软硬兼施"，维护政权稳固和国家统一。在意识形态方面，要坚持"先进性和群众性的统一，使之更好地反映广大人民群众的根本利益，并在形势不断变化中为广大人民所认同"①；要重视宣传思想工作，加强信息安全建设，巩固马克思主义的指导地位，巩固全党全国人民团结奋斗的共同思想基础②。在国家制度方面，要积极肯定在中国特色社会主义制度体系下所取得的巨大成就，并在各领域使之不断完善和创新，使广大人民群众认识到这一制度与中国国情的契合性，体会到社会主义制度的优越性。在对待恐怖主义、分裂主义、极端主义这三股势力上，一方面要整合武警、公安等力量，快速反应，严厉打击，坚决捍卫国家安全和人民群众利益；另一方面要进一步贯彻民族平等、团结和共同繁荣的原则，完善民族区域自治制度，消除三股势力存在的土壤。总之，要增强社会的凝聚力和民族的向心力，让人民群众心怀道路自信、理论自信、制度自信。

在经济安全领域，国安委应防止经济威胁"外溢"，确保国家经济稳定与发展。在国内层面，要深化市场经济体制改革：继续坚持以经济建设为中心，满足人民日益增长的物质文化需求和国家各项事业建设的需要；促进产业结构合理发展与优化升级，不断提高科技创新能力和自主研发水平；大力推进分配体制改革，缩小地域、城乡、行业之间的收入差距，促进经济可持续发展；等等。在国际层面，要增强抵御外来风险和冲击的能力：建立金融领域的防范和抗风险机制，应对国际资本冲击，确保外汇储备安全；在加强与中亚、非洲等地区能源合作的同时，要大力提高能源利用率，开发新能源，降低自然资源的对外依赖度；善于运用国际机制应对日益增多的贸易摩擦，稳步推动周边经济合作机制与全球自贸区建设，积极致力

---

① 宋效峰：《文化全球化与我国的意识形态安全》，《中共天津市委党校学报》2006 年第 3 期。

② 习近平：《意识形态工作是党的一项极端重要的工作》，新华网 2013 年 8 月 20 日，http：//news. xinhuanet. com/politics/2013–08/20/c_ 117021464. htm，最后访问日期：2014 年 1 月 21 日。

于构建更加公正合理的世界政治经济新秩序；等等。此外，目前正涌起一股以技术精英与企业家为主的移民潮，这意味着中国知识与财富的双重流失①，对此也必须有所警觉。

在社会安全领域，国安委首先应加强文化安全建设，构建文化认同。文化认同是民族认同和国家认同的基础②。对于民族认同来说，要继承和弘扬中华民族的优秀传统文化，增强文化生命力，进而提升民族自信、鼓舞民族精神。国家认同主要是对国家政治文化即中国特色社会主义文化的认同，包括主流意识形态、社会主义和谐价值体系、共产主义理想、社会主义荣辱观、国家上层建筑等③，与政治安全联系紧密。其次要消除阶层分化、对立的认同倾向。阶层分化、对立源于公平正义的缺失，社会管理的滞后又加剧了这种情况。因此，国安委不仅急需"改进社会治理方式，激发社会组织活力，创新有效预防和化解社会矛盾体制，健全公共安全体系"④，更需要从根源入手，加强社会公平正义的建设，特别是改革收入分配体制。正如王绍光教授所言："遏制分配不公的势头现在已不仅仅是个社会伦理问题，而且是危及国家政权稳定的重大政治问题。"⑤

在环境安全领域，国安委要承担起一定的协调、应急职能，为可持续发展与人民的生命健康提供保障。在经济上，要走环境友好型、资源节约型道路，如减少农药、化肥的使用，把生产污染防治从终端控制为主转向生产全过程控制。在政治、法律上，要加强对环境领域的立法工作并加强执法监督力度；改变 GDP 至上的政绩考核模式，促使各级政府把环境安全置于更加重要的位置；建立国家生态环境安全监测预警和快速反应系统，对严重的自然灾害和人为的生态环境破坏作出有效应对；等等。在思想文化观念上，要加强舆论引导，提高全民环保意识，形成自觉遵守环境法律

---

① 波涛：《我国经济安全面临六大挑战》，中国证券网 2011 年 4 月 7 日，http：//www. cnstock. com/index/gdbb/201104/1241345. htm，最后访问日期：2014 年 1 月 21 日。

② 于炳贵、郝良华：《中国国家文化安全研究》，济南：山东人民出版社 2007 年版，第 17 ~ 18 页。

③ 孟宪平：《文化安全、文化自觉与文化认同——我国的文化安全问题及其应对》，《理论探索》2008 年第 6 期。

④ 《中国共产党十八届三中全会公报发布（全文）》，新华网 2013 年 11 月 14 日，http：// news. xinhuanet. com/house/tj/2013 - 11 - 14/c_ 118121513. htm，最后访问日期：2014 年 1 月 20 日。

⑤ 王绍光：《安邦之道——国家转型的目标与途径》，北京：三联书店 2007 年版，第 384 页。

法规、保护环境的良好风气。在对外交往上，应积极参与全球环境事务，拓展环境领域的交流与合作，在争取西方国家资金、技术支持的同时防范其转移污染和废弃物，同时还应防止因环境摩擦而可能导致的国际冲突。总之，环境安全需要多方面建设，"决不能像某些国家一样，在交了巨额的学费之后才意识到国家环境安全的重要性"①。

四　结论

综上所述，巴里·布赞的新国家安全观对中国的国家安全建设和维护具有重要的启示意义和参考价值。新国家安全观从国际、国内两个维度认识国家安全，与中国一贯的统筹国内、国际两个大局的战略相一致，也符合中国"由内而外"实现崛起的逻辑。其把国家安全划分为军事、政治、经济、社会、环境五个领域，则与胡锦涛在中国共产党第十八次全国代表大会上提出的建设中国特色社会主义，要全面落实政治文明、经济文明、文化文明、社会文明和生态环境文明"五位一体"的总布局有着极高的契合度。

当前，中国在上述两个维度、五个领域都面临众多安全方面的挑战。因此在中国共产党十八届三中全会后，中国必须促进政治、市场和社会等体制的改革和进步，努力建设成"强国"和"强国家"，全面提升国家安全质量。而对于国安委来说，则必须从战略高度统筹国际、国内两个大局，应对国际安全问题国内化和国内安全问题国际化带来的冲击；同时，要有效协调、整合各部门力量，防止各领域安全问题的相互影响和转化。"'安全梦'是'中国梦'序列中的第一愿景"②，国安委的成立既是顺应形势、立足现实的需要，也是未雨绸缪、防患未然的部署，其必将承担起为中国崛起和中华民族伟大复兴保驾护航的历史职责。

---

① 杜玉华、文军：《论国家环境安全及其对中国的启示》，《世界科技研究与发展》2000 年第 6 期。

② 余潇枫：《中国社会安全理想的三重解读》，《新疆师范大学学报（哲学社会科学版）》2013 年第 5 期。

Issues of Chinese National Security Based on the New National Security Views

—Also on Construction and Functions of the Chinese State Security Council

Wang Chenguang   Sun Kai

Abstract: In the background of China's rise, the issue of China's national security issues gained more and more attention. The new national security views of Barry Buzan understanding national security from the international and domestic dimensions, military, political, economic, social, environmental five areas, inspire China must construct "strong power" and "strong state" from multi-dimensional and multi-areas. The Third Plenary Session of the Eighteenth Central Committee of the Communist Party of China made a strategic that establishing the State Security Committee, provided new opportunities for the construction of China's national security. As a comprehensive security system, China's State Security Committee will also be an integrated security system to protect China's rise.

Key words: Barry Buzan, new national security views, the State Security Council, construction of China's national security, China's rise

海洋相关会议综述

REVIEWS OF MARINE
RELATED FORUMS

中澳海岸带管理研究中心董事会
暨新南威尔士大学—中国海洋大学合作
研究研讨会"胶州湾项目启动会"综述

乔璐璐　王小华　梁生康　马英杰[*]

摘要：中澳海岸带管理研究中心董事会暨新南威尔士大学—中国海洋大学合作研究研讨（胶州湾项目启动会）于 2013 年 10 月 25 日在中国海洋大学召开。本次会议在总结中澳海岸带管理研究中心 2012～2013 年工作成果基础上，展望未来五年的研究计划，并分别以"胶州湾综合研究""大尺度海洋过程、气候变化及其对海岸带系统的作用"以及"海岸带监测和卫星遥感"为主题开展中澳学术交流讨论。

关键词：海岸带管理　胶州湾　新南威尔士大学—中国海洋大学

中澳海岸带管理研究中心（Sino-Australian Joint Research Center for Coastal Zone Management）是由中国海洋大学和澳大利亚新南威尔士大学联合发起成立的国际联合研究机构。该机构于 2010 年 11 月成立，在建立和完善海洋管理理论，促进中国、澳大利亚和其他相关国家提高海洋管理水平，实现海岸带地区可持续发展等方面发挥了积极作用。

2013 年 10 月 25 日，中心董事会暨新南威尔士大学—中国海洋大学合作研究研讨会（胶州湾项目启动会）在中国海洋大学召开。中国海洋大学

---

[*] 作者简介：乔璐璐，（1981～　），女，山东青岛人，中国海洋大学海洋地球科学学院副教授，博士，研究方向为沉积动力学。王小华（1962～　），男，浙江杭州人，澳大利亚新南威尔士大学副教授（美国学术等级教授）、中国海洋大学绿卡教授，中澳海岸带管理研究中心澳方主任，博士，博士生导师，研究方向为物理海洋学。梁生康（1972～　），男，山西运城人，中国海洋大学海洋化学理论与工程技术教育部重点实验室副教授，博士，研究方向为污染生态化学。马英杰（1965～　），女，中国海洋大学法政学院教授，博士，研究方向为海洋法学、环境法学。

校长吴德星，澳大利亚新南威尔士堪培拉校区校长 Michael Frater 及多位院长，澳大利亚麦考瑞大学悉尼海洋科学研究所、全球港口项目负责人 David Roftos 教授，青岛市政协副主席王修林等参加会议，另有国家自然科学基金委员会、国家海洋环境预报中心、国家海洋信息中心、国家海洋局第一海洋研究所、中国科学院烟台海岸带研究所、中科院海洋研究所、青岛市环境保护局、青岛市环境监测中心站等共 12 个单位、39 名专家学者参加会议。

会议在王小华教授汇报的中澳海岸带管理研究中心 2012～2013 年取得的主要成果基础上，开展了以"胶州湾综合研究""大尺度海洋过程、气候变化及其对海岸带系统的作用"和"海岸带监测和卫星遥感"为主题的学术交流。此次会议充分梳理、汇报中心的年度成果，在开展国际交流的基础上展望未来的研究计划，对中澳海岸带管理研究中心的未来发展提出指导性意见，对加强澳大利亚新南威尔士大学和中国海洋大学的交流、合作起到重要作用，对提升中澳海岸带管理水平意义重大。

一 中澳海岸带管理研究中心 2012～2013 成果显著

中澳海岸带管理研究中心以发展海岸带海洋预报和管理系统、为学生提供优良的中澳海岸带管理指导和科研训练环境、加强中澳学者合作研究为目标。2012～2013 年该中心取得了丰硕的成果，包括培养 4 名研究生、获得澳大利亚新南威尔士大学 1 项和中国海洋大学 2 项支持项目（总经费 9.8 万澳元）、发表论文 17 篇、参加国际会议及研讨会 7 次。在围填海对海洋潮动力和泥沙输运研究方面，取得了重要进展。以中国东海为例，揭示了潮滩对潮能的存储作用要远大于其对潮能的耗散作用，因而围填海导致的潮滩损失会对整个海域的潮汐系统产生重要影响；中国东部海岸的围填海能够影响朝鲜半岛西岸的潮汐，反之亦然；潮汐变化能够引起水位增加，加剧风暴潮的危害，而潮流变化能够给不同地区的港口带来泥沙淤积或者岸线侵蚀等灾害①。以中国长江口北槽深水航道枯水期为例，揭示了人类海洋工程对河口航道泥沙输运机制的改变；堤坝的建立切断了长江口不同航

---

① Song, D., X. H. Wang, X. Zhu, and X. Bao (2013a), "Modelling Studies of the Far-field Effects of Tidal Flat Reclamation on Tidal Dynamics in the East China Seas", *Estuarine, Coastal and Shelf Science*, 133, 147–160, doi: 10.1016/j.ecss.2013.08.023.

道间的泥沙输运，但从另一方面加强了盐度锋和浊度锋，以及绕堤泥沙的入侵；数模结果展示了不同强迫下，深水航道内泥沙输运量和淤积量的变化情况，统计结果显示波浪掀沙作用最为重要，其次是西北风情况下航道内的淤积要大于东南风的情况[1][2]。在此基础上，讨论和初步制定了未来五年的研究计划。

二 青岛市海洋生态文明建设的问题和建议

青岛市政协副主席王修林介绍了青岛市海洋生态文明建设中目前存在的主要问题和相应建议。报告指出，青岛市在加快实施国家蓝色经济战略中，海洋生态环境建设取得了一系列初步成效。然而，由于我国经济仍处于高速发展阶段，青岛市海洋生态环境建设与党的十八大关于生态文明建设的要求还存在相当大差距，特别是当前陆源排污刚性增长和青岛近海尤其是胶州湾水质急需改善之间的矛盾日益突出。目前，主要问题突出表现在以下4个方面：近海生态环境质量恶化问题严重、海洋生态环境建设总体规划制定相对滞后、海洋生态环境保护管理体制不健全以及海洋生态环境建设的科研支撑仍显薄弱。

围绕加快推进青岛市经济社会发展与海洋生态环境保护相统一，报告提出了4个方面的建议：完善规划，加强海洋生态环境建设的顶层设计；创新发展，全面加强海洋生态环境建设的保障措施；统筹安排，全面提升海洋生态环境建设的科学化水平；加大支持，全面提高海洋生态环境建设的科技支撑能力。报告建议设立"青岛市海洋生态建设研究科技专项基金"，有计划地组织海洋科学、环境科学、管理科学等多学科的专家学者，与规划、市政、水利、海洋、环保等部门的管理者，通过滚动式"科技专项计划"形式，协力解决青岛市海洋生态环境建设的重大科技、管理、工程等

---

① Song, D., X. H. Wang, Z. Cao, and W. Guan (2013b), "Suspended Sediment Transport in the Deepwater Navigation Channel", Yangtze River Estuary, China in the dry season 2009: 1. Observations over spring and neap tidal cycles, *Journal of Geophysical Research*: *Oceans*, 118, 1 – 13, doi: 10.1002/jgrc.20410.

② Song, D., and X. H. Wang (2013c), "Suspended Sediment Transport in the Deepwater Navigation Channel", Yangtze River Estuary, China in the Dry Season 2009: 2. Numerical Simulations, *Journal of Geophysical Research*: *Oceans*, 118, 1 – 23, doi: 10.1002/jgrc.20411.

问题①。

三 海岸带研究及大尺度海洋过程、 气候变化对海岸带系统的作用

中澳海岸带管理研究中心 2013 年获得中央高校业务科研费支持，对胶州湾海岸带管理开展重点研究，此次会议也是胶州湾项目启动会。会议中以"胶州湾综合研究"为议题，与会专家学者汇报了胶州湾环境长期演变、海洋生态水质环境以及法律法规政策等研究成果。李广雪教授对胶州湾岸线变化及其带来的水动力条件演化和海湾冲淤趋势变化进行汇报：1863 ~ 1935 年胶州湾以自然演变为主导，岸线变化很小，因自然淤积潮间带面积缓慢减小，72 年仅减少了 15.68 平方千米；而 1935 年以后受人类活动影响，胶州湾岸线变化很大，大面积的自然潮滩被盐田养殖区和人工填海代替，岸线普遍向海推进，总体上趋于平直，这造成潮间带面积和纳潮量急剧减小②；1990 年代以后，潮滩和浅水区受到侵蚀，湾内深水区发生淤积，水道淤积变浅，口门区域也开始淤积，口门外落潮三角洲缓慢淤积增长③。梁生康副教授对胶州湾水质长期演变及其与岸线演变的关系进行进一步的统计分析。王小华教授对海岸围垦对于胶州湾水动力的影响等进行汇报，基于 FVCOM 数值模拟结果，指出 M_2 分潮振幅和迟角对岸线变化不敏感，然而浅水分潮 M_4 分潮的振幅从 1935 年到 1966 年增大了 80%，这主要和潮滩面积减小有关，将明显加剧 M_2—M_4 潮汐不对称④。研讨会还展示了胶州湾海洋生态系统、大沽河流域营养盐、青岛海域污染物总量控制的研究成果，马英杰教授对胶州湾法律法规进行综述，澳大利亚新南威尔士大学的 Stuart Pearson 教授建议将澳洲海岸带综合管理的经验应用到蓝色经济区的可

① 王修林：《青岛市政协关于进一步加强我市海洋生态文明建设的建议》，胶州湾项目启动会大会报告，2013 年 10 月，中国青岛。
② 周春艳、李广雪、史经昊：《胶州湾近 150 年来海岸变迁》，《中国海洋大学学报（自然科学版）》2010 年第 7 期。
③ 史经昊：《胶州湾演变对人类活动的响应》，中国海洋大学博士学位论文，海洋地球科学学院，2010，第 73 ~ 87 页。
④ Gao G D, X. H. Wang, X. W. Bao and P. McIntyre, "Land Reclamation and Its Impact on Hydrodynamics in Jiaozhou Bay", Qingdao, China. In preparation.

持续发展研究中。

在"大尺度海洋过程、气候变化及其对海岸带系统的作用"议题中，林霄沛教授介绍了海岸带对全球气候变化响应的部分研究成果，季宣良博士对西北太平洋碳循环的时空变化模拟结果进行汇报，高会旺教授介绍了风尘沉积对北太平洋叶绿素分布的影响。在"海岸带监测和卫星遥感"议题中，与会专家们分别介绍了基于遥感资料的近 39 年崇明东滩岸线变化、黄海东海秋季浮游动物群落结构和中国东海海表温度长期变化趋势等研究成果。

四 中澳海岸带管理研究中心是中澳海岸带 学者密切合作、交流的桥梁

与会专家学者对国际前沿杂志 *Estuarine，Coastal and Shelf Science* 专刊出版、国家自然科学基金申请、973 计划申请和全球港口研究计划等展开热烈讨论。澳大利亚麦考瑞大学悉尼海洋科学研究所的 David Raftos 教授介绍了悉尼港面临的海洋问题和全球港口研究计划。他认为青岛港是全球港口研究计划中的一个重要研究对象，中澳海岸带管理研究中心是悉尼海洋科学研究所和中国海洋大学进一步密切合作的桥梁。

此次会议总结了中澳海岸带研究的相关成果，提出课题申请计划等，对加强澳大利亚新南威尔士大学和中国海洋大学的交流、合作起到重要作用，对提升中澳海岸带管理水平意义重大。

The Summary of Advisory/ Management Committee Meeting and UNSW-OUC Collaborative Research Workshop（Jiaozhou Bay Project Kick-off Meeting）

Qiao Lulu　Wang Xiaohua　Liang Shengkang　Ma Yingjie

Abstract：The Advisory/ Management Committee Meeting and UNSW-OUC Collaborative Research Workshop（Jiaozhou Bay Project Kick-off Meeting）was held on Oct 25th, 2013 in the Ocean University of China. Based on the report of Sino-Australia Research Center for Coastal Management (SARCCM), great a-chievements have been achieved during 2012 – 2013. Future plan was also dis-cussed in the meeting. In the following UNSW-OUC collaborative research work-shop, three sessions were included, which are session 1, Jiaozhou Bay integrated research, session 2, large scale oceanic process, climate change and its impact on coastal systems, and session 3, coastal monitoring and remote sensing.

Key words: coastal management, Jiaozhou Bay, UNSW-OUC

海洋社会变迁与海洋强国建设研讨会暨
第四届中国海洋社会学论坛综述

韩兴勇　陈　晔*

摘要：在贵阳 2013 年中国社会学年会上，中国社会学会海洋社会学专业委员会（筹）、中国海洋大学、上海海洋大学承办以"海洋社会变迁与海洋强国建设"为主题的第四届中国海洋社会学论坛，论坛内容涵盖海权与海洋强国、海洋社会学研究与海洋意识、海洋社会管理与发展、海洋文化与社会发展四个主要领域。与会学者就海洋强国与社会发展、海洋环境变迁与社会、海洋公共资源保护、海洋开发利用、海洋社会学理论建设、钓鱼岛争端、长三角海洋文化产业发展、南海石油开发、海洋社会管理模式创新、渔民增收、海洋教育与意识培育、海岛城乡一体化、当代中国海权论等议题进行广泛而深入的研讨。其中既有理论研究，也有实证研究；既有宏观研究，也有微观与中观研究。此次论坛表明我国海洋社会学研究经过十余年左右的酝酿与发展，至今已形成日趋明晰的研究对象与方法以及一支富有发展潜力的研究队伍，研究成果也受到越来越广泛的关注。第四届中国海洋社会学论坛被评为 2013 年中国社会学会学术年会优秀论坛。

关键词：海洋社会　海洋强国　文化建设　海洋意识　海洋社会管理

中国有辽阔的海洋，有庞大的海洋社会群体，更有悠久的利用海洋发展社会经济的历史和丰富的海洋文化，这些都是我们建设美丽中国海洋的重要基础。党的十八大报告明确指出："提高海洋资源开发能力，发展海洋

---

* 作者简介：韩兴勇（1957~　），男，浙江绍兴人，上海海洋大学经济管理学院教授，博士，研究方向为经济学、社会经济史和海洋社会文化。陈晔（1983~　），男，浙江镇海人，上海海洋大学经济管理学院讲师，博士，研究方向为海洋文化、文化经济学和国际直接投资。

经济，保护海洋生态环境，坚决维护国家海洋权益，建设海洋强国。"这是我们党准确把握时代特征和世界潮流，深刻总结世界主要海洋国家和我国海洋事业发展历程，统筹谋划而作出的战略抉择，充分体现党的理论创新和实践创新，具有重大的现实意义和深远的历史意义。大力发展海洋事业和建设"海洋强国"是我国经济社会发展的又一新的重要举措。国家提出建设"美丽中国"的伟大目标，建设美好的海洋社会也是建设"美丽中国"伟大目标的重要方面。

正是在此背景下，在社会各方面的积极支持和海洋人文社会科学与自然科学研究者的共同努力下，海洋社会学得到蓬勃发展，广东省社会学会海洋社会学专业委员会于 2009 年成立，并与广东海洋大学等合作在西安举行的中国社会学会 2009 年学术年会上承办"海洋社会变迁与海洋社会学学科建设"分论坛。2010 年 7 月，经中国社会学会等机构批准，中国海洋大学等在 2010 年中国社会学年会上合作召开中国社会学会海洋社会学专业委员会（筹）成立大会，同时举办主题为"海洋开发与社会变迁"的第一届中国海洋社会学论坛。2011 年 7 月，上海海洋大学在江西南昌举办主题为"海洋社会管理与文化建设"的第二届中国海洋社会学论坛。2012 年 7 月，中国海洋大学在宁夏银川召开主题为"社会管理创新：理论与实践"的第三届中国海洋社会学论坛。从此，中国的海洋社会学研究和讨论开始在全国社会学领域开展，并逐渐深入到海洋社会学的各个研究方面。在前三届的基础上，2013 年 7 月，中国社会学会海洋社会学专业委员会（筹）、中国海洋大学、上海海洋大学在贵州贵阳举办主题为"海洋社会变迁与海洋强国建设"的第四届中国海洋社会学论坛。

一 第四届海洋社会学论坛综述

第四届中国海洋社会学论坛的主题是"海洋社会变迁与海洋强国建设"，围绕该主题研究者共提交论文 48 篇，有数位与会专家、青年学者、研究生发言。论坛将主题分为四个中心议题——海权与海洋强国、海洋社会学研究与海洋意识、海洋社会管理与发展、海洋文化与社会发展。

(一) 海权与海洋强国

论坛的第一中心议题围绕海权与海洋强国展开。与会代表讨论了张謇的"渔权即海权"思想、当代中国的海权论、建设海洋强国背景下海洋社会管理创新模式及海洋国土的开发利用、海洋开发对中国未来发展的战略意义、钓鱼岛争端等方面的问题。

张謇是我国近代著名的实业家、教育家。上海海洋大学海洋文化研究中心副主任宁波副研究员以"渔权即海权:张謇渔业思想的核心"为题,对张謇的"渔权即海权"思想进行介绍。清末,张謇有感于德、日入侵,海权旁落,提出一系列渔业思想,并通过筹办渔业公司、宣示渔界海图、倡办水产教育、推行渔政管理、制定渔业法规等途径,实践其渔业思想。综合张謇的渔业思想与实践,可以将其概括为"渔权即海权"。

上海海洋大学人文学院讲师姜地忠博士认为当代中国学界关于"海权"有两个不同的版本。通过对《海权对历史的影响》的解读,可以发现这种差异来自军事活动本身的特殊性。军事学视角的海权论在逻辑上必然得出对抗性的结论,对于中国海洋事务的发展、海军的建设而言,都不是一种可行的指导思想。当代中国海洋事业的发展必须超出纯粹军事学的海权视角,必须在更广泛的国内国际的社会、经济、政治、外交、法律等活动与制度框架内进行思考和推进。

中国海洋大学法政学院教授同春芬通过对相关概念的梳理与界定,认为国内海洋经济迅猛发展对海洋社会管理提出新要求。新型海洋利益集团与公民对于参与海洋管理的强烈诉求,需要我们进行海洋社会管理创新,需要构建"以海洋局和国家海洋委员会为中心的、以各级海洋协调委员会为协调组织的、以沿海社区为基层平台的中国特色海洋社会管理模式"的基本框架。

中国海洋大学法政学院讲师杨洋博士,系统分析了当前我国海洋国土开发利用过程中面临的诸多挑战,如海洋国土划界和岛礁归属存在争端、海洋国土观念淡薄、海洋管控能力不强、粗放型的低效开发利用普遍存在、海洋灾害频发、生态环境破坏严重等,建议妥善处理归属争端问题,完善海洋立法工作,强化全民族的海洋国土意识,建立陆海统筹的综合管控机制,走科技兴海之路,促进海洋开发从粗放利用向集约利用转变,建立中国海洋灾害综合风险管理体系，注重海洋国土开发利用中的生态文明导向。

广东海洋大学政治与行政学院讲师付海梅认为国际格局的变化助推钓鱼岛争端。中日钓鱼岛之争持续升温，美国的立场对日本很重要。美国一方面宣布采取"不持特定立场"的"中立"态度，另一方面又对日本单方面取消"利剑"演习的夺岛内容，以避免刺激中国的做法表示不满，这实际上表明美国态度的两面性。究其原因有两点，一是钓鱼岛本身是日本的而非美国的利益；二是钓鱼岛问题从日本的角度讲是主权归属问题，而在美国看来，钓鱼岛的位置则与封堵中国的海上岛链密切相关，从地缘战略的角度考虑，美国当然不愿意让钓鱼岛归于中国。今天的钓鱼岛问题实际上不但已经成为日本强化日美军事同盟的借口，也成为美国加速实行重返亚洲战略的一个着力点。从目前的形势来看，问题的解决还有相当长的路要走。

哈尔滨工程大学人文学院社会学系讲师唐国建博士认为海洋开发对中国未来发展具有重要的战略意义。"海洋的世纪"这一称谓是世界各国全面开发海洋的体现。中国是一个海洋大国，海洋开发对于国家经济、区域社会、能源开发、海洋权益保护等方面都具有重要的战略意义，是实现中国建设海洋强国的必由之路。在内在的先天发展不足和外在的政治经济压力下，中国海洋开发战略在具体内容的设定上必须要坚持四个原则，即战略指导思想的政治性、战略目标的全局性、战略重点的针对性和战略措施的可操作性。

（二）海洋社会学研究与海洋意识

论坛的第二中心议题围绕海洋社会学研究与海洋意识展开。与会代表讨论了提升海洋意识途径、海洋环境变迁、航海社会工作、地方依附感与环境行为研究、中韩渔业纠纷等方面的问题。

广东省社会科学界联合会顾问、广东省精神文明学会和广东社会学学会会长范英研究员从自觉服务海洋强国伟大战略的迫切需要出发，提出"必须在急补海洋社会科学理论研究的同时，急补海洋社会科普知识"的观点，并以广东学者于 2012 年初出版的《海洋社会学》专著，及时转化为"海洋社会 ABC·1～10 部科普丛书"（包括《海洋历史 ABC》《海洋生态ABC》《海洋经济 ABC》《海洋政治 ABC》《海洋文化 ABC》《海洋军事

ABC》《海洋外交 ABC》《海洋法规 ABC》《海洋建设 ABC》《海洋生活 ABC》）为例，阐明自觉运用马克思的"大社会系统观"和"大社会学"的基本要求开展海洋社会科普知识的研究与宣传，才能凸显海洋社会的总体面貌，增进国人对海洋社会的全新认知。

中国海洋大学法政学院教授崔凤通过文献梳理发现目前对我国海洋环境变迁的描述性研究尚属空白，一方面由于在客观上我国海洋环境不断恶化，海洋问题突出，另一方面由于在统计数据上对海洋环境描述的数据有一定的缺失，因此有必要开展对海洋环境变迁的主观感受的研究。对海洋环境的描述可以宏观统计公报数据为主，辅以对经历过不同时期渔民的口述史访谈资料。对海洋环境变迁的主观感受的研究主要应从海洋环境污染、生态破坏、资源枯竭三个方面进行研究，以与海洋密切相关的渔民群体为研究对象，口述史研究方法在研究中有重要的价值。

船员研究是构成航海研究工作中的一个重要领域，心理学较早介入该领域，但目前社会学以及社会工作方法即"航海社会工作"已开始显现作用。大连海事大学公共管理与人文学院讲师董震认为航海社会工作所展开的协助与航海心理学的心理诊疗方法在介入理念、研究场域、观察视角等方面都存在较为显著的不同，但两个学科、两种方法都拥有一个共同出发点，即缓解和解决船员群体面临的问题和困难。这两种方法可在具体的船员督导与诊疗过程中配合使用，以获得相得益彰的效果。

地方依附感与环境行为研究是地方依附感应用研究的重要内容。中国海洋大学法政学院副教授赵宗金博士以青岛石老人海水浴场为例，设计问卷测量游客的地方依附感和环境负责任行为，分析两者的关系。结果表明滨海旅游人群对旅游地不仅具有功能性的依赖，也具有情感上的依附性，这对于研究人与海洋之间的关系具有重要的意义，对利用海洋资源发展海洋经济以及保护海洋环境也提供了价值性的参考。在日后发展海洋经济的过程中，尤其是发展海洋旅游业方面，要注重海洋资源的有效利用和相关设施的配套完善，为旅游者的功能性依赖感的形成奠定良好的基础。同时，还要注重促进旅游者情感性依赖的形成，在旅游规划中更多倾向于人性化的设计，重视文化因素的培育。

2011 年底的韩国海警遇刺事件是近年频发的中韩渔业纠纷中最为惨烈的一次。上海海洋大学人文学院讲师张雯博士以"'中韩渔业纠纷'的社会学想象"为题,通过"向内"的窘迫和"向外"的诱惑两方面的分析,发现渔民处于社会利益格局的底层和全球产业链的上游,他们是获得较少的收益而承担更大的风险的"弱者",也是充满漏洞和缺乏保障机制的社会制度的"受害者"。表面上看,这只是一起渔业纠纷引起的刺警事件,实际上这起事件却反映现阶段中国以及全世界在渔业和海洋领域所面对的诸多重大问题,如海洋污染、渔民失海、渔业权、全球渔业产业结构等。

(三) 海洋社会管理与发展

论坛的第三中心议题围绕海洋社会管理与发展展开。与会代表讨论了"海洋公共池塘"、水生生物资源生态保护、传统渔业社区、南海石油开发、海洋人力资本、海岛城乡一体化、渔民保障、渤海溢油事件、海洋执法模式等方面的问题。

浙江海洋学院党委副书记黄建钢教授认为进入"海洋世纪"后,必须对"海洋"重新认识和理解。从"公共池塘"的角度来审视"海洋"就会发现,"海洋"是人类最大的一个"公共池塘"。这种全新的视角、认识和理解,可以为解决现实复杂的"海洋"纠纷和冲突,跳出"零和"状态,从而构建一个和谐的"海洋社会"提供一条创新的道路。"海洋社会"是人类社会进入21世纪后出现的一种新形态。它的标志是"海洋公共池塘"概念和理念的形成,从而构成一个既有"村落"又有"池塘"的具有"家"概念和意识的全球性与全人类的"海洋社会"。

改革开放以来,特别是2006年《中国水生生物资源养护行动纲要》实施以来,我国水生生物资源养护取得了可喜的成就。广东海洋大学思政部教授盛清才认为,我国已建立较为完善的养护执法和监管体系,水生生物资源生态养护与修复工作成效显著,水生生物多样性与濒危物种保护行动迅速,涉海工程渔业资源生态补偿机制初步建立,科学养殖推广和水域生态灾害防治进展顺利,累积了较为雄厚的科研技术力量。其面临的问题主要是:管理体制不畅,协作不够;一些地方政府重视不够,监管不力;补偿机制不完善,项目补偿落实难;补偿方式单一,操作不规范以及渔业生态补偿资金使用有缺陷;等等。当务之急是加大保护力度,构建科学的补偿机制。

中国海洋大学法政学院教授、海洋国土资源管理研究所所长王书明以

"巴西传统渔业社区的社会控制体系及其'被现代化'的遭遇——巴西海洋人类学的个案研究"为题，对"贝拉多"传统渔业社区变迁进行阐述。在没有受到外界资本侵占之前，贝拉多传统渔业社区中，当地渔民成功地管理近海渔业。贫穷落后的渔业社区和自由开放的渔业资源不仅没有产生"公用地悲剧"的现象，而且形成一套独特的非正式社会控制体系，即以船长为核心的海域资源分配体系、以尊敬和信任为基础的人际关系互动网络以及对大海既敬畏又感恩的文化信仰。在现代化进程的主流变迁中，巴伊亚的渔村贝拉多同其他传统渔业社区一样，面临工业渔业入侵而破坏原有的和谐渔业状态，生产工具的占有状况不仅直接导致渔民的经济职业分化，而且渔业开发呈现"竭泽而渔"的现象。作为资源型渔业社区既要把握住现代化变迁带来的发展机遇，又要能避免人与自然之间的冲突成为人类社会发展的主要障碍。

广东海洋大学副教授汪树民博士阐述了当前中国在南海石油开发方面落后于周边国家，导致南海海洋权益不断被蚕食的原因。这些原因既有以往战略方面的模糊，也有各种客观的制约因素，如技术方面的原因、资金不足的原因，还有不可忽视的商业风险。要改变这一状况，必须采取有力的对策，如在开发方面要舍近求远，采取强有力的措施，为中国企业开发南海石油资源提供有力的支持。

上海海洋大学人文学院讲师李国军博士以"基于就业弹性的海洋人力资本地区性差异比较分析"为题，对中国海洋人力资本进行阐述。发现沿海各地区涉海就业规模存在差异，沿海各地区涉海就业群体的人力资本存量存在差异。无论是以科技活动人员数量来衡量的海洋人力资本存量的总量，还是以受教育程度和职称结构衡量的海洋人力资本结构，地区间均存在较大差异。沿海地区不同类型人力资本的就业弹性存在差异。以受教育程度划分，海洋产业对高学历人才（研究生）就业的拉动作用更大；以职称划分，海洋产业对高级职称人才就业的拉动作用更大。海洋产业属于人才和科技密集型产业，建议沿海各地区因地制宜制定科学合理的海洋人力资源发展战略，制定高级人才优先战略，可以通过合理引进、积极培养相结合的方式，加快高级人才队伍建设，促进本地区海洋经济发展。

城乡经济社会一体化本质上是以农业为主的居民区与其他以工商业为主的居民区之间完成居民权利的平等化重构。浙江海洋学院思政部主任方志华以"海岛城乡一体化发展的制约因素及对策分析——以浙江省舟山市普陀区为例"为题，阐述海岛地区的渔农村与内陆地区的农村相比的独特地理环境。以传统捕捞业为生的渔民，对土地的依赖不及内陆的农民，渔业的产值增长较快，渔民的人均纯收入比较高，城乡收入差距不大，这些优势为渔民迁徙、"出村入城"提供了有利条件。建议加强规划调控引导，提高城乡发展协作程度，建立健全渔农村投入保障制度，创新渔农村集体产权制度，创新渔农村基层社会管理服务模式，创新渔农村土地管理模式，积极探索农民工和外来实用人才进城落户制度。

浙江海洋学院社科部副教授王建友通过分析比较我国沿海渔民与农民在风险承担及社会保障方面的差异，发现渔民的发展潜力低于农民，渔民的社会保障水平低于农民。他提出以包容性理论为指导，以维护渔民权益为核心，结合我国海洋渔区的国情与实践，基于渔民与农民的天然差异性，发挥地方政府的能动力量，适应渔区工业化及渔村富余劳动力转移的大趋势，构建适应渔民生产生活特点与需要的，社会保险、商业保险和互助保险完善的，全方位、多元、规范的社会化混合性海洋渔民社会保障体系。

在渤海溢油事件的影响研究中，学术界对环境影响和经济影响已有深入的研究，但忽视了社会影响研究。然而渤海溢油事件社会影响广泛而深远，甚至影响了溢油事件的解决进程。中国海洋大学法政学院讲师陈涛博士认为渤海溢油事件既在社会舆论、环境抗争、社会稳定、社会心理等层面引发一系列的社会性问题，也在制度创新、产业布局调整和海洋环境意识等层面产生积极的倒逼机制。渤海溢油事件的社会影响具有系统性、连锁性、复杂性和潜伏性等特征，因此深入、持续的追踪研究十分必要，而这更加突出开展社会影响研究的重要性和紧迫性。

2013 年 3 月，十二届全国人大一次会议审议通过了《国务院机构改革和职能转变方案》，该方案提出重组国家海洋局，国家海洋局将以中国海警局（China Coast Guard）的名义开展海上维权执法。上海海洋大学人文学院讲师郭倩博士认为从分散模式向综合模式转变是我国海洋管理的必然之路。重组国家海洋局是整合海上执法机构的重要的第一步。整合后的执法模式与世界通行的海岸警卫队模式有所异同，但却为我国建立统一的海洋执法机构做好了充分的机构框架准备。中国海警局与海事机构共同执法是阶段性产物，建立中国海岸警卫队、形成统一单一的海上执法机构应是我国海洋执法机构改革的终极目标。

（四）海洋文化与社会发展

论坛的第四中心议题围绕海洋文化与社会发展展开。与会代表讨论了海洋文化产业发展、渔民社会遗址、民间信仰文化、海洋观念等方面的问题。

目前我国渔民的收入主要来源于渔业捕捞，过度捕捞、生态破坏、环境污染等因素加速水产品产量的下降，直接影响渔民的收入。寻找渔民收入新的增长点迫在眉睫。上海海洋大学海洋文化研究中心主任韩兴勇教授，以"发展海洋文化产业促进渔业转型与渔民增收的实证研究——以上海市金山嘴渔村为例"为题，阐述对国家3A级旅游景区的上海市金山嘴渔村的调查研究。随着该村的海鲜一条街、海鲜美食城以及极具海洋文化特色的金山嘴渔村民俗文化街等文化产业建成，该村开始从渔业向海洋文化产业转型，渔民收入得到增加。他运用数据分析模型等手段得出发展海洋文化产业对渔民增收具有正向性影响。可见，利用海洋文化资源发展文化产业是渔民收入新的增长点，为渔业资源日趋衰退大背景下的渔业经济转型提供一个新的方向，为渔民转产转业提供一个新的出路。发展渔村海洋文化产业（服务业）对渔村环境的改善、渔民生活质量的提高、渔村的和谐发展、美丽渔村的建设和渔业经济的繁荣有良好的推动作用。

随着人们对海洋文化认识的不断深化和提升，关于海洋文化的现实生产力、海洋文化与海洋经济的研究和实践不断走向深入，海洋文化产业日益显现巨大的发展潜力，成为经济、社会、文化发展的新增长点。上海海洋大学人文学院院长张继平教授，以"长三角城市海洋文化产业发展现状与策略探究——基于南通市海洋文化产业发展的思考"为题，阐述南通市新兴海洋文化产业蓬勃兴起、海洋文化产业规模不断壮大、海洋文化产业呈现整体发展态势。南通海洋文化产业发展应该江海联动，接轨上海；科学规划，环保优先；弘扬本土人文精神；创新体制机制；整合社会关系，促进和谐发展。长三角城市海洋文化产业的发展应该采取政府主导培育策略、区域一体化策略、可持续发展策略以及各文化领域交融合作策略。

昙石山文化遗址具有海洋原始社会形态与特征，是中国海洋原始社会的研究样本。福建省海洋与渔业厅高级工程师林光纪以"福建昙石山文化遗址的海洋社会学考察"为题,阐述对昙石山文化遗址博物馆的海洋社会学考察,用社会学方法对昙石山文化遗址进行判读,寻找原始海洋社会的遗传密码与信息,对昙石山文化遗址中的滨海自然遗迹、贝丘与海洋生物利用、海洋生产工具、遗址社会现象进行分析,初步探寻"昙石山人"的海洋社会形态,还深入讨论昙石山文化遗址与沿海其他贝丘遗址、闽台原始海洋社会、南岛语系的关系等。

广东海洋大学政治与行政学院讲师高法成认为我国大学学科体系的设定存在"重理论与技能、轻意识与德行"的培养偏差问题,这在其分支体系海洋学科建设中表现得尤为明显。从文化战略高度看,我国海洋文化是未来国家发展的重中之重,而我们对该文化的重要载体——渔民社会却知之甚少,并有意将其置于农业社会的末梢,如今海洋强国建设方兴未艾,有理由让大学承担起这一人为的"短板",可由大学通识教育入手,培养国家未来主人的意识,完成强国梦的海洋版图。

广东石油化工学院广东省冼夫人文化研究基地研究人员孙健,从地域文化构成角度认为冼夫人文化资源蕴含丰富的海洋文化和旅游资源,粤琼两省有必要联手开发冼夫人文化旅游,形成从粤西到海南、从冼夫人故里建设到冼夫人主题文化公园等一系列的旅游和文化品牌,通过有吸引力的旅游项目和文化项目,推动冼夫人文化品牌的建设,实现资源共享,优势互补,达到旅游开发和文化建设的双赢。

中国海洋大学法政学院讲师宋宁而博士,以"政府主导下民间信仰文化的传承与发展——基于田横祭海仪式与宝格德圣山祭祀仪式的比较"为题,对山东青岛田横祭海仪式和内蒙古呼伦贝尔新巴尔虎右旗宝格德圣山敖包祭祀异同之处进行阐述,认为随着社会经济和文化的全方位发展,无论是在内陆还是沿海地区,政府、社会团体及当地居民结合自身的海洋或草原特征将民俗传统加以创新重建,打造成独具特色的海洋庆典或国际民俗文化旅游节。在政府及相关部门的指导下,这些传统祭祀活动除祈祷居民生活丰饶以外,还担当起对外宣传旅游资源、推动经济发展及提高地区人们生活质量的神圣使命。与此同时,由于部分地区过度的商业化和政府主导化,祭祀仪式逐渐丧失其最初的意识形态。

上海海洋大学经管学院讲师陈晔博士,以"近代上海居民海洋观念的转变"为题,对近代上海居民海洋观念的转变进行介绍。在中国传统农耕社会里，人们往往认为土地安全可靠，而海洋则是神秘、遥远、危险的可怕之地。开埠之前，上海地区的先民与全国其他地区相似，极其畏惧海洋。上海县城的老城墙，除抵御外来入侵者外，其中也具有预防海洋造成的灾难的功能。1833 年英国东印度公司职员胡夏米的《"阿美士德"号货船来华航行报告书》，第一次提出上海具有得天独厚的地理优势。开埠之后，上海居民发现来自大洋彼岸的金发碧眼的外国人，并不都是洪水猛兽，相反在某些方面比自己更加文明。此后海洋对于近代上海居民而言不再是祸害与威胁，而是取之不尽用之不竭的物质与精神的源泉。张謇海洋观念的转变就是甚好的例证。

二 总结

本届论坛是中国社会学会海洋社会学专业委员会（筹）（正待民政部审批）成立后召开的第四届海洋社会学论坛，研究者在海权与海洋强国、海洋社会学研究与海洋意识、海洋社会管理与发展、海洋文化与社会发展等方面进行探讨，发挥承上启下的作用，对海洋社会学论坛继续发展也有着重要意义。本届论坛具有以下特点。

（一）海洋社会学研究领域多元化

本届论坛共收到 48 篇论文，涉及的研究领域趋于多元化，具体表现为三个方面。一是研究内容更加丰富。有海洋强国与社会发展、海洋环境变迁与社会、海洋公共资源保护、海洋开发利用、海洋社会学理论建设、钓鱼岛争端、长三角海洋文化产业发展、南海石油开发、海洋社会管理模式创新、渔民增收、海洋教育与意识培育、海岛城乡一体化、当代中国海权论等内容。二是研究方法日趋多样。既有规范研究，也有实证研究；既有微观研究，也有中观与宏观研究；既有历史纵深研究，也有横向比较研究。三是发展趋势日趋多元。比如在研究的内容与领域方面都有新的拓展，从中可以看出海洋环境社会学、海洋政治社会学、海洋教育社会学、海洋文化社会学、海洋社会管理与社会建设等新兴学科的端倪，这将使海洋社会学的研究进入崭新的发展阶段。

（二）研究队伍不断壮大

中国海洋社会学论坛已经举办四届，从参加的专家和学者的人数上看，一届比一届多，提交的论文质量也越来越高。在中国海洋大学、上海海洋大学、广东海洋大学、浙江海洋学院等高校，已基本形成一支由教授、副教授和讲师，以及众多博士、硕士研究生参与的海洋社会学研究队伍。这充分体现了海洋社会学研究的专业队伍在不断扩大，后继有人并可持续发展。

（三）海洋社会学受到广泛的关注

本届中国海洋社会学论坛主题为"海洋社会变迁与海洋强国建设"。来自中国海洋大学、上海海洋大学、广东海洋大学、浙江海洋学院、大连海事大学、广东石油化工学院、三峡大学、河海大学、上海行政学院、哈尔滨工程大学等高校的六十多位专家学者报名参加论坛。上海行政学院学报编辑部、社会科学文献出版社、华中科技大学出版社等主动约稿。每年的学术年会中，主办方通过专家对各论坛的组织、论文、影响力等方面进行评审，评选出部分优秀论坛。第四届中国海洋社会学论坛被评为2013年中国社会学学术年会优秀论坛，这说明中国海洋社会学在大家的努力下，已经受到中国社会学界的关注，也表明海洋社会学的研究已在一定程度上得到社会学界的认可。相信在中国社会学研究同仁的指导和海洋社会学者的共同努力下，中国海洋社会学的教学和研究将会有更好更快的发展。

（四）"海洋强国"共同的心愿

建设"海洋强国"是我国在21世纪的重要发展目标。国家海洋局海洋发展战略研究所的《2010～2020中国海洋战略研究》提出，到2020年把中国建设成为中等海洋强国，建设海洋强国是实现中国梦的必然选择。与会者认为，建设"海洋强国"，首先需要整个社会对海洋认识的提高，发展海洋事业，不仅是发展海洋经济，为更好地发展海洋经济、建设海洋强国，更需要国民对发展海洋事业的理解和支持，因此提高国民对海洋的认识和普及海洋人文社会知识对我国今后发展海洋事业将起到十分关键的作用。为此，中国海洋大学海洋社会学专家崔凤教授在本届海洋社会学论坛总结中指出，在建设"海洋强国"的目标中，发展海洋人文社会学科和培养学科人才非常重要，海洋社会学是社会学中的一个新的分支，海洋社会学在海洋资源利用群体、海洋生态环境和海洋社会建设等领域的积极探索，可以使这门学科在国家发展海洋事业上有正确的社会认识，从而提出进一步发展的思路。与会学者在讨论中一致认为，随着海洋问题成为国内外关心的热点，海洋社会学的发展也将越来越成为我国经济社会发展研究的重点，本届中国社会学年会的主题"美丽中国：城镇化与社会发展"中海洋社会学研究围绕海洋和沿海地区社会发展所提出的观点亦受到广泛的关注，因此今后海洋社会学应该多关注海洋社会学方面的理论与实证研究，积极探索我国在发展海洋事业中的社会问题，为社会学发展、为海洋社会建设以及国家发展海洋政策作出应有贡献。

Review on the Fourth China Ocean Sociology Forum and the Seminar on Ocean Social Change and Marine Power Constructions

Han Xingyong   Chen Ye

Abstract: On the 2013 annual conference of Chinese Sociological Association in Guiyang, (preparing) Professional Committee of Ocean Sociology of Chinese Sociological Association, Ocean University of China and Shanghai Ocean University hosted the Fourth China Ocean Sociology Forum with the theme: Ocean Social Change and Marine Power Constructions. The seminar focused on four fields: sea power and maritime power, ocean sociological research and ocean mentality, ocean social management and development, ocean culture and social development. Topics such as, sea power and social development, ocean environmental change and society, ocean public resources protection, ocean resources development and utilization, ocean sociological theories constructions, Diaoyu Islands dispute, cultural industry development in Yangtze River Delta, oil exploitation in South China Sea, innovation in ocean social management mode, fishermen's income increase, ocean education and mentality cultivation, urban-rural integration in islands, contemporary Chinese sea power, were extensively and deeply discussed, with both theoretical and empirical researches and macro-meso-micro level approaches. The forum shows that after about ten years brewing and development: the research objects and methods of Chinese ocean sociology have been increasingly cleared; a team of promising researchers and scholars has become formed; researches have also won increasingly widespread awareness. The Fourth China Ocean Sociology Forum was awarded the "Excellent Forum" on the 2013 Annual Conference of the Chinese Sociological Association.

Key words: ocean society, ocean power, culture construction, ocean mentality, ocean society management

日本国土交通省"确保和培养船员及海事技术人员"研讨会综述及相关考察

高岛恭子（著）　　宋宁而　张彦（译）*

摘要：自 2007 年 7 月 20 日《海洋基本法》实施以来，日本采取了多种措施实现"海洋立国"这一目标。《海洋基本法》明确提出，持续健康的海洋运输包括日本籍船的安全以及船员的培养和保障。本文梳理和归纳了 2011 年 5 月开始以来历时一年的日本国土交通省交通政策审议会海事分科会所举办的以"确保和培养船员及海事技术人员"为主题的一系列研讨会资料，据此对目前日本船员的培养情况进行了调查，并指出目前的问题是维护海上运输稳定运行需要众多日本船员，但是国内航运和国际航运船员的人数却在减少，国家对于这个问题抱有沉重的危机感。针对这个问题，会议提出了两大解决方案，即船员教育训练系统的完善和受益者之间的鼎力合作。

关键词：船员教育　乘船实习　船员养成机构　海洋基本法　社船实习①

一　前言

日本自 2007 年 4 月 20 日颁布《海洋基本法》，并于同年 7 月 20 日生效

---

* 作者简介：高岛恭子（1978~　），女，日本福岛县人，日本东海大学海洋学部讲师，工学博士，研究方向为气象导航。译者简介：宋宁而（1979~　），女，上海人，海事科学博士，中国海洋大学法政学院讲师，研究方向为海洋社会学；张彦（1992~　），女，山东泰安人，中国海洋大学外国语学院日语语言文学专业硕士生，研究方向为日本海洋文化。

① "社船"指海运公司（日本称海运会社）的商船，"社船实习"就是利用海运公司的商船进行航海实习。——译者注

以来，为了实现"海洋立国"的发展目标，采取了多种措施。《海洋基本法》的基本理念共六条，其中一条就是确保海洋安全。从现在的发展趋势来看，在遭遇紧急事态时，海上运输显然存在不安定因素。因此《海洋基本法》第 20 条明确提出了为确保海上运输的稳定运行，必须保障日本船只安全和重视日本船员培养的具体措施。

《海洋基本法》之所以提到确保安定海洋运输，是源于日本籍船和日本船员数量锐减所带来的危机意识。日本籍船一直是日本国际航运稳定发展的核心，其数量曾在 1972 年达到顶峰，有 1580 艘，可到了 2007 年却锐减至 92 艘。此后，日本政府推行了旨在增加日本籍船的吨位标准税制等措施，这使得日本籍船在 2011 年一度增至 136 艘。1974 年，在日本商船上工作的外籍船员人数开始增加，这一年远洋航线上的日本籍船员人数达到顶峰，有 56833 人，可到了 2011 年，这一人数已经减少到 2408 人。

在这一形势下，国土交通省召开交通政策审议会海事分科会，启动了国际海上运输和人力资源分配这两个部门会议。其中，国际海上运输部门会议讨论的是"确保国际航运稳定运行的海事政策制定方向"，主要内容是论证日本籍船和日本籍船员的存在意义和必要性，会议还对所需日本籍船和船员的数量进行了具体的量化估算。人力资源分配部门讨论的是"确保和培养海事领域人才的海事政策制定方向"，会议就确保和培养船员的基本思路和具体措施进行了讨论。

本文旨在根据人力资源分配部门会议所召开的名为"确保和培养船员及海事技术人员"的研讨会进行概括，总结日本相关政策中船员项目的背景和具体政策，归纳其中存在的现实问题，并梳理今后的发展问题。

二 "确保和培养船员及海事技术人员"研讨会

研讨会于 2011 年 5 月召开，持续了近一年的时间。研讨会提出，为了保障日本国际航运的稳定，必须确保和培养符合国际公约标准的海事技术人员。目前，关于船员教育和培训的世界形势正在发生巨变，研讨会旨在就如何满足社会需求、有效且迅速培养优秀船员进行综合性探讨，并据此促使相关各方合作，进行恰当的改进。

研讨会共包括 3 次全体会议和 5 次国际、国内航运的部门会议，讨论的议题分为以下四个部分：第一，培养日本籍船员的必要性和培养规模，以及业界期望船员具备的素质；第二，基于上一议题进一步探讨船员教育的基本思路、官方和民间职责分工与合作的设想；第三，重新探讨教育和训练的内容（英语能力、安全管理能力、执行能力等）；第四，受益方（业界、教育机关）所应承担的职责等。

（一）研讨会的人员构成

研讨会从相关领域的教育和培训机构、相关团体、国家政府部门等各类组织中选拔出以下机构的相关人员组成委员会。第一，教育和培训机构方面，包括东京海洋大学、神户大学、国立高等专门学校机构、大岛商船高等专门学校、航海训练所、海技教育机构；第二，相关团体方面，包括日本船主协会、日本内航海运协会总联合会、内航大型船轮海运联合会、全国海运行会联合会、全国内航油轮海运协会、全日本内航船主海运协会、日本旅游船协会、国际船员劳务协会、日本船舶管理者协会、全日本海员协会；第三，国家政府部门方面，包括文部科学省、国土交通省。

相关组织的每个团体中都有多名人员进入委员会。这些委员全来自日本国内的国际航运和国内航运的大企业。由此可以看出，会议的目的之一正是着眼于培养适应社会需求的船员。

（二）研讨会的流程和概要

研讨会如表1所示，共包括国际航运和国内航运的部门会议各5次，分别就国际航运业界和国内航运业界的问题进行详细讨论，此外还包括3次进行整体性讨论的全体会议。

在第1次全体会议中，国土交通省的事务局就船员确保人数和培养现状进行了说明，随后会议进入自由讨论环节。会后又分别召开了国内航运与国际航运的第1次部门会议。在部门会议上，委员们分别就造船公司、业界团体、教育和培训机构当前发展情况、面临的问题以及关于如何解决问题的提案等做了演示，并进行了自由讨论。在第2次部门会议上，与会人员根据第1次部门会议内容的讨论结果对今后需进一步讨论的项目进行了梳理。在此之后，第2次全体会议召开，会上讨论了国际航运与国内航运船员人数的确保和培养问题，对解决方案进行了汇总。此后，国内航运和国际航运又分别召开了 3 次讨论会，商讨了开展宣传活动等用以维持船员人数的方案和船员教育改革、改善乘船实习条件等推动船员培育的方案。最后，召开第 3 次全体会议，会议对应对问题的措施、具体的方案等进行了总结。

表 1　研讨会的流程和概要

日期			概要
2011 年 5 月 18 日	第 1 次　全体会议		就讨论的方向以及今后的目标进行审议和讨论
2011 年 6 月 13 日	第 1 次　国际航运会议	第 1 次　国内航运会议	整理国际航运与国内航运会议讨论的内容
2011 年 7 月 8 日	第 2 次　国际航运会议	第 2 次　国内航运会议	
2011 年 8 月 5 日	第 2 次　全体会议		整理国际航运与国内航运会议对船员人数确保和培养的内容，确定讨论方向
2011 年 10 月 11 日	第 3 次　国际航运会议	第 3 次　国内航运会议	整理第 2 次全体会议的内容，在讨论方向的基础上，对各个论点进行讨论
2011 年 12 月 5 日	第 4 次　国际航运会议	第 4 次　国内航运会议	
2012 年 3 月 2 日	第 5 次　国际航运会议	第 5 次　国内航运会议	
2012 年 3 月 19 日	第 3 次　全体会议		审议《确保和培养船员的研讨会报告》，最终总结

（三）基本的观点和必要的方针政策

历时近一年的研讨会得出最终结论，确保船员人数和船员培训的基本方针是改善船员培训系统和受益者之间的团结协作，所需采取的政策则有以下三点。第一，采取措施吸引有志于船员工作的人才进入船员教育机构和海运事业组织工作。第二，重新制定船员的教育和训练系统，以适应国内航运和国际航运的需求。这一点又包括以下三点：①重新制定快速有效的乘船实习方案；②改革船员教育机构的教育内容；③拓宽船员人才来源，特别是船员教育机构以外的新供给源。第三，强化船员培养的利益相关方之间的合作。会议针对以上所需采取的措施，制定了具体的策略。关于第二条"重新制定船员的教育和训练系统，以适应国内航运和国际航运的需求"，分别从国际航运和国内航运两方面制定了具体策略，本文将在下文进行逐一的介绍和分析。

三 关于国际航运船员培养现状的调查以及存在的问题

（一）国际航运公司对新入职船员的资质、技能的要求以及教育机构培养的船员

国际航运公司对新入职船员的资质要求如下：第一，船员的资质方面，熟悉船舶轮机，具备船舶操控的基础知识和技能，了解船内业务，具备在船内生活的适应力和吃苦耐劳的精神力；第二，海事技术人员的资质方面，具有担当航运公司今后经营发展的责任感，基本的交流能力和英语水平，具备钻研心、积极性、企划建议能力，有从事陆上工作和派驻外地的心理准备。

作为高等教育机构，商船大学的教学目标是培养高度专业的职业人才。并且，其教育模式是 Maritime Education and Training（MET），不同于公司内部的在职培训 On Job Training（OJT）教育模式。

此外，大学和商船高专院校都提出了培养"技术者"的目标。所谓技术者，2010 年 6 月发行的《大学实践型技术者的教育方法》指出，"技术者是指利用数学和自然科学的知识，为保护公众的健康和安全，进行文化和社会环境的考察，为造福全人类，而从事设计、开发、改革任务的专业人才"。从这点可以明显看出，教育机构的教育目标在于加强专业知识的学习，而航运公司则更注重基础知识以及工作干劲等精神方面的资质。

同时，两者都认为，海事技术人员应兼具船员的特征。因而教育机构就如何培养符合业界要求的船员进行了广泛讨论。但是，也有部分海事技术的高等院校提出意见，他们目前通过推行新三级课程和实务训练提高国际航运船员的工作技能。他们认为，按照业界的各个具体需要定制训练课程，非但达不到应有的效果，还会导致专业课程过分细化，整体效率低下。他们认为，有必要考虑海运业者的需要，但也有必要谨慎选择作为大学和高等专科学校应该进行的教育方式。与此相对，海运业者也应该转换思路，不应把关注重点放在已培训完成的船员所需具备的资质上，而应考虑如何通过实务实习进行教育。

（二）船员教育机构的乘船实习和航运公司的商船实习

吨位标准税制的导入使得相关教育呈义务化趋势，在此背景下，在考三级船员证书的乘船实习方面，2009 年，航运公司的商船实习制度开始针对商船系大学和高专的学生实施，这些学生要想取得三级船员证书，必须进行至少 12 个月的乘船实习，其中最后 6 个月的实习可以在公司进行。将航海训练所的基础训练和航运公司的商船实务训练最大限度地优化组合，以期能够快速有效地培养船员。其中，基础训练和实务训练的优缺点如表 2 所示。

从 2009 年到 2011 年的成果来看，商船系大学和高专在航海训练所完成乘船实习的学生平均为 264 名，其中平均有 43 名（约 16%）学生在后面的 6 个月接受了商船公司的实训。但进行商船实习的学生都是三家大型航运公司的内定船员。虽然原本公司也应该为其他提出申请的学生提供机会，但是公司出于缩短就职后 OJT 的想法，没有给予所有的学生平等的训练机会。商船实习作为大学和高等专科学校教育课程的一个环节，学生对其拥有平等受教育的权利，但商船实习的规模和发展现状显然难以满足所有学生的需求。

航海训练所希望扩大商船实习的理由之一是调整航海训练所的资源利用率。换言之，通过改善目前过度密集状态下的实习船的实习环境，缓和过度密集的实习活动，使原本因燃油费提升而受到限制的航行时间获得高效灵活的利用。

表 2　船员教育机构的乘船实习和航运公司的商船实习优缺点一览表

	航海训练所的乘船实习	商船的乘船实习
优点	1. 针对多人的、有计划的、均质的训练 2. 基础训练的反复实施 3. 有以模拟装置为代表的大型器材装备 4. 开展以航运为目的的航运计划	1. 有能力进行装卸类实践训练 2. 可以进行少数人的个别训练 3. 较早养成船员的专业意识 4. 通过与外籍船员的共同生活，提高英语能力和对异文化的把握能力
缺点	1. 难以进行装卸类实习 2. 难以进行少数人的训练 3. 财源有限，航海日期受限	1. 各船行动各异，难以进行整齐划一的实习 2. 与商船航运结合练习，实习计划流动性强 3. 专职教员无法随船指导

（三）乘船实习毕业人数和国际航运船员的就业人数

根据交通政策审议会海事分科会的国际航运答辩报告可知，要想维护稳定的海上运输环境，从事国际航运的日本船员必须达到 5500 人的规模。根据《海上运输法》第 34 条所规定的确保日本船舶和船员的基本方针，从事国际航运的日本船员从 2008 年开始的 10 年间必须增长至少 1.5 倍。2008 年，国际航运船员的人数有 2621 人，按照这个方针，从事国际航运的日本船员每年至少增加 130 人。同时，到 2009 年，日本国内 60 岁以上的国际航运船员数占总数的 8.7%，若按 60 岁退休计算，每年至少要补给船员 360 人。

尽管统计的时间不完全统一，也不能单纯以绝对数字说明问题，但是从统计数据来看，以 2008 年为起点，商船系大学 3 年间共有乘船实习毕业生 93 名，2009 年成为国际航运船员的有 62 名。商船高专毕业生方面，2010 年，完成乘船实习的毕业生有 171 人，2009 年在国际航运公司就业成为船员的有 41 人①。总数来说，2009 年，在国际航运公司就业的船员新人总数为 161 人，包括来自船员教育机构的 127 人以及船员教育机构以外的 34 人，最终没有达到目标总数。

综上所述，之所以出现以上情况，固然不排除部分学生在完成乘船实习后转向国内航运行业就业，但导致国际航运人才供给不足的根本原因，并非船员培养人数本身不足，而是希望进入国际航运公司工作的学生找不到招聘他们的公司。因此，除了要整顿船员培训机构之外，也有必要对新进船员的接纳体系进行整顿。从海员教育机构毕业生被国际航运轮船公司采用的数目来看，2009 年毕业者所完成的实际业绩是 5 年前的 1.8 倍，是 10 年前的 2.4 倍。可见国际航运公司正在雇用更少的船员以使其做更多的工作。因此，解决船员问题，不应指望被经济状况左右的航运公司，而应由政府认真思考并出台对策。

---

① 日本商船高专的修业年限为 5 年 6 个月，其中课堂教学时间为 4 年 6 个月，航海实习时间为 1 年。一般来说，商船高专的毕业生都在完成课堂教学后，进入实习阶段前完成就职活动。因此，2010 年完成实习的人数与 2009 年在公司就业的人数间有着内在关联。——译者注。

四 国内航运船员养成现状调查

(一) 当下国内航运船员人数和将会出现的不足

伴随船舶的大型化和机器的高度自动化，国内航运船员也同国际航运船员一样，自 1974 年以来日渐减少。国内航运船员都是日本人，虽然现在国内航运船员的缺口还不明显，但根据 2010 年的统计，60 岁以上的船员数量已经占到总数的 16%。如果这些人退休，船员不足的窘境是可以想象的。国土交通省根据经济发展的动向，分几种情况计算了船员需求，假设 GDP 增长率为 1.8%，则船员需求量为 5072 人，增长率为 0%，则需求量为 2113 人。

2011 年独立行政法人海技教育机构毕业生的招聘和就职情况如下：招聘 376 人，就职 279 人，招聘饱和度为 74%。但是，大的国内航运船队的饱和度为 100%，所以说船员严重不足的问题是出在小型国内航运船队上。

为确保国内航运船员的人数，必须重新审视水产高等学校毕业生的乘船履历，即毕业生必须取得海技资格证，并改善劳动环境。同时，提高国内航运船员的社会地位，提升船舶管理监督者的晋升门槛，创建合理的技能评价体系。

但是必须看到，和国际航运船员所遇到的问题不同的是，国内航运船员之所以供不应求，主要还是因为船员教育机构计划培养的学生人数不足。

(二) 国内航运公司对新进船员的资质技能要求以及教育机构的船员培养目标

国内航运公司对新船员的素质和技能有以下要求。第一，具备单独并安全运行国内航运船舶的知识和能力。第二，具备责任感、判断力、积极性、协调性和安全意识。但是，应该看到，在国内航运业界，对于船员教育训练有多重标准，例如有能力进行 OJT 训练的大型航运公司，要求船员教育要重视基础；而占业界多数的中小型航运公司受成本制约，实施的是小型船舶的少人数航运，则要求海员具有单独安全操控航行的知识和能力。

商船系高专的人才培养目标则是"培养具有乘船经验以后，能够从事管理的人才"，并且将内航船的船舶管理作为职业教育，在教育中导入航运公司船舶管理者的讲课。海上技术学校、海上技术短期大学以及海技大学等海事技术教育机构则根据国内航运业界的需要，提供高品质的海员教育，通过实施个别指导提高入学者的基础学习能力，开展国内航运船体验等项目提高学生的速战能力。航海训练所为培养国内航运船员，则推行了一套独特的教育训练模式，融合讲座学习和国内航运专用练习船的实习。此次研讨会上，教育界也决定通过意见交换会和实地考察等积极主动地适应业界的需要。

国内航运业界对于船员的培育有不同的要求，中小国内航运公司希望船员的教育可以达到职业的水平。船员教育机构的培养目标也各有不同，其中商船系高专的目标是培养船舶管理者，海技教育机构和航海训练所则致力于训练符合业界要求的有速战能力的船员。

（三）船员养成机构的实习船实习和航运公司的商船实习

国际航运业在 2009 年引入了社船实习的环节，对于商船系大学和高专学生的实践训练起到了有力的补充。而国内航运公司也开始实施 6 级海技士①的公司商船实习，并取得了一定的效果。由此，研讨会讨论决定，在国内航运船员的培训教育中把商船实习纳入乘船实习体系。

根据 2013 年起实施的 4 级海技士的培养计划，学员必须经过 9 个月的乘船练习和 3 个月的国内航运货物船的商船实习。会议还讨论决定，从 2014 年起，12 个月的乘船实习中，在后 3 个月导入远距离渡轮等的商船实习。

航海训练所的国内航运练习船预计 2014 年启动并投入使用，这一次的实习旨在通过与国内航运业界进行人才交流，实施契合实践的教育和训练。

（四）民间关于实践型船员培养的尝试

如前面所述，在国内航运界，公司的规模不同，对于船员的素质要求以及能够提供的岗位培训规模也不尽相同。国内航运中，总吨数不满 500 吨的小型轮船占了很大的比例，由于面向船员培养机构的毕业生招聘往往不

---

① 根据日本《船舶职员及小型船舶操纵者法》规定，乘坐大型船舶的船员所必须具备的国家资格的总称。

足，国内航运公司便采取了小型商船独立培养船员的新 6 级的模式；但是因专用作训练的商船总数不足等，无法进一步扩大培育的规模；另外，也没有明确的船员技能检查评价体系。国内航运船员可以通过从事陆上工作，晋升为船舶管理监督者，这条晋升评价路径可以赋予船员社会地位，使得船员工作更富吸引力。因此，目前以西日本为中心开始推行一项名为"日本海事共育中心"的项目，具体任务如下。第一，利用民间商船来扩大并整顿船队，使之能为学生乘船实习和实践体验教学所用；第二，制定国内航运版的日本船员培养规划；第三，创立海上商业履历的鉴定机制；第四，开展管理层人才的培养事业（海事人才培养环节的整顿）。以上各项也将作为日本船员培养计划的一部分，进入进一步的具体内容和支持系统的探讨。

五 结 论

本文以国土交通省交通政策审议会海事分科会的人力资源部门会议探讨如何实施《海洋基本法》的基本政策为出发点，梳理和归纳了自 2011 年 5 月开始、历时近一年的以"确保和培养船员及海事技术人员"为主题展开的各研讨会的资料，据此对目前日本船员的培养情况进行了调查。目前的问题是维护海上运输稳定运行需要众多日本船员，但国内航运和国际航运船员的人数却在减少，国家对于这个问题抱有沉重的危机感。针对这个问题，会议提出了两大解决办法，即船员教育训练系统的完善和受益者之间的鼎力合作。以下，对研讨会提出的解决方案的基本问题进行总结。

（一）航运公司商船实习的扩大化问题

研讨会的资料对于商船实习扩大化的效果进行了阐释，但同时指出，推动商船实习扩大的另一个原因是当前受航海训练所的空间限制，处于过度密集状态中的实习船使用情况急需改善。虽然商船实习是大学和商船高专教育课程的必要组成部分，但目前的情况是，商船实习的训练往往只针对本公司已经内定的学员，这可达到其缩短 OJT 时间的目的。另外，对于船员的教育，基础知识的学习和实践训练并不能同步。因而，在扩大商船实习之前，应当在教育与训练相结合的同时，整合各个阶段和环节的训练内容。

(二) 取得海技士证书的技能水平问题

国内航运与国际航运的环境不同，因此在具体方针的探讨环节，通常是国际航运与国内航运分别召开部门会议。国内航运与国际航运环境的不同在于船内环境、载物环境和操作环境三个方面。但是国际航运和国内航运船员学习的技能是一样的。在这次研讨会上，航运企业对船员的要求高度重视，探讨了怎样高效培养优秀的船员。研讨的最终结果认为，即使是毕业于同样教育机构、取得同样海技士资格证的船员，根据其乘船实习期间不同的技术训练，他们的技术也存在很大的不同。因而如前文所述，有必要系统规定训练期间所需掌握的技能。

(三) 航运业界相关利益方之间的协作问题

此次研讨会的目的之一是让所有利益相关方之间真诚的协作，利益相关方包括航海训练所、15 所船员教育机关/学校（8 所海技术教育机构、2 所商船系大学、5 所商船高等专门学校）。此外研讨会还希望能够努力为确保船员人数而网罗优秀的人才，保证一般大学就业者也有机会成为船员。但是这次研讨会并没有为所有船员提供资格证考试培训的教育机构参加。面对如此严峻的海员减少形势，有必要进一步团结各类船员培养机构，检视今后的船员培训工作。

A Review and Study of the Forum of "The Securing and Fostering of Seafarers and Maritime Technicians" by Ministry of Land, Infrastructure, Transport and Tourism of Japan

Kyoko Takashima

Abstract：The Basic Act on Ocean Policy was put into force on July 10, 2007 and we have promoted various measures for realizing an Oceanic State. In this law, measures for steady international maritime transport are described securing Japanese-flag ships and the current conditions about crew members fostering was summarized and problems were extracted.

Key words: seafarers' education, on-borad training, institution of fostering seafarers, Basic Act on Ocean Policy, company ship training

涉海相关调查

MARINE RELATED
INVESTIGATION

青岛世园会海洋生态都市新区
居民环境意识调查[*]

张曦兮[**]

摘要： 2014 年世界园艺博览会在青岛举办。与以往不同，本次世园会突出海洋特色。此外，青岛世园会"让生活走进自然"的主题，传达了生态平衡、尊重自然、绿色低碳、和谐生活的思想，这一思想蕴含人与自然和谐、永续发展的深层价值观。那么，世园会周边社区居民是否具备基本的环境知识？他们对于世园会的主题和理念是否认可？他们是否愿意践行世园会的生态思想？他们能否将环境的保护和改善内化成自觉行动？本调查基于上述问题，对青岛世园会海洋生态都市新区的 10 个住宅区的居民进行了调查。研究结果表明，世园会海洋生态都市新区的多数居民愿意并能够参与世园会的生态建设，是践行世园会生态理念的重要力量。

关键词： 青岛世园会　海洋生态都市新区　环境意识

一　问题的提出

2014 年，青岛市承办世界园艺博览会（简称世园会），本次世园会是国内第一个在海滨城市举办的世园会，着重突出海洋特色。与此同时，世园会将主题确定为"让生活走进自然"，旨在传达生态和谐的理念。不可否认，理念的贯彻运用需要人们的认可、接受和践行，其可行性及效果也需

＊　本调查由中国海洋大学大学生社会调查创新实践基地资助。笔者对于法政学院研究生黄艺、杨丽、张凤、彭萨茹拉、安招以及本科生孟博慈的参与和付出，在此表示谢意，但文责自负。

＊＊　作者简介：张曦兮（1990～　　），女，陕西杨凌人，中国海洋大学法政学院土地资源管理专业硕士研究生，研究方向为郊区土地利用方式转变及环境问题、土地资源生态化管理。

要经过实践的检验。基于这样的考虑，本文尝试对青岛世园会海洋生态都市新区居民的环境意识进行调查。

"环境意识"这一概念来自西方，是对英文"environmental awareness"的翻译①。余谋昌②从意识层面理解这一概念，认为环境意识主要是人与自然环境关系所反映的社会思想、理论、情感、意志、知觉等观念形态的总和，是反映人与自然环境和谐发展的一种新的价值观念。吴祖强③、吴上进④、洪大用等人将环境行为纳入环境意识的考察范畴，认为环境意识是指人们在认知环境状况和了解环境规则的基础上，根据自己的基本价值观念而发生的参与环境保护的自觉性，它最终体现在有利于环境保护的行为上。也就是说，环境意识就是人们参与环境保护的自觉性⑤。目前，国内外学者对环境意识的概念和内涵还未达成共识。对环境意识的维度划分，有学者采用"三分论"，将环境意识分解为环境知识、环境态度以及环境行为三个维度⑥。洪大用将环境意识分解为环境知识、基本价值观念、环境保护态度以及环境保护行为⑦。王琪延⑧、吕君⑨等人认为环境意识由环境认识观、环境价值观、环境伦理观和环境参与观等部分组成。本研究倾向于采用洪大用的定义并根据他的定义进行维度划分，结合世园会海洋生态都市新区的实际情况，笔者将环境意识的概念进行操作化，分解为基本环境知识、理念认知情况、环境保护态度以及环境保护行为四个维度。在此，本文提出四个假设。

（1）社区居民掌握基本的环境知识；

（2）社区居民对世园会的主题和理念认知程度较高，评价良好；

（3）社区居民愿意在行动中践行低碳节能、保护环境的理念；

---

① 徐嵩龄：《环境意识关系到中国的现代化前途》，《科技导报》1997年第1期。

② 余谋昌：《环境意识与可持续发展》，《世界环境》1995年第4期。

③ 吴祖强：《上海市民环境意识调查与评价研究》，《上海环境科学》1997年第7期。

④ 吴上进、张蕾：《公众环境意识和参与环境保护现状的调查报告》，《兰州学刊》2004年第3期。

⑤ 洪大用：《中国民间环保力量的成长》，北京：中国人民大学出版社2007年版，第44页。

⑥ 宋言奇：《发达地区农民环境意识调查分析——以苏州市714个样本为例》，《中国农村经济》2010年第1期。

⑦ 洪大用：《中国民间环保力量的成长》，北京：中国人民大学出版社2007年版，第44页。

⑧ 王琪延、王俊：《公众环境意识中日比较研究——基于中国北京和日本东京的抽样调查数据》，《北京社会科学》2010年第3期。

⑨ 吕君、刘丽梅：《环境意识的内涵及其作用》，《生态经济》2006年第8期。

（4）社区居民能够从我做起，自觉践行世园会生态和谐的理念。

为了验证以上假设，本文采取问卷调查的形式，对青岛世园会周边社区居民进行了抽样调查。

二 研究方法

1. 调查对象

世园会海洋生态都市新区的整体建设规划基本依托于青岛世园会的建设规划。世园会的理念指导海洋生态都市新区的建设，反过来，海洋生态都市新区的发展也关系世园会的成败。本调查将海洋生态都市新区的主体，即社区居民作为调查对象，以街访的形式进行问卷调查。

本次调查共发放问卷 360 份，回收问卷 346 份，其中有效问卷 337 份，回收率 96.1%，有效率 93.6%。调查对象中女性占 47.9%，男性占52.1%；平均年龄 39.58 岁，年龄构成如表 1 所示。

表 1 调查样本年龄构成

年龄分组	频率	比例（%）
16～24 岁	22	6.5
25～34 岁	88	26.1
35～44 岁	62	18.4
45～54 岁	41	12.2
55～64 岁	49	14.5
65 岁以上	75	22.3
合计	337	100.0

2. 资料收集方法

本次调查的测量工具是自编的调查问卷，内容主要由五大部分组成。第一部分是基本信息，包括被调查者的年龄、性别等，其余四部分依据维度划分，包括社区居民基本环境知识、对世园会理念的认知情况、社区居民环境保护态度以及环境保护行为。由于本次调查涵盖了城阳区夏庄街道、崂山区北宅街道和李沧区九水路街道在内的 10 个住宅区（包括米罗湾、映月公馆、百通馨苑、和达和城等），调查涉及范围较广，因此事先对调查员进行了相关培训，以保证问卷填写的质量和回收率。

三　研究结果

1. 社区居民在生活中掌握的基本环境知识

社区居民在生活中掌握的基本环境知识是居民对待环境的态度、情感的基础，是环境意识的重要组成部分。首先，在对新型能源的了解情况考察中，90.7%的居民知道太阳能，69.9%的居民知道风能，并了解地热能、生物能、燃料乙醇以及氢能、潮汐能、水能、空气能等新型能源。其次，有85.0%的居民了解并使用节能灯，63.4%的居民知道并使用太阳能热水器，还有42.3%的居民掌握节能燃气灶的使用方法。另外，46.3%的被调查对象了解塑料袋的危害并能够在购物时自备购物袋，42.7%的被调查者偶尔自备购物袋。由此可见，世园会海洋生态都市新区的居民掌握基本的环境保护知识。

2. 社区居民对世园会主题和理念的认知程度

在对世园会的认知调查中，共有 302 人表示知道世园会，占总人数的89.6%。由此可知，海洋生态都市新区周边社区绝大多数居民知道青岛世园会。有近半数居民认为世园会与自己的生活有一点关系，超过 1/4 的居民认为世园会与自己生活密切相关。此外，近半数的受访者认为世园会宣传的"低碳环保、节能减排"理念非常有意义，超过 3/4 的受访者对这一理念表示认同。这说明社区居民已经开始接受并理解世园会传达的环境友好思想，态度上呈现认可倾向（参考图 1）。

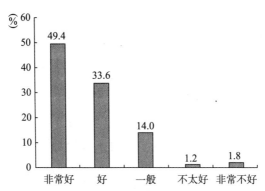

图 1　社区居民对世园会"生态、环保、低碳、可持续"理念的评价

另外，从世园会对社区居民节能减排观念的影响情况来看，有44.8%的居民认为"有一定影响"，有10.7%的居民认为"有很大影响"。这说明青岛世园会的筹备及相关宣传工作使得大多数居民开始认识到节能减排的重要性，使人们开始从思想上重视节能环保。

3. 社区居民参与环境保护活动的态度

首先，考察在社区居民的观念当中环境保护和节能减排与他们相关的程度。如表2所示，有32.8%的居民认为"关系密切"，有49.4%的居民认为"有点关系"。由此可以看出大多数居民认识到了节能减排与自身息息相关。数据分析结果的均值为1.5208，众数为1.0000，标准差0.6178，可见数据相对较为集中，由此可以看出大多数居民在加强环境保护方面具有一定的主人翁意识。

表2 环境保护和节能减排与社区居民联系的密切程度

选项	赋值	有效百分比
关系密切	1	32.8
有点关系	2	49.4
没关系	3	17.8

其次，从社区居民了解节能减排方面的知识以及尝试环保新能源的意愿来看，57.3%的居民表示会主动了解环保能源。这就表明绝大多数居民开始认识到低碳环保的重要性。在尝试使用环保新能源的意愿方面，有95.7%的居民给出了肯定答案。这表明海洋生态都市新区居民在生活工作中尝试使用环保新能源的意愿十分强烈。另外，从社区居民的购买行为来看，有50.4%的居民选择"会优先考虑购买环保节能的产品"，有40.7%的居民选择在"售价相近的情况下，优先考虑购买环保节能产品"。这表明居民有意愿在生活中践行环保理念。

4. 社区居民践行世园会环境保护理念的行为

首先，从"光盘行动"的践行情况考察居民在日常生活中所体现的环保行为。调查结果显示，有55.5%的居民在日常就餐时能完全做到"光盘"且一直都在坚持，38.3%的居民选择"有时能做到，但正在逐步改变"。这说明多数人能够在饮食方面践行勤俭节约的传统，很大一部分人正在逐步改变自己之前浪费的生活方式，逐渐步入"绿色、低碳"的行列。

其次，考察居民在世园会理念指导下对交通工具的选择。在世园会筹办阶段，超过77%的居民会选择步行、自行车或者公共交通工具等比较绿色低碳的出行方式，其中"乘坐公共交通工具"的居民占半数，这在一定程度上反映了居民的环保意识日益提高。而在世园会举办期间，有82.3%的居民会选择步行、自行车或者公共交通工具等比较环保的出行方式参观世园会。由此可以看出，世园会的举办以及海洋生态都市新区的建设在一定程度上促进了人们生活观念的改变，居民能够自觉参与到绿色低碳环保的队伍当中。

以上数据分析结果分别从四个方面验证了本研究的四个假设。第一，世园会海洋生态都市新区的居民掌握基本的环境保护知识；第二，社区居民对世园会理念的认知程度较高，并且对本次世园会的建设理念评价较好；第三，社区居民愿意在行动中践行低碳节能理念，具有较强的环境保护意识；第四，社区居民能够将世园会的指导思想内化成自觉行动，积极践行生态和谐的思想。

四 结论与展望

园艺推动文明，文明促进发展。世园会在展示一个国家、一个地区历史风貌的同时，也在突出城市特色，彰显时代文明，引领社会进步，探索人类可持续发展的道路。青岛世园会的核心思想，就是要让人们深度认识海洋的价值、绿色文明的价值，并充分认识自然环境和生态系统对人类的意义。2014年世园会对青岛而言，已不单单是一场节庆，它在展示青岛海洋特色的同时，还为青岛带来新技术、新理念、新思路，提高城市规划建设水平，重新定位城市发展方向，为青岛迈向世界、走向全球、放眼未来提供契机。青岛世园会从规划到定位，其指导思想所蕴含的深层次理念都具有先进性与可行性。世园会的建设应当突破园区场馆的限制，将海洋生态都市新区纳入规划体系，充分发挥周边居民的主体作用。正如日本景观规划师堀川朗彦所言，"不能仅盯住世园会园区一个点，应该放大这个点，从更宽泛的范围来审视这个城市的生态规划"。既然周边居民具有良好的环境知识，认可世园会的理念，具有良好的环境保护意愿和积极的环境保护态度，并能够自觉参与环境保护活动，就不应该忽视居民在世园会建设中的重要作用。只有让居民成为世园会的主人，他们才会将环境的保护和改善内化成自身行动，改变以往对环境漠不关心的态度，在日常生活中展现世园会主题的生态内涵。相信在世园会海洋生态都市新区居民的努力下，青岛世园会将会充分展现海洋特色、实现生态建设目标。

Residents' Environmental Awareness Research in Marine Ecological Communities of Qingdao International Horticultural Exposition

Zhang Xixi

Abstract: Qingdao hosted the International Horticultural Exposition in 2014. The Exposition features marine elements, which is different from other Expositions in the past. The theme of Qingdao International Horticultural Exposition is "From the earth, for the Earth", which conveys the principles of low-carbon, energy saving, environmental protection and ecological balance. The main idea reflects harmony between human and nature, meanwhile, it expresses sustainable aspirations. In this study, researchers would like to know whether the residents equipped with basic knowledge of environmental protection, whether they accept the theme and principles, whether they are willing to practice this idea, whether they take conscious behavior of protecting and improving the environment. In this survey, 360 questionnaires were sent out in 10 Ecological Communities of Qingdao International Horticultural Exposition. The results indicate that residents in Marine Ecological Communities are willing and able to participate in ecological construction. Under no circumstance, could the society ignore this significant force.

Key words: Qingdao International Horticultural Exposition, Marine Ecological Community, environmental awareness

附录一　约稿函

《海洋法律、社会与管理》是中国海洋大学法政学院主办的全国性海洋人文社会科学学术理论集刊，2009 年出版第一卷，每年出版一卷，并在每年举办的各海洋法学、海洋社会学、海洋管理相关学术年会上发布、宣传。

本刊办刊的宗旨是集中刊载海洋法律、海洋社会、海洋管理、海洋权益、海洋产业等海洋人文社会科学相关研究领域中具有新颖性、原创性、高水平的科研成果，国内外海洋人文社会科学相关研究的发展动态报道，转述、转载、编译国外海洋人文社会科学优秀研究成果。所刊用成果的研究视角可以是多学科和多角度的；作者可以是从事海洋人文社会科学相关研究的专家和学者，也可以是实际从事海洋相关立法、执法、司法、管理等领域工作及研究的专家和学者。

《海洋法律、社会与管理》现由社会科学文献出版社出版。为保证和体现学术水准，《海洋法律、社会与管理》的审稿采用编辑部初审，外审专家匿名评审，学术委员会委员终审的审稿方式。

《海洋法律、社会与管理》编辑部拥有对在《海洋法律、社会与管理》上已刊载作品的版权。作者应保证对其作品拥有著作权并不侵犯其他个人或组织的著作权。译者应保证该译本未侵犯原作者或出版者的任何可能的权利。

来稿须同一语言下未事先在任何纸面和电子媒介上发表。中文以外的其他语言之翻译稿须同时邮寄原文稿部分，并附作者或出版者的翻译书面（包括 E-mail）授权许可。

来稿请寄电子邮箱：oceansocialscience@ 126. com，电子稿请存为 Word 文档并使用附件发送。作者身份和联系方式请在文档末尾注明。任何来稿视为作者、译作者已经阅读或知悉并同意本声明。

《海洋法律、社会与管理》稿件格式规范，具体参见本约稿函之后所附"《海洋法律、社会与管理》投稿须知"。

Appendix A   Call for Papers

Dear Ladies and Gentlemen,

We are the Editorial Office of *Ocean Law, Society and Management*. We want to call for papers from you, please check this letter. Thank you very much.

Ocean Law, Society and Management (OLSM) is the repertoire of the current academic writings on ocean humanities and social science published once every year since 2009. Focusing on the research of ocean law, ocean society, ocean management, ocean industry and other researches on ocean humanities and social science, the OLSM is designed to gather outstanding achievements from home and abroad as much as possible. Emphasizing the significance of both theoretical exploration and empirical research, the OLSM is supposed to promote the development of Chinese Ocean Law, Ocean Society and Ocean Management science and provide a professional platform for specialists in this area.

The OLSM is hosted by Law & Politics School of Ocean University of China. Papers from all academic colleagues and practical professionals are faithfully respected and welcomed. The agreements for all writers are as follows:

1. We exceedingly welcome English writings. The contributed article should be written in English language or Chinese language, while both with an abstract in English.

2. There are no restrictions on the style, idea, perspective or length of the paper. Hence, academic monographs, reviews, judgement researches and translations are all accepted. We are sorry that papers previously published in any other media are not accepted.

3. Please indicate your name, academic degree, occupation, professional title, field of research and contact information in the paper.

4. Please attach the original paper and literary authority license from the publisher if your paper is a translation from other professionals. Please be noticed that the translator undertakes all the legal responsibilities of the translated paper. The editorial office will not undertake any legal consequence from the acts of the translators.

5. Unless declared, all writers take the responsibilities for your discourse in the paper. The editorial office reserved the discretion to edit the textual detail.

6. The OLSM follows the Two-way Anonymous Paper Reviewing System.

7. Any writers who submit their papers to OLSM are considered to be agreeing with the above agreement. Please send your submission with softcopy attached (sending either by CD or by e-mail).

Address:

Editorial Office of Ocean Law, Society and Management, Law & Politics School, Ocean University of China

238, Songling Road

Qingdao, 266100 China

Tel: (86 – 532) – 66781336

E-mail: oceansocialscience@ 126. com

Editorial Office of Ocean Law, Society and Management

附录二

《海洋法律、社会与管理》投稿须知

一 《海洋法律、社会与管理》来稿要求

1. 可以采取邮寄或电子邮件方式投稿。电子来稿采用 word 文稿。本刊电子信箱为：oceansocialscience@ 126. com。

通信地址：山东省青岛市崂山区松岭路 238 号　邮编 266100

中国海洋大学法政学院《海洋法律、社会与管理》编辑部收

本刊编辑部电话：0532 - 66781336

2. 论文一般字数在 8000 字以上，重要论文篇幅不限。

3. 作者文责自负。

二 《海洋法律、社会与管理》写作规范

稿件正文之前请附论文中文摘要（300 ~ 400 字）、英文摘要（允许与中文摘要有所不同，不必对应翻译，约 200 个单词）、关键词（3 ~ 5 个）、作者简介（包括姓名、出生年、性别、民族、籍贯、工作单位、学位、职称）。如果所投稿件是作者承担的科研基金项目，请注明项目名称和编号。

三 《海洋法律、社会与管理》格式规范

规范类别	规范项目	范　例
标题署名及署名单位基本信息	标题规范。标题应反映论文的主要论旨或论文的基本内容，让人一目了然，一般不超过 30 字。主副标题之间用破折号。应附英文标题。	对海洋法制及其特点的理解 Understanding on Ocean Legal System and Its Characteristic

续表

规范类别	规范项目	范　例
论文附件	署作者姓名，并附姓名拼音。	徐祥民 Xu Xiangmin
	内容提要。要求语句精练，能反映论文的核心观点，一般不超过300字。应附英文提要。	徐祥民：《对海洋法制及其特点的理解》 海洋法制不只是国际法意义上的海洋法，而是既包括狭义海洋法，又包括大量作为国内法的海洋法律法规的一个庞大的法律体系。它不只是规范体系，而是既包括法律规范，又包括支持法律运行的各种制度。在规范层面上，海洋法制是一个庞大的法律体系。它涉及事务范围广泛，独立构成一个特殊的法律领域。这个法律领域存在的基本依据是作为"地球重要部分"的海洋以及以海洋为依据的海洋事业。海洋法制的建设服从国家海洋政策，具有强烈的时代特点。 Ocean legal system is not only the law of the sea in the meaning of international law, but also includes both a narrow sense of law of the sea and a large number of domestic ocean laws and regulations …
	关键词。应为反映论文主要内容的一般也是使用频率较高的重要词语，一般以3个为宜。"关键词"后加冒号，关键词之间空一格。	杨国桢：《论海洋人文社会科学的概念磨合》 关键词：海洋　人文社会科学　概念磨合
特别说明	项目来源或资助说明。采用在论文标题上加星号、论文首页脚注加说明文字的方式处理。说明文字简要说明项目来源即可。应标注课题号。	＊ 本文系××主持的国家社会科学基金项目"××××"（课题号）的阶段性成果。
	成果来历。成果若系某个作品的一部分，或学术报告的讲演整理稿，可采用标题加星号、论文首页脚注加说明文字的方式处理。	＊ 本文系作者在××年×月×日于湖南长沙召开的中国太平洋学会海洋管理专业委员会成立大会暨学术研讨会上的发言。
	致谢。作者要在论文发表时表达对老师或其他机构或个人的谢意，规范同"项目来源"。	＊ 本文的写作得到了××教授的悉心指点，无论是文章的立论还是文章的结构和形式都是在×老师的指导下完成的，在此笔者谨表示谢意，但文章中的不足和失误应全由笔者负责。

续表

规范类别	规范项目	范　例
作者简介	作者简介。简介置于论文标题下作者署名的下脚注中。依次介绍：作者姓名、曾用名、出生年、性别、籍贯、所在单位、学历或学位、职称（职务）或职务（职称）、学术头衔、主要从事的专业领域或工作。	＊＊×× （生年~　　），性别，籍贯，单位，职称，学位；研究方向为　　　　。
注释	文中注释采用脚注。每页更新注码，注码号为①、②……	徐祥民：《对海洋法制及其特点的理解》 海洋法制不只是国际法意义上的海洋法，而是既包括狭义海洋法①…… ……耕海牧鱼，全面开发海洋资源时期②。
	著作类。注释内容依次为：作者、著作名、卷册、出版社及版次、所在页码。作者名后加冒号，其他间隔用逗号。外文著作注释中，著作名用斜体。	① 韩立新：《船舶污染损害赔偿法律制度研究》，北京：法律出版社2007年版，第363页。 ① Aldo Leopold, *The Land Ethic*, *in a Sand County Almanac*, New York: Oxford University Press, 1949, p. 262.
	论文类。注释内容依次为：作者、论文名、杂志名、杂志期次。作者名后加冒号，其他间隔用逗号。	① 徐祥民：《现代国际海洋法的实质及其给我们的启示》，《中国海洋大学学报（社会科学版）》2003年第4期。 ① Mahon R., Fanning L., and McConney P., "A Governance Perspective on the Large Marine Ecosystem Approach", *Marine Policy*, 33 (2), 2009.
	全集类。注释内容依次为：论文作者、论文名、全集名、卷册、出版社及版次、所在页码。作者名后加冒号，其他间隔用逗号。	①毛泽东：《论反对帝国主义的策略》，《毛泽东选集》第一卷，北京：人民出版社1991年版，第156页。
	文集类。注释内容依次为：论文作者、论文名、文集编者、文集名、文集卷册、出版社及版次、所在页码。作者名、文集编者名后加冒号，其他间隔用逗号。	①崔凤、杨海燕：《海洋环境变迁与渔民群体分化》，载徐祥民主编《海洋法律、社会与管理》2009年卷，北京：海洋出版社2010年版，第323~336页。
	译作类。注释内容依次为：作者、著作名、卷册、译者、出版社及版次、所在页码。外国或港台作者名前加方括号注明国籍或地区，原著作者后加冒号，其他间隔用逗号。	①〔英〕弗里德里希·冯·哈耶克：《经济、科学与政治——哈耶克思想精粹》，冯克利译，南京：江苏人民出版社2000年版，第28页。

续表

规范类别	规范项目	范　例
注释	报纸类。注释内容依次为：作者、论文名、报纸名、日期、版面。作者名后加冒号，其他间隔用逗号。	①宁立志：《我国循环经济法律的建构和完善》，《人民日报》2006年11月10日第6版。
	古籍类。注释内容依次为：作者、古籍名、所在篇章名或卷册。作者名前加方括号注明朝代。古籍名与所在卷册之间加中圆点。	①《荀子·性恶》。 ②［清］沈家本：《沈寄簃先生遗书》甲编，第43卷。
	辞书类。注释内容依次为：辞书名、出版社及版次，页码。	①《辞海》，上海：上海辞书出版社1979年版，第952页。
	非引用原文者。注释前加"参见"，其他依所引文献的注释规范。	①参见王灿发《环境资源法学》，北京：法律出版社2001年版，第36~38页。
	引用资料非来自原始出处者。注明"转引自"某文献即可，其他依所引文献的注释规范。	②转引自徐祥民《从全球视野看环境法的本位》，载吕忠梅、徐祥民主编《环境资源法学论丛》第三卷，北京：法律出版社2003年版，第1~9页。
	数个注释引自同一资料者，分别出注。	①周珂：《生态环境法论》，北京：法律出版社2001年版，第36页。 ②周珂：《生态环境法论》，北京：法律出版社2001年版，第38页。
	网站资料。注释内容依次为：文献作者、文献名、网站名、访问日期。文献作者名后加冒号，其他间隔用逗号。	①周纪纶：《生态学研究方法》，http：//www.chinabaike.com/article.html，最后访问时间为2008年3月29日。
	申说性注释引用他人著述时，用圆括号将出处与引文分开。	③本文对预防的理解以金瑞林先生对"预防为主"原则的解释为依据。（见金瑞林《环境法学》，北京：北京大学出版社1990年版，第101页。）
	图表格式。图表均需有图名和表名。图题置于图下，表题置于表格之上，文中连号。	…………………………………… 图1：×××××××××××××（出处：×××） 表1：×××××××××××××（出处：×××） ……………………………………

图书在版编目（CIP）数据

海洋法律、社会与管理. 第5卷/徐祥民主编.—北京:社会科学文献出版社,2014.11

ISBN 978 - 7 - 5097 - 6458 - 9

Ⅰ.①海… Ⅱ.①徐… Ⅲ.①海洋法 - 文集 ②海洋 - 管理 - 文集 Ⅳ.①D993.5 - 53 ②P7 - 53

中国版本图书馆 CIP 数据核字（2014）第 207394 号

海洋法律、社会与管理（第5卷）

主 编／徐祥民

出 版 人／谢寿光
项目统筹／童根兴
责任编辑／任晓霞

出 版／社会科学文献出版社·社会政法分社(010)59367156
　　　　地址：北京市北三环中路甲29号院华龙大厦 邮编：100029
　　　　网址：www. ssap. com. cn
发 行／市场营销中心（010）59367081 59367090
　　　　读者服务中心（010）59367028
印 装／三河市尚艺印装有限公司

规 格／开 本：787mm × 1092mm 1/16
　　　　印 张：17 字 数：268千字
版 次／2014 年 11 月第 1 版 2014 年 11 月第 1 次印刷
书 号／ISBN 978 - 7 - 5097 - 6458 - 9
定 价／69.00 元